CRISTIANISMO AUTÉNTICO

Johann Arndt

CRISTIANISMO AUTÉNTICO

Tratado sobre el sincero arrepentimiento,
la verdadera fe y la vida santa
del verdadero cristiano

editorial clie

EDITORIAL CLIE
C/ Ferrocarril, 8
08232 VILADECAVALLS
(Barcelona) ESPAÑA
E-mail: libros@clie.es
http://www.clie.es

«Cualquier forma de reproducción, distribución, comunicación pública o transformación de esta obra solo puede ser realizada con la autorización de sus titulares, salvo excepción prevista por la ley. Diríjase a CEDRO (Centro Español de Derechos Reprográficos, www.cedro.org <http://www.cedro.org> si necesita fotocopiar o escanear algún fragmento de esta obra».

© 2014 Editorial CLIE, para esta edición en español.

CRISTIANISMO AUTÉNTICO
ISBN 978-84-8267-824-5
Depósito Legal: B- 9292-2014
Vida cristiana
Crecimiento espiritual
Referencia: 224725

Impreso en USA / Printed in USA

*En el que se consideran el verdadero cristianismo,
la sincera tristeza por el pecado, el arrepentimiento,
la fe y la santa vida del verdadero cristiano*

ÍNDICE GENERAL

Prefacio del autor 11

1. En qué consiste la imagen de Dios en el ser humano 17
2. La caída de Adán 21
3. De qué manera el ser humano es renovado en Cristo
   para vida eterna 27
4. El verdadero arrepentimiento, y el verdadero yugo
   y cruz de Cristo 33
5. ¿En qué consiste la verdadera fe? 37
6. Cómo debiera manifestarse en el ser humano el poder vital
   de la Palabra de Dios, mediante la fe 41
7. La ley de Dios, escrita en el corazón de todo ser humano,
   los convence de que en el día del juicio no tendrán excusa 45
8. Nadie puede hallar consuelo en Cristo y sus méritos
   si no se arrepiente de verdad 49
9. La vida mundana que muchos llevan hoy es causa de que Cristo
   y la verdadera fe sean rechazados 55
10. Los hijos del mundo están contra Cristo, y, en consecuencia,
    tanto sus vidas como su cristianismo son falsos 57
11. Quien no se arrepiente de veras no es cristiano, ni un hijo
    de Dios quien no sigue a Cristo *en su vida y conducta*. Además,
    en qué consiste el nuevo nacimiento y el yugo de Cristo 59
12. El verdadero cristiano muere a sí mismo y para el mundo,
    y vive en Cristo 67
13. El cristiano debe morir a sí mismo y al mundo voluntariamente,
    por causa del amor de Cristo, y por causa de la gloria futura
    y eterna, para la cual fuimos creados y redimidos 71

14. El verdadero cristiano, el que imita a Cristo, aborrece su propia vida en este mundo, y lo abandona 77
15. De qué forma el «viejo hombre» muere a diario, y el «hombre nuevo» se renueva día a día en el verdadero cristiano. Además, en qué consiste el negarse a sí mismo y a qué se refiere la cruz cristiana 83
16. En el cristiano se sostiene una lucha constante entre el espíritu y la carne 87
17. La herencia y posesiones de Cristo no son de este mundo; por lo tanto, ellos deben considerarse a sí mismos como extranjeros en esta tierra, si bien hacen uso de las cosas terrenales 91
18. Dios se ofende en gran manera cuando el ser humano prefiere las cosas temporales a las eternas; y gran mal hacemos cuando nuestros afectos se aferran a la criatura y no al Creador 97
19. Quien está absolutamente consciente de su miseria es absolutamente aceptable ante Dios; y el conocimiento cristiano de su miseria lo induce a buscar la gracia de Dios 101
20. Una tristeza verdaderamente cristiana por el pecado suscita una diaria rectificación de la vida del creyente, lo hace apto para el reino de Dios, y, en forma creciente, lo conforma a la vida eterna 107
21. La verdadera adoración a Dios 115
22. El verdadero cristiano se conoce fundamentalmente por su amor, y por la diaria rectificación de su vida 123
23. Quien desea crecer en Cristo y en la gracia a menudo se ve obligado a alejarse de la sociedad mundanal 127
24. El amor a Dios y a nuestro prójimo 131
25. El amor al prójimo abordado en mayor detalle 139
26. Por qué se debe amar al prójimo 143
27. Por qué se debe amar a los enemigos 149
28. De qué manera debe preferirse el amor al Creador al amor a todas las criaturas. Y de qué manera debe amarse al prójimo en Dios 153
29. La reconciliación con nuestro prójimo, sin la cual Dios retira su gracia 157
30. Los frutos del amor 163

31. El orgullo y el amor a sí mismo corrompen y destruyen aun los mejores y más dignos dones... 169
32. Los grandes dones no demuestran que una persona sea cristiana, sino la fe que actúa por amor 173
33. Dios no tiene consideración de las obras de nadie; sino que juzga las obras según el corazón............ 177
34. Solo Dios es el autor de la salvación, sin cooperación humana, y nosotros debemos someternos en forma irrestricta a su gracia. Además, los méritos de Cristo no se atribuyen a quien no se arrepienta 179
35. Toda la sabiduría, las artes y las ciencias, más aún, incluso el conocimiento de toda la Escritura, son inútiles sin una vida santa y cristiana 185
36. El que no vive en Cristo, sino que entrega su corazón al mundo, solo tiene la letra exterior de la Escritura, pero no experimenta su poder, ni come del maná escondido 189
37. El que no sigue a Cristo con fe, en santidad y continuo arrepentimiento, no puede ser liberado de la ceguera de su corazón, sino que debe vivir en la oscuridad perpetua; y no puede tener un verdadero conocimiento de Cristo, ni comunión con Él 197
38. Una vida mundana conduce a falsas doctrinas, dureza de corazón y ceguera. Además, algunas palabras acerca de la eterna elección de la gracia 207
39. La pureza de la doctrina de la palabra divina se preserva no solo a través de debates y publicaciones, sino también mediante el verdadero arrepentimiento y una vida santa 213
40. Diversas normas para llevar una vida santa 219
41. Lo esencial del cristianismo consiste en restaurar la imagen de Dios en el ser humano, y destruir la imagen de Satanás 227
42. Conclusión: explicación de las razones para adoptar el método utilizado en este libro. Explicación del deber de cuidarse del orgullo espiritual. Exposición de la verdad de que no se pueden obtener los verdaderos dones espirituales sin oración.................... 241

Biografía **Johann Arndt**.. 245

Prefacio del autor

Estimado lector cristiano:

Que en nuestra época el Santo Evangelio está sometido a un fuerte y vergonzoso abuso es un hecho que queda plenamente demostrado por la vida ajena a Dios y sin arrepentimiento que llevan aquellos que ruidosamente presumen de Cristo y su Palabra, mientras que su vida anticristiana se asemeja a la de personas que habitan en tierra de paganos y no de cristianos. Semejante comportamiento mundano me proporcionó la oportunidad de escribir el presente Tratado. Mi propósito era mostrar al lector llano en qué consiste el verdadero cristianismo, a saber, en la exhibición de una fe verdadera, viva y activa, la cual se manifiesta en una genuina piedad y en los frutos de justicia. Deseaba yo mostrar que nos llamamos *cristianos*, no solo porque debamos creer en Cristo, sino también porque el nombre implica que vivimos en Cristo, y Cristo en nosotros. Deseaba además mostrar que el verdadero arrepentimiento procede del centro más íntimo del corazón; que el corazón, la mente y los afectos deben cambiar; que debemos amoldarnos a Cristo y su Santo Evangelio; y que debemos ser renovados por la Palabra de Dios, y convertirnos en nuevas criaturas. Pues así como cada semilla produce un fruto de idéntica naturaleza, así también la Palabra de Dios debe producir diariamente en nosotros nuevos frutos espirituales. Si nos convertimos en nuevas criaturas por fe, debemos vivir de acuerdo a nuestro nuevo nacimiento. En suma, Adán debe morir, y Cristo debe vivir en nosotros. No basta con adquirir un conocimiento de la Palabra de Dios: es también nuestro deber obedecerla en la práctica, con nuestra vida y nuestras fuerzas.

2. Muchos suponen que la Teología es una mera ciencia, o pura retórica, cuando en realidad es una experiencia viva y un ejercicio práctico. Hoy todos se proponen alcanzar eminencia y distinción en el mundo; pero nadie quiere aprender a llevar una vida piadosa. Hoy todos van tras hombres de gran erudición, que puedan enseñarles artes, idiomas y sapiencia; pero nadie quiere aprender de nuestro único Maestro, Jesucristo, a ser manso y sinceramente humilde. Y, no obstante, su santo y vivo ejemplo es nuestra verdadera norma de vida y conducta, y, en

efecto, constituye la sabiduría y el conocimiento superiores. De modo que con toda propiedad podemos declarar que «la vida de Cristo puede enseñarnos todas las cosas».

3. Todos están muy dispuestos a ser siervos de Cristo; pero nadie quiere convertirse en su seguidor. Y, sin embargo, Él nos dice: «Si alguno me sirve, sígame» (Jn 12:26). Por tanto, quien verdaderamente sirve y ama a Cristo también querrá seguirle; y quien lo ama también amará el ejemplo de su santa vida: su humildad, mansedumbre, paciencia, así como su cruz, la vergüenza y el desprecio que Él soportó, aun cuando ello implique dolor para la carne. Y aunque en nuestra presente debilidad no podamos imitar a la perfección la santa y sublime vida de Cristo —cosa que, en efecto, no pretendo en mi libro—, con todo, debemos amarla, y anhelar una más plena imitación de la misma. Porque es de este modo que vivimos en Cristo, y Cristo en nosotros, según las palabras de San Juan: «El que dice que permanece en Él, debe andar como Él anduvo» (1 Jn 2:6). Hoy la determinación del mundo es adquirir conocimiento acerca de todas las cosas; pero aquello que supera cualquier otro conocimiento, a saber, «conocer el amor de Cristo» (Ef 3:19), nadie desea adquirirlo. Pero nadie puede amar a Cristo si no imita su santa vida. Muchos hombres y mujeres, la mayoría en este mundo en realidad, se avergüenzan del santo ejemplo de Cristo, es decir, de su pobreza y humilde condición. En otras palabras, se avergüenzan del Señor Jesucristo; acerca de ellos, Él dice: «El que se avergüence de mí y de mis palabras en esta generación adúltera y pecadora, también el Hijo del hombre se avergonzará de él» (Mc 8:38). Hoy los cristianos desean un Cristo de apariencia imponente, que sea fastuoso, rico y conforme a este mundo; pero ninguno desea recibir, confesar y seguir al Cristo pobre, manso, despreciado y humilde. Por lo tanto, Él les dirá un día: «"Nunca os conocí" (Mt 7:23); ustedes no quisieron conocerme en mi humildad, así que yo no los conozco en su arrogancia».

4. Sin embargo, la vida profana, en todas sus formas, no solo está en desacuerdo con Cristo y el verdadero cristianismo, sino que además es la causa del diario aumento de la irritación de Dios, y de los azotes que Él inflige. Esto es así en la medida en que Él dispone a todas las criaturas como sus vengadoras, y permite que el cielo y la tierra, el agua y el fuego, se vuelvan nuestros enemigos; de modo que toda la naturaleza es así profundamente convulsionada, y poco menos que devastada. Por tanto, ha de esperarse una época de aflicción; guerra, hambre y epidemias; es más, las últimas plagas vienen con tanta violencia que estamos expuestos a los ataques de prácticamente toda criatura. Pues tal como las terribles plagas sobre los egipcios sobrevinieron antes de la redención y salida de los hijos de Israel desde Egipto, así también, antes de que ocurra la redención de los

hijos de Dios, plagas terribles e inauditas asaltarán a los incrédulos y pertinaces. Por tanto, es tiempo de arrepentirse, cambiar el curso de vida, volverse del mundo a Cristo, creer en Él verdaderamente, y llevar en Él una vida cristiana, para que con seguridad podamos «habitar al abrigo del Altísimo, y morar bajo la sombra del Omnipotente» (Sal 91:1). Es esta igualmente la exhortación del Señor: «Velad, pues, orando en todo tiempo que seáis tenidos por dignos de escapar de todas estas cosas» (Lc 21:36). Esto mismo se testifica también en el Salmo 112:7.

5. Ahora bien, querido lector cristiano, para tal propósito el presente libro puede en alguna medida servirte de guía, pues no solo explica cómo puedes, mediante la fe en Cristo, obtener el perdón de tus pecados, sino también cómo puedes beneficiarte de la gracia de Dios, a fin de llevar una vida santa; y cómo puedes demostrar y adornar tu fe a través de una conducta y una convivencia cristianas. Porque el verdadero cristianismo consiste no en palabras, ni en una ostentación externa, sino en una fe viva, de la cual proceden frutos propios del arrepentimiento, y toda clase de virtudes cristianas, tal como proceden de Cristo mismo. Porque, ya que la fe está escondida de la vista humana, y es invisible, debe manifestarse por sus frutos, en la medida en que la fe obtiene de Cristo todo lo bueno, justo y bendito.

6. Ahora, cuando la fe aguarda las bendiciones que se le prometen, el resultado de esa fe es la *esperanza*. Porque, ¿qué otra cosa es la esperanza, sino una continua y perseverante expectación, por fe, de las bendiciones que se prometen? Pero cuando la fe comparte con el prójimo las bendiciones que ella misma ha recibido, el fruto de esa fe es el *amor*, que imparte al prójimo lo que ha recibido de Dios. Y cuando la fe soporta la prueba de la cruz, y se somete a la voluntad de Dios, produce *paciencia*. Pero cuando suspira bajo el peso de la cruz, u ofrece gratitud a Dios por las misericordias recibidas, la fe da a luz la *oración*. Cuando compara el poder de Dios, por una parte, con la miseria del ser humano, por otra parte, y se somete sin resistencia a la voluntad de Dios, el fruto de ello es la *humildad*. Y cuando esta fe trabaja diligentemente para no perder la gracia de Dios, o, según nos aconseja San Pablo, «ocupaos en vuestra salvación con temor y temblor» (Fil 2:12), entonces el resultado es el *temor de Dios*.

7. Como puedes ver, todas las virtudes cristianas son hijas de la fe, proceden de la fe, y no pueden estar separadas de ella, su fuente común, si realmente son virtudes genuinas, vivas y cristianas, las cuales en definitiva provienen de Dios, de Cristo y del Espíritu Santo. Por lo cual, ninguna obra puede ser aceptable ante Dios sin la fe en Cristo. Porque, ¿cómo pueden existir la verdadera esperanza, el amor sincero, la perseverante pa-

ciencia, la ferviente oración, la cristiana humildad y el temor de Dios como el de un niño, si no es con fe?

Todo debe obtenerse de Cristo, la fuente de la salvación (Is 12:3), mediante la fe, tanto la justicia como todos los frutos de la justicia. Pero ten mucho cuidado, querido lector, de no relacionar tus obras, aquellas virtudes que has comenzado a practicar, o los dones de la vida nueva, con la justificación ante Dios. Porque a este respecto, las obras, los méritos, los dones y virtudes de los hombres, por muy atrayentes que puedan parecer, no tienen eficacia; nuestra justificación depende únicamente de los magníficos y perfectos méritos de Jesucristo, asidos por fe, tal como se expone en los capítulos V, XIX, XXXIV y XLI de este libro. Ten mucho cuidado, por tanto, de no confundir la justicia de la fe, por una parte, y la justicia de una vida cristiana, por otra parte; más bien debes hacer una clara distinción entre ambas, porque en ello radica todo el fundamento de nuestra religión cristiana. Con todo, el arrepentimiento debe ser la mayor preocupación de tu vida, pues de lo contrario no posees la verdadera fe, aquella que a diario purifica, cambia y enmienda el corazón. Tú debes saber, además, que los consuelos del evangelio no pueden ser efectivamente aplicados si previamente no ha habido una genuina tristeza piadosa, cuyo resultado es un corazón dolorido y contrito; pues leemos que «a los pobres es anunciado el evangelio» (Lc 7:22). En efecto, ¿cómo puede la fe dar vida al corazón, si antes no lo mortifican una sincera tristeza y un pleno conocimiento del pecado? No imagines, por tanto, que el arrepentimiento es una tarea fácil y liviana. Recuerda las solemnes y severas palabras del apóstol Pablo, cuando nos manda a mortificar y crucificar la carne, con sus deseos y pasiones, para ofrecer el cuerpo como sacrificio, para morir al pecado, para ser crucificado para el mundo (Col 3:5; Ro 6:6; 12:1; 1 P 2:24; Gl 5:24; 6:14). La verdad es que nada de esto puede ocurrir cuando complacemos la carne. Tampoco los profetas emplean palabras alegres cuando llaman a tener un corazón contrito y quebrantado, sino que dicen: «Rasgad vuestro corazón»; «lamentaos y gemid» (Jl 2:13, 17; Jer 4:8). ¿Pero dónde encontramos hoy tal arrepentimiento? El Señor Jesucristo, al mencionarlo, exige que nos neguemos a nosotros mismos, y renunciemos a todo lo que poseemos, si queremos ser sus discípulos (Lc 9:23; Mt 16:24). En verdad, nada de esto puede proceder de una mente relajada, frívola y ligera; de ello podemos encontrar evidencia en los siete Salmos Penitenciales de David. La Escritura abunda en ilustraciones del Dios celoso, que exige tanto el arrepentimiento como los frutos del mismo, sin los cuales no se puede alcanzar la salvación eterna. Pero posteriormente se manifiesta el poder de los consuelos del evangelio. Y ambas cosas, tal arrepentimiento y tal consolación, son obra del Espíritu de Dios únicamente, mediante la Palabra.

8. Por tanto, el presente libro trata especialmente de aquel sincero y profundo arrepentimiento del corazón, de la exhibición de la fe en nuestra vida y conducta, y del espíritu de amor que debiera impulsar todos los actos del cristiano; porque aquello que procede del amor cristiano es a la vez el fruto de la fe. Es cierto que he hecho referencias a autores anteriores, como Tauler o Tomás Kempis, entre otros, de quienes podría pensarse que atribuyen más de lo que es debido a las capacidades y obras humanas; pero lo que pretendo en todo mi libro es impugnar semejante error. Por lo tanto, quisiera pedir cordialmente al lector cristiano que recuerde el propósito fundamental por el que escribí este libro. Descubrirá que el objetivo principal es el siguiente: enseñar al lector a percibir la abominación oculta e intrínseca del Pecado Original; exponer claramente nuestra miseria e indefensión; enseñar a que no pongamos nuestra confianza en nosotros mismos o en nuestras capacidades; a deshacernos de todo, y a atribuirlo todo a Cristo, para que solo Él pueda habitar en nosotros, obrar todas las cosas en nosotros, que solo Él viva en nosotros, y cree en nosotros todas las cosas, porque Él es el principio, el medio y el fin de nuestra conversión y salvación. Todo esto ha sido clara y abundantemente explicado en varios pasajes del presente libro; y, al mismo tiempo, las doctrinas de los partidarios de Roma, los sinergistas y los mayoristas han sido expresamente refutadas y rechazadas. Además, en este libro se ha expuesto la doctrina de la justificación por la fe de la manera más incisiva y explícita. Sin embargo, a fin de evitar tergiversaciones, he sometido la presente edición a una meticulosa revisión, y ruego al lector que reciba las ediciones aparecidas en Frankfurt y otros lugares en el sentido en que debe recibirse la presente edición de Magdeburgo. Además, afirmo que este libro, así como todos los demás artículos y puntos, como también los artículos del Libre Albedrío, y de la Justificación de un pobre pecador ante Dios, no debe entenderse de ningún otro modo que no sea de acuerdo a los Libros Simbólicos de las iglesias de la Confesión de Augsburgo, a saber, la primera Confesión De Augsburgo Inalterada, la Apología, los Artículos De Smalcald, los Dos Catecismos de Lutero, y la Fórmula De Concord.

¡Que Dios nos ilumine a todos con su Santo Espíritu, de modo que podamos ser sinceros e intachables, tanto en nuestra fe como en nuestra vida, hasta el día de Cristo —el cual está cerca—; que nos llene de los frutos de justicia, para la gloria y alabanza de Dios! Amén.

Capítulo I
En qué consiste la imagen de Dios en el ser humano

Renovaos en el espíritu de vuestra mente, y vestíos del nuevo hombre, creado según Dios en la justicia y santidad de la verdad
(Ef 4:23-24).

La imagen de Dios en el ser humano es la conformidad del alma del hombre, de su espíritu y su mente, de su entendimiento y su voluntad, y de todas sus facultades y capacidades corporales y mentales, con Dios y la Santa Trinidad. Porque el decreto de la Santa Trinidad fue expresado de este modo: «*Hagamos* al hombre a nuestra imagen y semejanza...» (Gen 1:26).

2. Es evidente, entonces, que cuando el ser humano fue creado, se imprimió en él la imagen de la Trinidad, con el propósito de que la santidad, la justicia y la bondad de Dios pudieran resplandecer en su alma; que irradiasen abundante luz a través de su entendimiento, voluntad y afectos; y que se manifestaran visiblemente también en su vida y su conducta: es decir, que consecuentemente todas sus acciones, tanto interiores como exteriores, no exhalaran otra cosa sino amor, pureza y poder divinos, y, en definitiva, que la vida del hombre y la mujer sobre la tierra pudiera semejar la de los ángeles del cielo, quienes están siempre ocupados en hacer la voluntad de su Padre Celestial. Al imprimir de este modo su imagen en el ser humano, Dios se propuso deleitarse y regocijarse en él, tal como un padre se regocija en un hijo que nace a su propia imagen. Porque así como un padre, contemplándose a sí mismo en su descendencia, no hace otra cosa que sentir la mayor complacencia y deleite; así también, cuando Dios contemplaba el carácter manifiesto de su propia Persona reflejada en una imagen de sí mismo, podía decir «mis delicias están con los hijos de los hombres» (Pr 8:31). Así, el mayor placer de Dios era mirar al ser humano, en quien se gozaba, y descansaba, por así decirlo, de toda su obra; lo consideraba su gran *obra maestra* de la creación, y sabía que en la perfecta inocencia y belleza del hombre y la mujer se manifestaría plenamente la excelencia de su propia gloria. Y nuestros primeros padres y su posteridad habrían de disfrutar por siempre esta bendita comunión, si hubieran per-

manecido en la semejanza de Dios, y descansado en Él y en su voluntad; al ser su autor, Dios debía ser la finalidad de ellos.

3. No cabe duda de que la propiedad esencial de cada imagen es ser una representación precisa del objeto que pretende expresar. Y así como el reflejo en un espejo es nítido en una medida proporcional a la claridad del propio espejo, así también la imagen de Dios se vuelve más o menos visible según la pureza del alma en la que se la contempla.

4. Es por esto que originalmente Dios creó al ser humano perfectamente puro e intachable, para que la imagen divina pudiera contemplarse en él, no como una sombra difusa e inerte reflejada en un vidrio, sino como una verdadera y viva imagen del Dios invisible, y a semejanza de su íntima, escondida e inenarrable belleza. Había una imagen de la sabiduría de Dios en el *entendimiento* del ser humano; de su bondad, amabilidad y paciencia, en el *espíritu* del ser humano; de su divino amor y misericordia, en los *afectos* del corazón del hombre. Había una imagen de la rectitud y santidad, la justicia y pureza de Dios, en la *voluntad* humana; de su bondad, compasión y verdad en todas las *palabras* y *acciones* del ser humano; de su omnipotencia, en el *señorío* del hombre y la mujer sobre la tierra y las criaturas inferiores; y finalmente, había una imagen de la eternidad de Dios en la *inmortalidad* del alma humana.

5. De la imagen divina que de dicho modo se le había implantado, el ser humano debía haber adquirido el conocimiento tanto de *Dios* como de *sí mismo*. Es así que podía haber aprendido que Dios, su creador, es todo en todo, el Ser de los seres, y el principal y único SER, de quien todos los seres creados reciben su existencia, y en quien y por quien subsisten todas las cosas que existen. Asimismo, él podía haber sabido que Dios, como el Original de la naturaleza humana, es todo lo anterior *en esencia*, de lo cual él mismo no era sino una imagen y representación. Pues si el hombre debía llevar la imagen de la divina bondad, se sigue de ello que Dios es *esencialmente* la bondad soberana y universal (Mt 19:17); y, en consecuencia, que Dios es el amor esencial, la vida esencial y la santidad esencial. Por ser todo esto *en esencia*, Él es el único a quien se le debe atribuir adoración y alabanza, honor y gloria, poder, majestad, dominio y virtud; porque nada de esto le pertenece a la criatura, ni a cosa alguna, sino que todo ello le corresponde solo a Dios.

6. De esta imagen del Ser Divino, el ser humano también debía haber adquirido el conocimiento de *sí mismo*. Él debía haber considerado cuán enorme diferencia existía entre Dios y él. El hombre no es Dios, sino su *imagen*; y la imagen de Dios no debe representar otra cosa sino a Dios. El

ser humano es un retrato del Ser Divino; un representante, una imagen en la que solo Dios debiera ser visto y glorificado. Nada, entonces, debe vivir en el hombre sino Dios. Nadie más que la Divinidad debiera conmoverse, querer, amar, pensar, actuar o regocijarse en él. Porque si otra cosa que no sea Dios vive o actúa en el ser humano, este deja de ser la imagen de Dios, y se vuelve la imagen de aquello que entonces vive y actúa en su interior. Por lo tanto, el hombre, o la mujer, que quiera convertirse en la imagen de Dios, y permanecer en esa condición, debe rendirse por entero a la Divinidad, y someterse plenamente a su voluntad. Esta persona debe permitir que Dios obre en ella lo que le plazca; para que, negando su propia voluntad, pueda sin reservas hacer la voluntad de su Padre Celestial, entregada a Dios por entero, dispuesta a convertirse en un instrumento santo en sus manos, para hacer la voluntad y la obra de Dios. Tal persona no sigue su propia voluntad, sino la de Dios; no se ama a sí misma, sino a Dios; no busca su propio honor, sino el de Dios. No codicia posesiones ni riquezas para sí misma, sino que remite todo al Supremo Bien; y al estar así contenta con poseerlo a Él, se alza sobre el amor a las criaturas y al mundo. Y de este modo, el ser humano debe despojarse de todo amor a sí mismo y al mundo, para que solo Dios pueda serlo todo en él, y obrar todas las cosas en él, por su Santo Espíritu. En esto consistía la perfecta inocencia, pureza y santidad del ser humano. Porque, ¿qué inocencia mayor puede existir, que un hombre no haga su propia voluntad, sino la de su Padre Celestial? ¿O qué mayor pureza, que un hombre permita que Dios actúe en él y haga todo aquello que a Dios le plazca? ¿Y qué mayor santidad, que volverse un instrumento en manos del Espíritu de Dios? Parecerse a un niño en cuyo pecho aún no prevalecen el amor y el honor a sí mismo es realmente la mayor sencillez.

7. Un *perfecto* ejemplo de esta plena devoción hacia la voluntad divina fue nuestro Señor Jesucristo mientras permaneció en este mundo. Él sacrificó su propia voluntad a Dios su Padre, en intachable obediencia, humildad y mansedumbre; estaba presto para deshacerse de todo honor y estima, de todo interés personal y amor propio, de todo placer y goce; y dejó que solo Dios pensara, hablara y actuara en Él y por Él. En suma, Él de continuo hizo suyos la voluntad y el placer de Dios, como el mismo Padre testificó en la voz del cielo: «Este es mi hijo amado, en quien tengo complacencia» (Mt 3:17). El Señor Jesucristo, por siempre bendito, es la verdadera Imagen de Dios, en quien no se expresa otra cosa sino Dios mismo, y aquellas manifestaciones que están de acuerdo con su naturaleza, a saber: amor, misericordia, entereza, paciencia, mansedumbre, bondad, justicia, santidad, consuelo, vida y eterna beatitud. Porque el Dios invisible quiso revelarse y darse a conocer a la humanidad a través de Cristo. Él es, en efecto, la imagen de Dios en el sentido más sublime; es decir, según

su *Divinidad*, por virtud de la cual Él mismo es realmente Dios, la imagen manifiesta y esencial de la gloria de su Padre, en el infinito esplendor de la luz increada (He 1:3). Pero acerca de esto nada más puede decirse ahora: es nuestro propósito hablar de Él solamente respecto a cómo vivió y habló en su santa *humanidad* mientras habitó sobre esta tierra.

8. Fue en una inocencia como esta que la imagen de Dios fue conferida a Adán en el principio, imagen que él debió haber preservado en humildad y obediencia genuinas. De seguro, para Adán era suficiente el haber sido hecho apto para todos los beneficios de la imagen divina; de amor y deleite sinceros y puros; de una inalterable y sólida quietud mental; de poder, fortaleza, paz, luz y vida. Pero por no reflexionar debidamente que él no era el *bien mayor*, sino meramente un espejo de la Divinidad, formado con el propósito de recibir el reflejo de la naturaleza divina, aquel hombre se erigió como un *Dios*; y al escoger de esta forma ser el mayor *bien* para sí mismo, se precipitó al mayor de los males, pues fue despojado de su invaluable imagen, y excluido de la comunión con Dios que antes disfrutaba en virtud de esa imagen.

9. Si se hubiera puesto a un lado la voluntad, el amor y el honor propios, la imagen de Dios no habría podido abandonar al ser humano; sino que la Deidad habría permanecido como su única gloria, honor y alabanza. Así como todas las cosas son susceptibles a sus similares y no a sus opuestos, y a los similares se conforman y en ellos se deleitan, así también el hombre, hecho a semejanza de Dios, estaba por tanto preparado para recibir a Dios en sí mismo, quien también estaba dispuesto a impartirse al ser humano, con todos los tesoros de su bondad; de todas las cosas es la bondad la que mejor se imparte a sí misma.

10. Finalmente, de la imagen de Dios el ser humano debió haber aprendido que, por medio de ella, él está unido a Dios, y que solo en esta unión radica su verdad y su quietud perpetua, su descanso, paz, gozo, vida y felicidad. Debió haber aprendido que toda inquietud del pensamiento y exasperación del espíritu no emerge sino de una ruptura de dicha unión, a causa de lo cual el hombre deja de ser la imagen de Dios; porque tan pronto como el ser humano se vuelca hacia la criatura, es privado de aquel bien eterno que solo ha de conseguirse en Dios.

Capítulo II
La caída de Adán

Así como por la desobediencia de un hombre muchos fueron constituidos pecadores, así también por la obediencia de uno muchos serán constituidos justos (Ro 5:19).

La caída de Adán fue la desobediencia a Dios, por la cual el hombre se volvió del Ser Divino hacia sí mismo, y le robó a Dios el honor que solo a Él es debido, pues creyó que *él mismo* era *como Dios*. Pero mientras trabajaba en ello para elevarse a sí mismo, él fue despojado de aquella imagen divina que el creador le había concedido tan generosamente; fue privado de la justicia hereditaria; y desposeído de aquella santidad con que había sido adornado originalmente. En cuanto a su *entendimiento*, se tornó entenebrecido y ciego; su *voluntad*, testaruda y perversa; y todas las capacidades y facultades de su alma se volvieron enteramente extrañas a Dios. Este mal ha infectado a toda la raza humana, a través de una procreación carnal, y ha sido heredado por todos los seres humanos. La consecuencia obvia que esto provoca es que el hombre y la mujer quedan espiritualmente muertos, como hijos de ira y condenación, hasta que de esta miserable condición los redime Jesucristo. Por tanto, que ninguno que se haga llamar cristiano se engañe respecto a la caída de Adán. Sea cauteloso y no intente atenuar o aminorar la transgresión de Adán, como si fuera un pecado pequeño, algo sin mayor consecuencia, y cuando mucho, nada más que haberse comido una manzana. En vez de ello, tenga por cierto que la culpa de Adán fue la misma de Lucifer, es decir, *él quería ser como Dios*; y que en ambos casos se trató igualmente del más grave, terrible y detestable pecado.

2. Esta apostasía —no fue menos que eso— primero se originó en el corazón, y luego se manifestó al comer el fruto prohibido. Aunque el ser humano se contaba entre los hijos de Dios; aunque de las manos del Todopoderoso había salido sin defecto, ni en su cuerpo ni en su alma, y era el más glorioso objeto de la creación; aunque —como culmen de su dicha— él no solo era hijo, sino la *delicia* de Dios; con todo, no sabiendo cómo descansar satisfecho con todos estos altos privilegios, intentó invadir el Cielo, para poder llegar aún más alto; y no iba a ser suficiente algo menor que

enaltecerse hasta ser como Dios. Por lo cual en su corazón concibió enemistad y odio contra el Ser Divino, su Creador y Padre, a quien, de haber estado a su alcance, estaba dispuesto a destruir.

¿Quién podría cometer un pecado más detestable? ¿Qué mayor abominación se podría imaginar?

3. Fue así que en su interior el ser humano se volvió como el mismísimo Satanás, adquiriendo su semejanza en el corazón; porque ahora ambos habían cometido el mismo pecado, ambos se habían rebelado contra la majestad del Cielo. El ser humano ya no exhibe una imagen de Dios, sino la del diablo; ya no es un instrumento en manos de Dios, sino un órgano de Satanás, y por tanto se ha vuelto capaz de toda especie de maldad diabólica. De modo que, habiendo perdido aquella imagen celestial, espiritual y divina, él es completamente terrenal, sensual y animal. Porque el diablo, con la intención de imprimir su propia imagen en el ser humano, lo fascinó tan profundamente con una sarta de palabras seductoras y engañosas que el hombre le permitió sembrar en su alma aquella aborrecible semilla, a la que desde entonces se la llama «semilla de la serpiente»; lo cual se refiere principalmente al amor a sí mismo, la obstinación y la ambición de ser como Dios. Es por esta razón que la Escritura designa a quienes están envenenados con el amor propio como «generación de víboras» (Mt 3:7). Y a todos aquellos que tienen una naturaleza orgullosa y diabólica, los llama «la simiente (descendencia) de la serpiente». Es así que el Todopoderoso, hablando a la serpiente, le dice: «Pondré enemistad entre ti y la mujer, entre tu simiente y la simiente suya» (Gn 3:15).

4. De esta semilla de la serpiente nada puede proceder sino un fruto mortal y horrendo; es decir, la imagen de Satanás, los hijos de Belial, los hijos del diablo (Jn 8:44). Así como en cualquier semilla natural, por pequeña que sea, están contenidos, del modo más maravilloso y oculto, la naturaleza y los atributos de la futura planta, todas sus partes y proporciones, sus ramas, hojas, flores, todo en miniatura; así también, en la simiente de la serpiente —el amor a sí mismo y la desobediencia de Adán (lo cual se ha traspasado a toda su descendencia mediante una procreación carnal)— subyace, como en un embrión, por así decirlo, el árbol de la muerte, con sus ramas, hojas y flores, y los innumerables frutos de injusticia que en él crecen. En suma, la plena imagen de Satanás está allí secretamente delineada, con todos sus signos, características y atributos.

5. Si observamos con atención a un niño pequeño, veremos cómo se manifiesta esta corrupción natural desde el nacimiento mismo; y cómo se revelan especialmente la obstinación y la desobediencia, las cuales se concretan en acciones que efectivamente dan cuenta de aquella raíz escondida

desde donde brotan. Consideremos al niño más tarde, a medida que crece y se acerca a la madurez. Observemos el egoísmo natural de la juventud, su innata ambición, su sed de gloria mundana, su amor por los aplausos, su búsqueda de venganza, y su inclinación al engaño y la falsedad. Y ahora estos males se multiplican. Pronto en él puede descubrirse vanidad, arrogancia, orgullo, blasfemia, juramentos en vano, horribles maldiciones, fraudes, escepticismo, infidelidad, desprecio de Dios y su santa Palabra, y desobediencia a los padres y a las autoridades; ira y contienda, odio y envidia, venganza y homicidio, y todo tipo de crueldades. Todo esto se descubre especialmente si se presentan ocasiones externas que llamen a la acción a esta secreta y mortal semilla, y a los diversos males de la naturaleza depravada de Adán. A medida que continúen presentándose estas ocasiones, observaremos la aparición de nuevos vicios: promiscuidad, pensamientos adúlteros, imaginaciones lujuriosas, conversaciones indecorosas, gestos obscenos y todas las «obras de la carne»; veremos embriaguez, desórdenes y toda clase de intemperancia; inconstancia, excesivo desenfreno y todo cuanto complazca el apetito, los deseos de los ojos y la vanagloria de la vida. Y además de esto, pronto puede descubrirse codicia, extorsión, artificios, falsedades, fraude y toda clase de prácticas siniestras; junto con pillerías, estafas en los negocios y, en resumen, toda la tropa, o más bien el ejército, de pecados, injusticias y crímenes, que son tantos y tan variados que es imposible calcular o determinar su número. Según las palabras del profeta Jeremías «engañoso es el corazón, más que todas las cosas, y perverso; ¿quién lo conocerá?» (Jer 17:9). Y si, por último, a los ya enumerados añadimos los espíritus seductores y falsos, entonces podemos observar cismas en la iglesia, malvadas y peligrosas herejías, más aún, la abjuración de Dios y de Cristo, idolatría, la negación de la fe, odio y persecución de la verdad, el pecado contra el Espíritu Santo, con toda clase de corrupción en la doctrina, perversión de las Escrituras y gran engaño. ¿Pero qué es todo esto, sino la imagen de Satanás, y los frutos de la semilla de la serpiente sembrada en el ser humano?

6. ¿Quién hubiera pensado que semejante profundidad de malicia y depravación pudiera encontrarse en un débil e indefenso niño; que un principio tan venenoso, un corazón tan corrupto se escondía en un bebé aparentemente inofensivo? ¿Quién lo hubiera creído, si el propio ser humano, a través de su vida pecadora y abominable, de las imaginaciones de sus pensamientos (que son «de continuo hacia el mal», y desesperadamente torcidos hacia lo malo), no los hubiera sacado a la luz por su propia voluntad, para exhibir, desde la niñez, aquello que antes estaba encubierto como en una semilla? (Gn 6:5; 8:21).

7. ¡Oh, inmensamente vil y perversa raíz, de la cual brota el mortífero árbol tan fecundo en la producción de toda clase de males! ¡Oh, semilla de

la serpiente, grandemente abominable y espantosísima, desde donde se genera una imagen tan deforme e inmunda a la vez!; y que se ensancha de continuo, a medida que es estimulada por tentaciones externas y por los escándalos del mundo. Con toda propiedad, el bendito Jesús pudo prohibir tan solemne y estrictamente que nadie, por un mal ejemplo, ofendiera a un niño pequeño; sabiendo que la semilla de la serpiente acecha en ellos, como el veneno mortal en la sabandija mortífera, listo para irrumpir en abiertos actos de pecado cada vez que una ocasión se presenta.

8. ¡Oh, ser humano! Aprende, por tanto, a reconocer la caída de Adán y la verdadera naturaleza del Pecado Original. Aprende, si eres sabio, a percibirla en ti mismo. Examínate, no a medias y a la ligera, sino en profundidad, y según la importancia del asunto lo requiere. Porque esta infección es más grande, esta depravación es más honda y más mortal de lo que las palabras pueden expresar, y aun de lo que el pensamiento puede concebir. «¡Conócete a ti mismo!». ¡Considera en profundidad lo que eres tú, oh hombre, y tú, oh mujer!, lo que eres desde la caída de tu primer padre. Considera cómo es que tú, que eras a imagen de Dios, te has vuelto la imagen de Satanás, un retrato de todas sus malvadas inclinaciones, y eres conforme a él en toda malicia e impiedad. Pues así como en la imagen de Dios están contenidos todas las virtudes y atributos divinos, así también en la imagen del diablo, que el ser humano ha adquirido al apartarse de Dios, se encuentran todos los vicios y atributos, y la naturaleza misma del propio diablo. Porque, así como el hombre, antes de caer, llevaba la imagen del Adán celestial, es decir, era totalmente celestial, espiritual y divino; de igual modo, desde la primera apostasía, lleva consigo la imagen del Adán terreno, siendo en su interior terrenal, carnal y corrupto.

9. ¡Miren! El ser humano se ha vuelto como una bestia del campo. Porque ¡oh hombre caído!, ¿qué es tu ira? ¿Y a quién le pertenece con mayor propiedad, al león o al ser humano? Y tu envidia y tu avaricia, ¿no delatan en ti la naturaleza del perro y del lobo? Y en lo que respecta a tu impureza y glotonería, ¿no son estas la evidencia de una naturaleza porcuna? Si en verdad examinaras adecuadamente tu propio pecho, descubrirías allí un mundo de bestias inmundas y perniciosas. Aun en la lengua, aquel «miembro pequeño», puede hallarse, según Santiago, una ciénaga de cosas pestilentes y rastreras, una guarida de todo espíritu impuro, el nido de toda ave inmunda y aborrecible (Is 13:21; Ap 18:22), y, en una palabra, un «mundo de maldad» (St 3:6). ¡Qué lamentable es que a menudo hagamos tales avances en la maldad, que en ira y furia sobrepasamos a los animales de presa! En voracidad y violencia, al lobo; en sagacidad y argucia, al zorro; en malicia y mordacidad, a la serpiente; y en inmundicia y obscenidad, al cerdo. Es por esto que nuestro Señor llamó a Herodes «zo-

rro», y a los profanos en general «perros» y «cerdos», a quienes no debiera darse lo que es santo (Lc 13:32; Mt 7:6).

10. Por lo tanto, cualquiera que no consigue corregir esta corrupción de la naturaleza, para ser verdaderamente convertido y *renovado* en Cristo Jesús, sino que muere en el estado antes descrito, debe preservar por siempre la naturaleza bestial y satánica. Habrá de ser arrogante, soberbio, orgulloso y demoniaco por toda la eternidad. Y cuando haya abandonado el tiempo de su purificación en esta vida, llevará consigo la imagen de Satanás en la sombra de las tinieblas a perpetuidad; como testimonio de que cuando aún estaba en el mundo no vivió en Cristo, ni fue renovado a imagen de Dios. «Pero los perros estarán afuera, y los hechiceros, y todo aquel que ama y practica la mentira» (Ap 21:8; 22:15).

Capítulo III
De qué manera el ser humano es renovado en Cristo para vida eterna

En Cristo Jesús, ni la circuncisión vale nada ni la incircuncisión, sino la nueva criatura (Gl 6:15).

El *nuevo nacimiento* es una obra del Espíritu Santo, mediante la cual el ser humano, siendo un pecador, es hecho justo; y de ser un hijo de condenación y de ira, pasa a ser hijo de gracia y salvación. Esta transformación se efectúa mediante la fe, la Palabra de Dios y los Sacramentos; en este proceso, el corazón y todas las capacidades y facultades del alma (en particular el entendimiento, la voluntad y los afectos) son renovados, iluminados y santificados en Cristo Jesús, y son modelados a su manifiesta semejanza. El nuevo nacimiento comprende dos bendiciones principales, a saber, la justificación y la santificación, o renovación de la persona (Tit 3:5).

2. El nacimiento de todo verdadero cristiano es doble. El primero es «según la carne», el segundo, «según el espíritu»; el primero es de abajo, el segundo, desde arriba. El primero es terrenal, pero el segundo es celestial. Uno es carnal, pecaminoso y perverso, pues desciende del primer Adán mediante la semilla de la serpiente, a semejanza e imagen del diablo; y a través de este nacimiento se propaga la naturaleza terrenal y carnal. El otro nacimiento, por el contrario, es espiritual, santo y bendito, pues deriva del segundo Adán; a semejanza del Hijo de Dios: y a través de este nacimiento se propaga el hombre celestial y espiritual, la simiente e imagen de Dios.

3. En el cristiano, por lo tanto, existe una *doble* línea de descendencia; y, en consecuencia, hay también *dos* hombres, por así decirlo, en una misma persona. El linaje carnal se deriva de Adán, y el linaje espiritual, de Cristo, mediante la fe; pues así como el viejo nacimiento de Adán se da en el ser humano por naturaleza, a su vez el nuevo nacimiento de Cristo debe ocurrir en él por gracia. Estos son el viejo y el nuevo hombre, el viejo y nuevo nacimiento, el viejo y el nuevo Adán, la imagen terrenal y la celestial, la carne y el Espíritu, Adán y Cristo en nosotros, y también, el hombre exterior y el interior.

4. Procedamos ahora a observar de qué manera somos regenerados por Cristo. Tal como el viejo nacimiento se propaga carnalmente desde Adán, así el nuevo nacimiento se propaga espiritualmente desde Cristo, mediante la Palabra de Dios. Esta palabra es la semilla de la nueva criatura: pues hemos «renacido, no de simiente corruptible, sino de incorruptible, por la palabra de Dios que vive y permanece para siempre» (1 P 1:23). Y otra vez: «Él, de su voluntad, nos hizo nacer por la palabra de verdad, para que seamos primicias de sus criaturas» (Stg1:18). La Palabra de Dios produce fe; y la fe a su vez aprehende la Palabra de Dios, y en esa palabra abraza a Jesucristo y al Espíritu Santo, por cuya eficacia y virtud espirituales el hombre y la mujer son regenerados o nacen de nuevo. En otras palabras, la regeneración la efectúa, en primer lugar, el Espíritu Santo; y esto es lo que Cristo quiere decir con «nacer del Espíritu» (Jn 3:5); en segundo lugar, la regeneración es por *fe*; por lo cual se dice: «Todo aquel que cree que Jesús es el Cristo es nacido de Dios» (1 Jn 5:1); y, en tercer lugar, por medio del *Bautismo*, según el pasaje de la Escritura: «El que no nace de agua y del Espíritu no puede entrar en el reino de Dios» (Jn 3:5).

5. En Adán, el ser humano ha heredado los peores males, como el pecado, la ira divina, Satanás, el infierno y la condenación; mas en Cristo, él es restaurado a la posesión de las mayores bendiciones, como justicia, gracia, bendición, poder, una vida celestial y salvación eterna. De Adán, el hombre hereda un espíritu carnal, y queda sujeto al gobierno y la tiranía del espíritu maligno; pero de Cristo obtiene el Espíritu Santo, con sus dones, además de su guía consoladora. De Adán, el ser humano ha derivado un espíritu arrogante, orgulloso y soberbio; pero si nace de nuevo y es renovado en su mente, debe recibir de Cristo, por la fe, un espíritu humilde, manso y recto. De Adán, el hombre hereda un espíritu incrédulo, blasfemo y muy ingrato; y es su deber recibir de Cristo un espíritu creyente, que se muestre fiel, aceptable y agradable a Dios. De Adán, se hereda un espíritu desobediente, violento y precipitado; pero de Cristo, por la fe, adoptamos un espíritu de obediencia, amabilidad y modestia, y un espíritu de mansedumbre y moderación. De Adán, por *naturaleza*, heredamos un espíritu de ira, enemistad, venganza y homicidio; pero de Cristo, por la fe, adquirimos el espíritu de paciencia, amor, compasión, perdón y bondad y benignidad universales. De Adán, el ser humano hereda, por naturaleza, un corazón codicioso, un espíritu áspero y despiadado, que solo busca el beneficio propio, y arrebata lo que es de otro por derecho; pero de Cristo se obtiene, por la fe, el espíritu de misericordia, compasión, generosidad y mansedumbre. De Adán procede un espíritu promiscuo, impuro y desenfrenado; pero de Cristo puede obtenerse un espíritu de castidad, pureza y templanza. Desde Adán se traspasa al hombre un espíritu lleno de calumnia y fal-

sedad; de Cristo, en cambio, se adquiere el espíritu de verdad, de constancia y de integridad. Finalmente, de Adán recibimos un espíritu animal y terrenal; pero de Cristo recibimos un espíritu desde lo alto, que es completamente celestial y divino.

6. Por esto, fue necesario que Cristo tomara nuestra naturaleza, y fuera concebido y ungido por el Espíritu Santo, para que todos pudiéramos recibir de su plenitud. Era indispensable que reposara sobre Él «el espíritu de Jehová: espíritu de sabiduría y de inteligencia, espíritu de consejo y de poder, espíritu de conocimiento y de temor de Jehová» (Is 11:2); para que así la naturaleza humana pudiera ser restaurada y renovada en Él y por Él, y que nosotros pudiéramos convertirnos en nuevas criaturas en Él, por Él y a través de Él. Esto se alcanza al recibir de Cristo el espíritu de sabiduría y de inteligencia en lugar del espíritu de necedad; el espíritu de consejo por el de insensatez; el espíritu de poder por el de cobardía y de temor; el espíritu de conocimiento a cambio de nuestra ceguera natural; y el espíritu del temor del Señor en lugar del espíritu profano e infiel.

7. Es en este cambio celestial que consiste la nueva vida y la nueva creación en nuestro interior. Porque así como en Adán todos estamos muertos espiritualmente, y somos incapaces de realizar obra alguna, salvo las de muerte y oscuridad; así también en Cristo debemos ser vivificados (1 Co 15:22) y realizar las obras de luz y vida. Así como de Adán, mediante una *procreación carnal*, hemos heredado el pecado, así también de Cristo, por la *fe*, debemos heredar la justicia. Así como la descendencia carnal desde Adán es causa de nuestro orgullo, codicia, lujuria y toda clase de impureza, así el espíritu de Cristo debe renovar nuestra naturaleza, y todo orgullo, codicia, lujuria y envidia en nosotros deben ser mortificados. Y así, se hace necesario que de Cristo obtengamos un espíritu, un corazón y una mente nuevos; tal como de Adán hemos obtenido nuestra carne pecaminosa.

8. En relación a esta gran obra de regeneración, Cristo es llamado el «Padre Eterno» (Is 9:6), y en Él somos renovados para vida eterna, pues en esta tierra somos regenerados a su semejanza, y hechos nueva criatura en Él. Y si nuestras obras han de ser aceptables ante Dios, deben brotar de este principio del nuevo nacimiento, es decir, de Cristo, su Espíritu, y una fe sincera.

9. En adelante, debemos vivir en el nuevo nacimiento, y el nuevo nacimiento en nosotros; debemos estar en Cristo, y Cristo en nosotros: debemos vivir en el espíritu de Cristo, y el espíritu de Cristo en nosotros (Gl 2:20). San Pablo describe esta regeneración, y los frutos que la acompañan,

como el hecho de ser «renovados en el espíritu de nuestra mente», «despojados del viejo hombre», y ser «transformados de gloria en gloria en su misma imagen». Asimismo, él considera que esta nueva criatura «conforme a la imagen del que lo creó, se va renovando hasta el conocimiento pleno»; esta es la «renovación del Espíritu Santo» (Ef 4:23; 2 Co 3:18; Col 3:9; Tit 3:5). Ezequiel lo expresa en estos términos: «Quitaré el corazón de piedra de en medio de su carne y les daré un corazón de carne» (Ez 11:19). Esto nos muestra entonces cómo la regeneración del ser humano procede de la encarnación de Jesucristo. Pues dado que el ser humano, por su ambición, orgullo y desobediencia, se apartó de Dios, su apostasía no podía ser expiada y quitada sino por la completa humildad, mansedumbre y obediencia del Hijo de Dios. Y así como Cristo, cuando estuvo sobre la tierra, tuvo entre la gente una conducta del todo humilde, así también, ¡oh ser humano!, es necesario que Él actúe de igual modo en ti; que habite en tu alma, y restaure en ti la imagen de Dios.

10. ¡Oh hombre; oh mujer! ¡Contempla ahora al Cristo perfectamente amable, humilde, obediente y paciente, y aprende de Él! Vive como Él vivió, más aún, vive en Él, y sigue sus pisadas. ¿Pues cuál fue su razón de vivir sobre esta tierra? Fue poder convertirse en tu ejemplo, tu espejo y tu norma de vida. Él, solo *Él*, es la norma de vida, el modelo que todo cristiano debiera esforzarse por imitar. No es la norma de *hombre* alguno. No existe más que un solo ejemplo: Cristo. Y los Apóstoles, a una sola voz, lo han puesto a Él ante nosotros para que lo imitemos. Y del mismo modo se nos llama a mirar su pasión, muerte y resurrección: para que así también tú, ¡oh hombre!, mueras con Él al pecado; y que en Él, con Él y por Él resucites espiritualmente, y camines en una vida nueva, «como Él anduvo» (Ro 6:4; 1 Jn 2:6).

11. De este modo podemos ver cómo nuestra regeneración emerge de la pasión, muerte y resurrección de nuestro Señor y Salvador lleno de gracia, Jesucristo. Por esto dijo San Pedro que Dios «nos hizo renacer para una esperanza viva, por la resurrección de Jesucristo de los muertos» (1 P 1:3). Y en diversos pasajes podemos encontrar que todos los apóstoles ponen el fundamento del arrepentimiento y de la nueva vida en la pasión de Cristo. San Pedro, en efecto, lo declara expresamente: «Conducíos en temor todo el tiempo de vuestra peregrinación, pues ya sabéis que fuisteis rescatados de vuestra vana manera de vivir (la cual recibisteis de vuestros padres) no con cosas corruptibles, como oro o plata, sino con la sangre preciosa de Cristo, como de un cordero sin mancha y sin contaminación» (1 P 1:17b-19). En estas palabras podemos percibir que el rescate pagado por nuestra redención se nos recomienda encarecidamente como el motivo para una santa conducta. El mismo apóstol nos dice, de igual modo, que el propio

Cristo «llevó nuestros pecados en su cuerpo sobre el madero, para que nosotros, estando muertos a los pecados, vivamos a la justicia» (1 P 2:24); y el propio Jesús ha dicho: «Así fue necesario que el Cristo padeciera y resucitara de los muertos al tercer día; y que se predicara en su nombre el arrepentimiento y el perdón de pecados» (Lc 24:46-47).

12. Es evidente, entonces, que de la pasión y muerte de Cristo proceden juntamente la satisfacción efectuada por nuestros pecados y la renovación de nuestra naturaleza por la fe; y que ambas obras son necesarias para la restauración del hombre y de la mujer caídos. Ambas son el bendito efecto de la pasión de Cristo, que obró nuestra renovación y santificación (1 Co 1:30). Así, el nuevo nacimiento en nosotros procede de Cristo. Y como medio para alcanzar este fin, se ha instituido el santo Bautismo, por el cual somos bautizados en la muerte de Cristo, para que podamos morir con Él al pecado por el poder de su muerte, y volver a levantarnos del pecado por el poder de su resurrección.

Capítulo IV
El verdadero arrepentimiento, y el verdadero yugo y cruz de Cristo

Pero los que son de Cristo han crucificado la carne con sus pasiones y deseos (Gl 5:24).

El arrepentimiento, o la verdadera conversión, es la obra del Espíritu Santo, bajo cuya influencia el ser humano, por medio de la ley, reconoce su pecado y la ira que este le provoca a Dios; y apesadumbrado el hombre lamenta sus ofensas. Y luego, al comprender, mediante el *Evangelio*, la gracia de Dios, por la fe en Cristo Jesús obtiene la remisión de sus pecados. Mediante este arrepentimiento se realiza la mortificación o crucifixión de la carne y de todos los deseos y placeres carnales; junto con ello también se efectúa la vivificación del espíritu, o la resurrección del nuevo hombre en Cristo. Con el ejercicio del arrepentimiento, por tanto, muere dentro de nosotros el viejo Adán con sus corrupciones, y Cristo vive en nosotros por la fe (Gl 2:20); porque debemos ser conscientes de que ambos hechos están ligados inseparablemente. La resurrección del espíritu sigue a la mortificación de la carne; y la vivificación del nuevo hombre destruye y aniquila al hombre viejo. La ruina de uno es la vida y resurrección del otro. «Aunque este nuestro hombre exterior se va desgastando, el interior no obstante se renueva de día en día» (2 Co 4:16). Por lo tanto, se nos ordena lo siguiente: «Haced morir, pues, lo terrenal en vosotros» (Col 3:5); y además: «Consideraos muertos al pecado, pero vivos para Dios en Cristo Jesús, Señor nuestro» (Ro 6:11).

2. Investiguemos, no obstante, por qué debe mortificarse de este modo la carne; y por qué todo el cuerpo de pecado debe finalmente ser destruido. Hemos hecho hincapié (Capítulo II) en que, con la caída de Adán, el ser humano se volvió terrenal, carnal, y diabólico; sin Dios y sin amor: pues al faltarle Dios, también carecía de amor. El hombre ahora se había vuelto del amor de Dios hacia el amor al mundo, y especialmente al amor a sí mismo; de modo que en cada situación, y bajo cualquier circunstancia, ahora él se piensa, favorece, halaga, recomienda y aplaude a

sí mismo; y solo se preocupa de su interés, honor y gloria. Todo esto es consecuencia de la caída de Adán, quien, cuando meditaba cómo podía erigirse, por así decirlo, *como un Dios*, se involucró, junto a toda su descendencia y sin distinción, en un pecado y perdición horrendos. Es necesario que esta depravación de la naturaleza humana sea removida por completo; y esto solo puede ocurrir a través de un arrepentimiento genuino; mediante una piadosa tristeza; por medio de una fe que hace suyo el perdón del pecado; por la mortificación del placer sensual; y por la crucifixión del orgullo y el amor propio. Porque el verdadero arrepentimiento no consiste solamente en desprenderse de los pecados burdos y flagrantes; sino que requiere que el hombre o la mujer entre en su corazón e indague en los más íntimos rincones. Los lugares secretos, las vueltas y revueltas de la maldad deben quedar expuestos, para que el pecador que regresa pueda ser enteramente renovado, y, al fin, se convierta del amor a sí mismo al amor a Dios; del amor al mundo a una vida de espiritualidad; y de la participación en las galas y placeres terrenales a la participación, por la fe, de los méritos de Cristo.

3. De esto se sigue que cada ser humano debe negarse a sí mismo (Lc 9:23); es decir, debe mortificar su propia voluntad y permitir que la voluntad de Dios lo guíe en todo. Ya no se debe amar, buscar y estimar a sí mismo; sino que debe considerarse la más indigna y miserable de todas las criaturas. Debe renunciar a todo lo que tiene por el amor de Cristo; y pisotear al mundo, sus galas e ilusiones. Debe pasar por alto su propia sabiduría y sus capacidades naturales como si no las tuviera; no debe confiar en criatura alguna, sino solo en Dios; más aún, debe aborrecer «hasta su propia vida» (Lc 14:26), es decir, su voluntad y placeres carnales; su orgullo, codicia, lujuria, ira y envidia. No debe agradarse, sino al contrario, desagradarse a sí mismo; ni debe atribuir nada a su propia fuerza o capacidad. En suma, debe ser crucificado para el mundo (Gl 6:14), a los deseos de los ojos y la carne, y a la vanagloria de la vida. En esto, y solo en esto, consisten el verdadero arrepentimiento y la mortificación de la carne, sin los cuales nadie puede jamás ser discípulo de Jesucristo. Solo esto es la conversión desde el ego, el mundo y el diablo a Dios (Hch 26:18), y sin lo cual nadie puede obtener remisión de pecados ni ser salvo.

4. En esto consisten la verdadera cruz y el yugo de Cristo, sobre lo cual habló el Salvador cuando dijo: «Llevad mi yugo sobre vosotros y aprended de mí, que soy manso y humilde de corazón» (Mt 11:29). Es como si hubiera dicho: «Tu amor a ti mismo y tu ambición deben ser erradicados por una humildad sincera e interior, de la cual tienes en mí un modelo; y por el ejemplo de mi mansedumbre, tu ira y tu deseo de venganza deben ser dominados». Para el hombre nuevo, esto es un yugo fácil y

una carga ligera; aunque para la carne puede parecer una cruz muy amarga y tormentosa. En esto consiste crucificar nuestra propia carne, con sus pasiones y deseos (Gl 5:24).

5. Por lo tanto, aquellos que no conocen otra cruz que las tribulaciones y aflicciones de esta vida están perdidamente errados; ellos ignoran la verdadera cruz, aquella que debemos cargar diariamente en pos de nuestro Señor. Es decir, el arrepentimiento interior y la mortificación de la carne; el sometimiento a nuestros enemigos con enorme paciencia; y vencer la malicia de los difamadores con la humildad y la mansedumbre, imitando el modelo que el Cordero de Dios nos ha dejado. Porque conviene que sigamos el ejemplo de Cristo, quien renunció a todos los esplendores y glorias mundanas, y a todo lo que comúnmente se considera grandioso y noble.

6. Este yugo de Cristo es la verdadera cruz, que cuando un hombre o una mujer la lleva en hombros, verdaderamente muere para el mundo. No se trata de retirarse a los monasterios y claustros, ni de adoptar una serie de reglas y órdenes que regulen la vida. Pues cuando el corazón permanece en desorden, y el amor corrompido; cuando el ser humano se engríe con orgullo espiritual y un fariseo desprecio de los demás; cuando es devoto de la lujuria, la envidia, la hipocresía, el odio y la malicia secretos; cuando todo esto ocurre, la persona no muere para el mundo, sino que está enteramente viva para él. Esto no es el yugo cristiano ni la cruz de Cristo. Porque el yugo y la cruz consisten en mortificar la carne con sus inclinaciones pecaminosas; en volverse del mundo a Dios; en una secreta y constante tristeza interior por nuestros pecados; en morir diariamente para el mundo, y vivir para Cristo por la fe; en seguir sus pasos con sincera humildad y mansedumbre; y confiar solo en la gracia de Dios en Cristo Jesús.

7. Es a este arrepentimiento, a esta verdadera conversión interior desde el mundo a Dios, que nuestro bendito Señor nos ha llamado. La imputación de su justicia y obediencia, junto con la remisión de todos los pecados, asida por la fe, se ha prometido solamente a quienes procedan de dicho modo. Si nos falta el arrepentimiento, para nada nos aprovecha Cristo; es decir, no podemos participar de su gracia y favor, ni de la eficacia de sus méritos; porque ellos solo pueden aplicarse al corazón contrito, arrepentido, humillado y creyente. Y este es verdaderamente el fruto de la pasión de Cristo en nosotros: que muramos al pecado por un sincero arrepentimiento; así como el fruto de su resurrección es que Cristo pueda vivir en nosotros, y nosotros en Él.

8. Todo esto es necesario para transformar al ser humano en aquella *nueva criatura* en Cristo Jesús, sin la cual nada tiene validez delante de Dios (2 Co 5:17; Gl 6:15).

9. En consecuencia, instruyámonos en cuanto a la naturaleza del arrepentimiento, para que no caigamos en aquel error común de pensar que el genuino y único arrepentimiento es el mero abandono de algo tan patente como el robo, la fornicación, la profanación o la blasfemia. Es cierto que eso es una especie de arrepentimiento *externo*; pero no es menos cierto que toda la Escritura invariablemente inculca la necesidad de un arrepentimiento *interior*, que se apodere del alma entera. Bajo la influencia de dicho arrepentimiento, la persona no solo mantiene un comportamiento correcto en el mundo, sino que además se niega y aborrece a sí misma. Renuncia al mundo y todo lo que considera propio, crucifica la carne, y por la fe se dedica solo a Dios; a Él le ofrece un corazón quebrantado y contrito, como el sacrificio más aceptable ante el Señor. El carácter de este arrepentimiento interior queda notablemente retratado en los Salmos de David, en particular en los llamados Salmos Penitenciales (6; 32; 38; 51; 102; 130; 143).

10. Este es, entonces, el único arrepentimiento verdadero, cuando en el interior el corazón del pecador es desgarrado por la tristeza, y abatido por la pesadumbre; y cuando, por otra parte, es sanado por la fe y el perdón del pecado, vivificado por la infusión del gozo divino, inducido a las buenas obras y enteramente transformado y renovado. Semejante disposición mental no puede dejar de ir unida, además, a una reformación *externa* de la vida y las costumbres.

11. Pero, por otra parte, aunque un hombre sea muy serio en la realización de penitencias corporales y, por miedo al castigo se abstenga de cometer pecados visibles, con todo, si continúa sin experimentar una reforma y una regeneración de su corazón, y no entra en aquella vida nueva e interior que hemos intentado describir, al final sencillamente resultará *eliminado* (1 Co 9:27), a pesar de todo su repertorio de actos visibles. De nada le servirá gritar «¡Señor, Señor!». Escuchará la potente declaración «¡Nunca os conocí!». Porque es certísimo que no todo el que dice «Señor, Señor» entrará en el reino de los cielos, sino solo aquel que hace la voluntad del Padre Celestial (Mt 7:21-23). Bajo esta terrible sentencia de majestad divina están incluidos todos los hombres y mujeres, cualquiera sea su rango o clase, que no se arrepientan sinceramente en su interior, y que no sean una nueva criatura en Cristo, porque «si alguno no tiene el Espíritu de Cristo, no es de Él» (Ro 8:9).

Capítulo V
¿En qué consiste la verdadera fe?

Todo aquel que cree que Jesús es el Cristo es nacido de Dios (1 Jn 5:1).

La fe es una sincera confianza, y una firme persuasión de la gracia de Dios prometida a nosotros en Cristo Jesús, para el perdón del pecado y para vida eterna; y ella es encendida en el corazón por la Palabra de Dios y el Espíritu Santo. Mediante esta fe obtenemos el perdón de nuestros pecados, no por mérito nuestro, sino por pura gracia (Ef 2:8), y en virtud de los méritos de Cristo únicamente. Para que así nuestra fe pueda descansar en un fundamento firme y sólido, y permanezca inalterada por confusiones y dudas. Este perdón del pecado constituye nuestra justificación ante Dios, la cual es verdadera, firme y eterna; pues dicha justicia no se obtiene por medio de hombres o ángeles, sino por la obediencia, los méritos y la sangre del propio Hijo de Dios. Nos apropiamos de ella y la aplicamos en nuestras vidas por la fe; y por ello las imperfecciones que aún se nos adhieren no pueden condenarnos, porque, por causa de Cristo, quien hoy vive y actúa en nosotros, aquellas flaquezas son cubiertas con un velo de gracia (Sal 32:1).

2. Por medio de esta fe de corazón e inconmovible, el ser humano dedica su corazón por entero al Todopoderoso, el único en quien busca descanso. Ahora está unido solo a Él, y con Él únicamente inicia una grata comunión. El hombre participa de todas las cosas pertenecientes a Dios y a Cristo, y es hecho un espíritu con el Señor. De Él recibe poder y fuerza divinos, junto con una nueva vida, unida a nuevos gozos, nuevos deleites, nuevos consuelos, en los cuales encuentra paz, quietud interior y perdurable satisfacción, juntamente con justicia y santidad. Y así el hombre nace de nuevo de Dios por la fe. Porque dondequiera que haya verdadera fe, *allí* realmente está presente Cristo con toda su justicia, santidad y remisión de pecados; con todos sus méritos, justificación, gracia, adopción y su herencia de vida eterna. Este es el nuevo nacimiento y la nueva criatura, que brotan de la fe en Cristo. Es por esto que los apóstoles llaman a la fe una *sustancia*[1] (He 11:1), por la cual entienden una

---

1. Traducción de versiones como la Reina Valera 1909. La RV95 traduce *certeza*. (N. del T.)

segura, sólida e inconmovible confianza en «lo que se espera», y una vívida convicción de «lo que no se ve». Porque tan poderoso es el consuelo concedido por una fe vital que convence al corazón de la verdad divina a través de una experiencia interior, y porque se prueba en el alma la bondad celestial, y la paz de Dios, que sobrepasa todo entendimiento; más aún, es tan poderoso que hace posible que sus poseedores mueran con un corazón gozoso. En esto consiste esa fuerza del espíritu, ese poder del hombre interior, ese vigor de la fe, aquel santo valor; esta es la confianza en Dios, esa inmensa y abundante seguridad, que los santos apóstoles describen tan profusamente (2 Ti 2:1; Ef 3:12, 16; Fil 1:14; 1 Jn 3:12; 1 Ts 1:5; 2:2).

3. Aquello por lo cual un hombre o una mujer se atrevería a morir debe estar arraigado en el alma, y, mediante la obra del Espíritu de Dios, proporcionar una seguridad interior. Debe ser un consuelo para el corazón, poderoso y eterno, que infunda en el alma una fortaleza celestial y sobrenatural, mediante la cual tanto el temor a la muerte como el amor al mundo sean doblegados. Todo esto genera una confianza en Cristo tan sólida, y una unión con Él tan estrecha, que ni la muerte ni la vida pueden disolver (Ro 8:38; 2 Tim 1:12). De ahí que San Juan diga que «todo lo que es nacido de Dios vence al mundo» (1 Jn 3:21).

4. Verdaderamente, la expresión «ser nacido de Dios» no es una figura vacía ni una denominación sin sentido; necesariamente debe ser un cambio efectivo y poderoso, digno de la majestad de un Dios Todopoderoso. Creer que el Dios vivo podría engendrar hijos muertos, que de Él podrían proceder miembros inertes e inútiles, no es sino maldad. Con toda seguridad y sin lugar a dudas, siendo Dios un Dios *vivo*, no puede sino engendrar un hombre *viviente*, como es el hombre nuevo en Cristo Jesús. Y nuestra fe es la victoria que vence al mundo (1 Jn 5:4). ¿Quién podría dudar de que esta fe esté dotada de la fuerza suficiente para la conquista? Ella es, ella *debe ser*, un principio efectivo, enérgico, potente, divino y victorioso. Pero todo su poder proviene de Aquel que a través de ella es abrazado: Cristo. Por medio de la fe volvemos a Dios nuevamente, nos hacemos uno con Él. Y desde Adán, como de una vid maldita, somos trasplantados a Cristo, la vid viva y bendita (Jn 15:4). En Cristo poseemos todo lo bueno, y en Él somos justificados.

5. Así como un retoño, al ser injertado en un buen árbol, crece, florece y da fruto, pero fuera del árbol se marchita, así también el ser humano, al estar fuera de Cristo, es una vid maldita, cuyas uvas son amargura y exasperación, y todas sus obras son pecado (Dt 32:32, 33; Ro 14:23). Pero cuando el hombre está *en* Cristo, es justo y bendito; porque «al que no conoció pecado, por nosotros lo hizo pecado, para que nosotros seamos justicia de Dios en él» (2 Co 5:21).

6. A partir de lo expuesto, resulta muy evidente que las obras no tienen ninguna posibilidad de justificar al pecador. Porque, antes de que podamos realizar alguna buena obra, debemos estar injertados en Cristo por la fe. Asimismo, queda claro que la justificación es enteramente un don de Dios, concedido gratuitamente al ser humano y anterior a cualquier mérito humano. ¿Cómo podría un hombre muerto ver, oír, pararse, caminar o hacer cualquier cosa buena, si primero no es levantado de los muertos, y dotado de un nuevo principio de vida? Tampoco puedes tú, oh hombre, que estás muerto en el pecado, realizar ninguna obra buena y aceptable, si antes no te levanta Jesucristo a la vida. La justicia, entonces, procede solamente de la fe en Cristo. La fe es como un niño recién nacido, débil y desnudo, pobre y necesitado, y puesto ante la mirada del Salvador, de quien, como su autor, recibe la justicia y la santificación, la piedad, la gracia y el Espíritu Santo.

7. De esta forma, el niño desnudo es vestido con la misericordia de Dios. Aquel levanta sus manos, lo recibe todo de Dios, y se hace participante de la gracia y la salud, la verdad y la santidad. Por lo tanto, es el recibir a Cristo en el corazón lo que hace santo y dichoso a un hombre.

8. La justicia, por lo tanto, procede únicamente de la fe, y no de las obras. La fe, por cierto, recibe la plenitud de Cristo, y lo acepta junto con todo lo que Él posee. Entonces, el pecado y la muerte, el diablo y el infierno, deben huir, y ya no pueden defender su posición. Es más, tan eficaz y poderosamente justifican al pecador los méritos de Cristo que si los pecados del mundo entero se le imputasen a un solo hombre, no tendrían validez para condenarlo, si él creyera en Cristo.

9. Por lo tanto, mientras Cristo viva y habite en tu corazón por la fe (Ef 3:17), ¡nunca des cabida, oh creyente, a la idea de que su morada en ti es una obra muerta carente de cualquier poder vital! Más bien cree que Él es un principio vivificante, una obra poderosa y una efectiva transformación de la mente. La fe efectúa dos hechos: primero, te *injerta* en Cristo, y te lo concede gratuitamente, con todo lo que Él posee. Y además, te *renueva* en Cristo, para que puedas crecer, florecer y vivir en Él. La rama silvestre es introducida en el tronco con el solo propósito de que pueda florecer y producir fruto. Así como por la apostasía de Adán y la tentación del diablo la semilla de la serpiente fue sembrada en el ser humano, que creció hasta ser un árbol y produjo frutos de muerte; así también, por la Palabra divina y el Santo Espíritu, la fe es sembrada en el hombre y en la mujer, como la semilla de Dios (cf. Capítulo II). En esta semilla están contenidas, de un modo maravillosísimo, todas las virtudes y atributos divinos, los cuales día a día se desarrollan progresivamente. Este árbol está adornado con

abundante fruto celestial, como amor, paciencia, humildad, mansedumbre, paz, castidad, justicia. Y de esta forma, todo el Reino de Dios desciende al ser humano. Porque la fe verdadera y salvadora renueva al ser humano por entero, santifica el alma, y libra del amor al mundo. Ella une con Dios; tiene hambre y sed de justicia; obra el amor; y produce paz, gozo, paciencia y consuelo en la adversidad: ella vence al mundo; nos hace hijos de Dios y herederos de los tesoros celestiales; y nos constituye coherederos con el Señor Jesucristo. Pero si ocurriera que alguien no es consciente de ese gozo que la fe imparte, y no experimenta su influencia consoladora, que no por eso desespere; sino más bien confíe en la gracia que en Cristo se promete. Porque esta promesa permanece siempre segura, inconmovible, perpetua. Y aunque en medio de las debilidades propias de la naturaleza humana esa persona tropiece y caiga; con todo, si el pecador regresa con un arrepentimiento sincero, y con mayor cautela vigila contra el pecado que tan fácilmente lo acosa, la gracia de Dios no le será quitada. Porque Cristo es y será siempre *Cristo* y un Salvador, sea fuerte o débil la fe que lo abraza. Una fe débil tiene igual posesión de Cristo que la fe fuerte; porque la fe, débil o fuerte, posee a Cristo en plenitud. La gracia prometida es común a todos los cristianos, y es eterna, y en esa gracia debe descansar la fe, sea fuerte o débil. El Señor a su tiempo volverá a visitar tu alma, con la manifestación de su gracia y su favor, y de sus abundantes consuelos, aunque en el presente Él pueda creer necesario poner un velo sobre todo ello en tu corazón. (Salmo 37:23, 24; 77:7-10).

Capítulo VI
Cómo debiera manifestarse en el ser humano el poder vital de la Palabra de Dios, mediante la fe

El reino de Dios está entre vosotros (Lc 17:21).

En tanto que el bienestar pleno del hombre y de la mujer depende de su regeneración y renovación, la voluntad de Dios fue que todos aquellos cambios que deben ocurrir *espiritualmente* y por la fe en el ser humano fueran expuestos *exteriormente* en las palabras de la Santa Escritura. Dado que la Palabra es la semilla de Dios en nuestro interior (Lucas 8:11), es necesario que brote y produzca fruto espiritual. Debe acontecer *dentro* de nosotros, por la fe, aquello que se declara *fuera* de nosotros en las palabras de la Escritura. Y si no se produce tal efecto, entonces es evidente que para nosotros la Palabra no es más que semilla muerta, desprovista de vida y energía. Por tanto, por fe y en el espíritu debemos aprender, a través de nuestra propia feliz experiencia, cuán verdadero es aquello que la Escritura ha declarado exteriormente.

2. Cuando Dios reveló su voluntad en su Palabra, jamás fue su propósito que ella fuera una letra muerta, sino que creciera dentro de nosotros hasta producir un nuevo hombre interior. De lo contrario, en nada nos beneficia la Palabra. Esta verdad puede explicarse más claramente refiriéndonos a un ejemplo, como el de Caín y Abel. Según lo registrado en la Escritura, la naturaleza, las costumbres y las acciones de estos dos hombres explican claramente las acciones y obras del hombre viejo y del nuevo en el pecho del creyente. Caín se esfuerza incesantemente por oprimir y destruir a Abel. ¿Qué otra cosa es esto, sino la lucha diaria entre la carne y el espíritu, y la enemistad que persiste entre la serpiente y la simiente de la mujer? Lo mismo que a Abraham, al cristiano se le exige que deje su propia patria, despojándose de todo lo que posee, aun la vida misma, a fin de que pueda andar delante de Dios con un corazón perfecto, conseguir la victoria y entrar en la tierra prometida y en el reino de los cielos. Tal es el sentido de las palabras del Señor: «Si alguno viene a mí y no aborrece a su padre, madre, mujer, hijos, hermanos, hermanas y hasta su propia vida, no puede ser mi discípulo» (Lc 14:26). Es decir, esa persona debe renunciar a todo aquello más bien

que renunciar a Cristo. Así como Lot, debe partir de Sodoma y Gomorra, abandonar el malvado rumbo del mundo; no mirar atrás como la esposa de Lot, sino obedecer el mandato de Cristo (Lc 17:32), de modo que su liberación sea consumada. A esto deben referir todas las guerras y batallas de Israel contra las naciones paganas e infieles. Porque ¿qué es lo que esta historia representa sino la continua lucha entre la carne y el espíritu? Todo lo que está registrado acerca del sacerdocio mosaico, el tabernáculo, el arca del pacto o el propiciatorio, con los sacrificios, etc.; todo esto tiene relación con el creyente cristiano. Porque a él le corresponde el orar en espíritu y en verdad; quemar el incienso espiritual; y sacrificar la ofrenda por el pecado presentando su cuerpo, mediante mortificación, como un servicio y sacrificio racional, para que verdaderamente Cristo pueda habitar en él por la fe.

3. Y si nos volvemos al propio Nuevo Testamento, ¿qué es este, sino una expresión externa de aquellas verdades que deben realizarse en el interior, por la fe, en la experiencia del creyente? Si me convierto en una nueva criatura en Cristo, me corresponde vivir y caminar en Él; en Él y con Él, huir al exilio, y ser un extranjero en la tierra. Debo practicar las virtudes que había en Cristo: la humildad, el desprecio del mundo, la mansedumbre y la paciencia; y es mi deber ser ferviente en actos de amabilidad, caridad y bondad. En Cristo y con Él ejercer la compasión, y amar y perdonar a mis enemigos; y con Él, hacer la voluntad del Padre. Con Él debo ser tentado por el diablo; y con Él, obtener la victoria. Me habrán de ridiculizar, despreciar y humillar por causa de la verdad que hay en mí. Y, de ser llamado a ello, debo morir por Él y con Él, siguiendo el ejemplo de los santos, y como testimonio de que Cristo, por la fe, ha vivido en mí, y yo en Él.

4. En esto consiste ser conforme a la imagen de Cristo. Esto es nacer con Cristo y en Él; vestirse de Cristo; crecer y fortalecerse en Él. Vivir con Cristo en el exilio. Ser bautizado en su bautismo. Ser insultado y crucificado con Cristo, morir con Él, ser sepultado con Él. Resucitar con Él de los muertos y reinar con Él por toda la eternidad.

5. Si tú deseas vivir en una permanente unión y en conformidad con tu Cabeza y tu Salvador, debes de esta forma morir con Él a diario, y crucificar la carne (Ro 6:5, 6). Si no existe esta divina armonía, y concibes otro modo más acorde a tu capricho, entonces Cristo no estará *dentro* de ti, sino *fuera*, lejos de tu fe, de tu corazón y de tu espíritu. Y en esa situación, Él no te aprovechará en nada. Pero si le permites morar en tu corazón por fe, Él será tu fuerza, tu consuelo y tu salvación.

6. ¡Oh hombre, oh mujer; la fe en Cristo realmente puede efectuar todo esto en el corazón! Y de esta forma, la Palabra de Dios se vuelve una

Palabra viva, y, por así decirlo, un testigo viviente en nosotros de todo aquello que la Escritura declara externamente. De ahí que el apóstol describa la fe como una *sustancia*[2] y una evidencia (He 11:1).

7. Es evidente, por lo tanto, que todos los sermones, discursos y epístolas contenidos en la Palabra de Dios, ya sean expresados por Cristo, por los profetas o los apóstoles, y, en suma, que toda la Escritura, en general, en lo que respecta a su pleno cumplimiento, le pertenece al ser humano, y a cada hombre y mujer en particular. No solo nos corresponden las doctrinas propiamente tales, sino que todas las parábolas y milagros que abundan en la historia de Cristo tienen en definitiva una referencia al ser humano. Todo ello fue escrito con el propósito de que pudieran realizarse espiritualmente en nuestra propia experiencia. Por lo tanto, cuando leo que Cristo sanaba a otros, me prometo el mismo alivio. Porque Él y yo vivimos unidos, Cristo conmigo y yo con Cristo. Cuando sigo leyendo que Él sanó a un ciego, me anima a creer que Él va a restaurarme al goce de la vista espiritual, a mí que soy ciego por naturaleza. De igual modo sucede con todos sus demás milagros. Solo admite que estás ciego, cojo, sordo o leproso; muerto en delitos y pecados; entonces Él de seguro sanará tu enfermedad y revivirá lo que está muerto, para que así puedas tener parte en la primera resurrección.

8. Lo esencial de todo lo que se ha expuesto es esto: las Sagradas Escrituras son un testimonio externo de aquellas cosas que deben realizarse interiormente en el ser humano por la fe. La Escritura señala externamente aquella imagen que por la fe debe formarse en el interior del hombre y de la mujer. Ella describe el reino de Dios en la *letra*, reino que debe establecerse en el corazón por la fe según el *espíritu*. Ella exhibe externamente a Cristo, quien, por la fe, debe vivir dentro de mí, y testifica del nuevo nacimiento y de la nueva criatura, lo cual debo experimentar en mí mismo. Todo esto debe ocurrir en mí por la fe, de lo contrario, de nada me servirá la Escritura.

---

2. Cf. nota en el Capítulo V, 2. (N. del T.)

Capítulo VII
La ley de Dios, escrita en el corazón de todo ser humano, los convence de que en el día del juicio no tendrán excusa

Cuando los gentiles que no tienen la Ley hacen por naturaleza lo que es de la Ley, son ley para sí mismos, mostrando la obra de la Ley escrita en sus corazones (Ro 2:14, 15).

Cuando Dios creó al ser humano a su propia imagen, en justicia y santidad, y lo dotó de elevadas virtudes y dones, Él imprimió tres cualidades en la conciencia humana en forma tan indeleble que jamás pueden ser borradas. La primera, el testimonio natural de que existe un Dios. La segunda, el testimonio de que llegará un Día del Juicio (Ro 2:15). La tercera cualidad, la ley natural, o justicia natural, por la cual el ser humano está capacitado para distinguir entre el honor y la vergüenza, y experimentar gozo y tristeza.

2. Porque jamás se ha descubierto una nación tan salvaje y bárbara como para que niegue la existencia de Dios, en la medida en que la naturaleza provee una evidencia interna y externa de este hecho. En efecto, los hombres no solo han reconocido la existencia de un Dios, lo cual les aseguraba su conciencia; sino que ellos también han sido afectados por un sentido de la justicia de Dios, como alguien que venga el mal y recompensa lo bueno. Esta persuasión surgió de la conciencia de que, en algunas ocasiones, ellos eran acosados por terribles aprehensiones, mientras que en otros casos, sentían cierta medida de paz y gozo. Gracias a este conocimiento, ellos incluso fueron más allá para descubrir la doctrina de la inmortalidad del alma, como se ve a partir de Platón, quien con mayor amplitud discutió este asunto. Y, finalmente, a partir de esta ley interior, los hombres dedujeron que Dios era el autor y la fuente de todo lo bueno en la naturaleza, y por tanto debía ser adorado con una solícita atención a la virtud y con un corazón puro. Por tanto, ellos definieron la virtud como el mayor bien del ser humano. Y, en consecuencia, Sócrates y otros filósofos paganos instituyeron escuelas de virtud moral. Esto puede ser suficiente para convencer-

nos de que Dios, aun después de la caída, ha permitido que un atisbo de luz natural permanezca en el ser humano, para que este sea amonestado sobre su origen celestial, y tenga la certeza de que era solo siguiendo estas huellas de la divinidad como podía ser restaurado a su perfección primera. Algunos de los propios paganos no han ignorado esta verdad; entre ellos está Arato, el poeta citado por San Pablo, quien declara que «somos linaje de Dios» (Hch 17:28).

3. No obstante lo anterior, los gentiles, acallando el testimonio de la conciencia, despreciaron la luz de la naturaleza, y «la obra de la Ley escrita en sus corazones» (Ro 2:15); de modo que si están condenados y perdidos, la culpa no es sino de ellos. Y, como afirma San Pablo, no tienen excusa alguna (Ro 1:19, 20). Y dado que los gentiles conocían, por naturaleza, la justicia de Dios, y que por hacer el mal eran dignos de muerte, y con todo, no solo cometieron maldad, sino que se complacieron en ello, en consecuencia, ellos se condenan a sí mismos, en tanto que «dando testimonio su conciencia y acusándolos o defendiéndolos sus razonamientos», se convencían de la certeza del día del juicio (Ro 1:32; 2:15). Pero si los *gentiles* serán «inexcusables», pues aunque estaban dotados del conocimiento natural de Dios no lo buscaron, como era su deber, entonces, ¿qué van a suplicar a su favor *aquellos* a quienes Dios ha dado su Santa Palabra; a quienes Él ha invitado insistentemente, mediante Jesucristo su hijo amado, para que, abandonando la corrupción del mundo, por la fe ellos puedan apropiarse de los méritos del Salvador, y obtener la vida y la salvación eternas?

4. Por lo tanto, en el día del juicio, todo falso cristiano será condenado por dos poderosos testigos: su propia conciencia o ley natural y asimismo por la Palabra de Dios revelada, que entonces va a juzgarlos. Aquel día «será más tolerable el castigo para la tierra de Sodoma» que para tales falsos pretensiosos de piedad (Mt 11:24).

5. Su angustia y tormento no tendrán fin; porque Dios ha creado el alma inmortal y ha implantado en ella la conciencia, para que sea a la vez testigo y juez. La conciencia jamás puede deshacerse del pensamiento de Dios; no obstante, no puede, por sí misma, acercarse a él. Este estado debe ir acompañado de un inexpresable dolor del alma, y exponerla al gusano que nunca muere, y al fuego que no se puede extinguir. Y cuanto más atesora para sí mismo «ira para el día de la ira» el malvado (Ro 2:5), tanto más severo será este sufrimiento interior y perpetuo. Porque, así como Dios, al ejercer su justo juicio, entregó a los gentiles a una mente reprobada —porque ellos pecaron contra su propia conciencia y «la obra de la Ley escrita en sus corazones»— para que su entendimiento fuera cegado, y se lanza-

ran a cometer todo tipo de contaminación abominable e inmunda, atrayendo así sobre ellos la ira de Dios, que clama contra todos los crímenes cometidos contra la luz del conocimiento; así también, el mismo destino (el mismo, y aún más fatídico) les será infligido a aquellos que descansan en una mera profesión de la fe cristiana, pero niegan la vida y el poder de la piedad. La razón de lo anterior es evidente: tales personas han despreciado la palabra y el testimonio de Dios interiores y exteriores, y no solo han persistido en su estado de nulo arrepentimiento, sino que han resistido al Espíritu Divino y han blasfemado contra quien los ha favorecido con la luz del Evangelio. En consecuencia, Dios los entrega a una mente reprobada, de modo que se vuelven peores que los paganos e infieles. Él les envía «un poder engañoso, para que crean en la mentira, a fin de que sean condenados todos los que no creyeron en la verdad, sino que se complacieron en la injusticia» (2 Tes 2:11).

6. Esta es la verdadera causa por la que entre los cristianos en todo lugar abundan vicios tan detestables, de los cuales muchos ni aun se conocían entre los pueblos paganos. ¡Qué demoníaco orgullo, qué codicia insaciable, qué intemperancia inaudita, qué animal lujuria; en fin, qué maldad inhumana no practican aquellos que se hacen llamar cristianos! Y todo esto no emerge sino de aquella ceguera y dureza de corazón que han adquirido a causa de persistentes hábitos de maldad. Cuando aquellos que se llaman cristianos desprecian la imitación del manso y humilde Jesús en sus modales y conducta; cuando se escandalizan de Él, y consideran una desgracia mirar a aquel a quien Dios ha designado como la luz del mundo y nuestro gran ejemplo (Jn 8:12); cuando todo esto ocurre, el Dios justo los deja que sigan a Satanás; que tomen la vida del diablo, su abominable profanidad, su malicia y sus mentiras; para que con el diablo puedan realizar todas las obras de las tinieblas, en la medida en que rehúsan caminar en la luz. Porque el Señor habló de esta manera: «Andad entretanto que tenéis luz, para que no os sorprendan las tinieblas» (Jn 12:35).

7. Finalmente, si Dios entregó a los paganos a una ceguera tan terrible y una mente tan reprobada, lo cual ocurrió porque se mostraron desobedientes a los vislumbres de la luz natural, o, como lo expresa San Pablo, «como ellos no quisieron tener en cuenta a Dios» (Ro 1:28), para que Él preservara sus mentes; entonces, ¡cuánto más no serán excluidos de la vida y la salvación aquellos a quienes la verdad de Dios no solo les ha llegado a través de la luz natural, sino por medio de su Palabra revelada, y del nuevo pacto; quienes, con todo, con arrogancia desprecian estos especiales favores de la misericordia divina! Acerca de este nuevo pacto, Dios dice: «Pondré mi ley en su mente y la escribiré en su corazón; yo seré su Dios, y ellos serán mi pueblo. Y no enseñará más ninguno a su prójimo, ni ninguno a su hermano,

diciendo: "Conoce a Jehová", porque todos me conocerán, desde el más pequeño de ellos hasta el más grande, dice Jehová. Porque perdonaré la maldad de ellos y no me acordaré más de su pecado» (Jer 31:33, 34; Jn 6:45).

8. Analicemos ahora también lo que enseña el apóstol respecto de aquellos que desobedecen voluntariamente. «Si pecamos voluntariamente —dice el apóstol— después de haber recibido el conocimiento de la verdad, ya no queda más sacrificio por los pecados, sino una horrenda expectación de juicio y de hervor de fuego que ha de devorar a los adversarios». Y continúa diciendo: «El que viola la Ley de Moisés, por el testimonio de dos o de tres testigos muere irremisiblemente. ¿Cuánto mayor castigo pensáis que merecerá el que pisotee al Hijo de Dios y tenga por inmunda la sangre del pacto en la cual fue santificado, y ofenda al Espíritu de gracia? Pues conocemos al que dijo: "Mía es la venganza yo daré el pago", dice el Señor. Y otra vez: "El Señor juzgará a su pueblo". ¡Horrenda cosa es caer en manos del Dios vivo!» (He 10:26-31). Estas palabras, no obstante, no se pronuncian en alusión a aquellos que caen por una debilidad natural, sino contra aquellos que pecan voluntariamente y contra el conocimiento, los cuales permanecen hasta el final sin arrepentirse.

Capítulo VIII
Nadie puede hallar consuelo en Cristo y sus méritos si no se arrepiente de verdad

Ningún incircunciso comerá de la Pascua (Ex 12:48).

El Señor Jesucristo declaró que «los sanos no tienen necesidad de médico, sino los enfermos. No he venido a llamar a justos, sino a pecadores al arrepentimiento» (Mt 9:12, 13). Con esta declaración el Señor nos enseña que en efecto Él llama a los pecadores, pero los llama al *arrepentimiento*; lo cual hace evidente que ninguna persona puede venir a Cristo sin verdadero arrepentimiento y conversión del pecado, y sin una verdadera fe.

2. Ahora bien, el arrepentimiento consiste en morir al pecado a través de una verdadera tristeza por nuestros pecados, y en recibir el perdón de los mismos mediante la fe y vivir para la justicia en Cristo. No hay verdadero arrepentimiento si primero no se experimenta una genuina tristeza piadosa, por medio de la cual el corazón se quebranta y se crucifica la carne. Es por eso que se lo denomina «arrepentimiento de obras muertas» (He 6:1); es decir, la renuncia a tales obras como hechos de muerte. Abstenerse de las obras muertas, entonces, es uno de los principales elementos del verdadero arrepentimiento.

3. Si no manifestamos este arrepentimiento, los méritos de Cristo no nos sirven de nada, y no podemos reclamar ni el menor de los beneficios que de él se perciben. Porque Cristo ofrece su socorro, como médico de almas, y su sangre, como la única medicina efectiva para nuestros males espirituales.

4. Pero tal como ni siquiera el remedio más prodigioso puede conseguir la curación de una enfermedad si el paciente no se abstiene de las cosas que tienen efectos dañinos, y que ofrecen resistencia a la acción de la medicina, de igual modo, tampoco la sangre y la muerte de Cristo tendrán validez alguna para quien no decide resueltamente abandonar sus pecados, y vivir para aquello que el Evangelio exige. Porque San Pablo afirma que «los que practican tales cosas (las obras de

la carne) no heredarán el reino de Dios»; y, por supuesto, no tienen parte en el Señor Jesucristo (Gl 5:21).

5. Una vez más, si Cristo, por su preciosísima sangre, ha de ser nuestra medicina, no puede cabernos duda de que debemos encontrarnos en un estado de enfermedad, y que debemos, por nuestra propia cuenta, *sentir* que ese es nuestro estado. Los sanos no tienen necesidad de médico, sino solo los enfermos (Mt 9:12); y nadie está espiritualmente enfermo —al menos como para ser consciente de ello— que no experimente una sincera contrición por los pecados que ha cometido, y que no tenga conciencia de la indignación de Dios que contra ellos se enciende. No es un buen paciente para el médico del alma aquel que no evita los placeres y vanidades, los honores y riquezas mundanos, sino que continúa en un estado de indiferencia espiritual, sin preocupación alguna por su vida pasada o su salvación final. No hay cura que pueda aplicarse al hombre o a la mujer de tal carácter. Tal persona no percibe su mal, por lo tanto tampoco reconoce su necesidad de médico. En definitiva, Cristo no la beneficia en nada, y sus méritos no ejercen un efecto salvador en su alma.

6. Por lo tanto, ¡recuerda, oh ser humano!, que Cristo ha venido a llamar a *pecadores al arrepentimiento*; y que solo aquellos cuyo corazón esté quebrantado y su espíritu contrito; solo a aquellos que con fervor anhelan y tienen sed de esta justicia; solo ellos están en condición de recibir el influjo salvador de la sangre, la muerte y los méritos del Señor Jesús.

7. Dichoso aquel que siente en su corazón, y aún más dichoso aquel que se muestre obediente a este santo llamamiento, a saber, «la tristeza que es según Dios», la cual «produce arrepentimiento para salvación, de lo cual no hay que arrepentirse», y es obra del propio Espíritu Santo. Ella surge, en primer lugar, de la *ley*, y de una seria meditación en la *pasión* de Cristo, que abunda en enérgicas invitaciones a un arrepentimiento sincero. Como un espejo, la pasión exhibe tanto la ira de Dios contra el pecado como también su infinita gracia al salvar al pecador. Para hacer expiación por nuestros pecados, Jesús derramó su sangre; y el amor lo impulsó a morir por nosotros aun cuando éramos pecadores (Ro 5:8). En este hecho se unen la justicia y la compasión divinas para la salvación de las almas.

8. ¿Cómo puede ser que un hombre que cree en Cristo continúe en aquellos pecados que el Señor expió nada menos que al precio de su propia preciosísima sangre? Por lo tanto, ¡oh hombre; oh mujer!, cuando seas tentado por el orgullo y la ambición, reflexiona acerca del desprecio y la humillación a que Jesús se sometió con el propósito de expiar tu orgullo y tu ambición. Cuando

codicies las cosas del mundo, piensa en la pobreza que Él sufrió para poder conseguir una reparación por tu avaricia; y de seguro ello va a extinguir tu amor al dinero y a las posesiones mundanas. ¡Qué angustia y agonía padeció Cristo a causa de tus deseos y placeres pecaminosos!; y, con todo, ¿aún persigues aquellos placeres que dejarán en ti un aguijón mortal? ¡Ay, qué honda debe ser la corrupción de nuestra naturaleza, si podemos deleitarnos en cosas por las cuales nuestro Señor y Redentor fue con dolor hasta la misma muerte! Cristo murió para expiar tu ira, odio y enemistad; para expurgar tu amargura y rencor, tu amor a la venganza y la implacable naturaleza de tu espíritu. Todo lo cual Él efectuó por medio de su inmensa humildad y paciencia, su compasión y entereza. ¿Y vas a estar airado en cualquier circunstancia trivial, y considerar dulce la venganza, siendo que, para expiarla, tu Redentor bebió hasta la última gota de la copa de amargura y aflicción?

9. Verdaderamente, todos aquellos que se hacen llamar cristianos, pero no abandonan los placeres del pecado, están «crucificando *de nuevo* para sí mismos al Hijo de Dios y exponiéndolo a la burla» (He 6:6); y, por lo tanto, es absolutamente imposible que ellos participen de los méritos que están pisoteando. Ellos contaminan la sangre del pacto perpetuo, y no creen que por Él sus pecados sean expiados. Ellos realmente «ofenden al Espíritu de gracia»; lo desprecian y lo resisten; y con sus vidas malvadas, desdeñan y condenan la gracia que Dios ofrece en Cristo Jesús (He 10:29). Por tanto, la sangre del Salvador, que por causa de ellos fue vertida, grita contra ellos pidiendo venganza; y lo hace por el justo juicio de Dios, que de este modo ellos atraen sobre sí mismos; una consideración que debiera causar terror en cualquiera que pronuncie el nombre de Cristo. En efecto, «¡horrenda cosa es caer en manos del Dios vivo!» (He 10:31); porque Él es un Dios *viviente*, y no un ídolo inerte, incapaz de castigar tal desprecio burlesco de su gracia y compasión.

10. Aun su propia conciencia los amenaza con dicha ira y venganza divinas, como inevitablemente acontece a aquellos que, aun sabiendo que fue para expiación por el pecado que el Hijo de Dios sufrió una muerte tan ignominiosa, con todo, no se preocupan por alejarse de sus pecados.

11. Fue por esta razón que, poco después de la muerte de Cristo, se predicó el arrepentimiento en todo el mundo; esto ocurrió tanto porque Él murió «por los pecados de todo el mundo» (1 Jn 2:2), como también porque *en todo lugar* en el mundo los hombres debían arrepentirse (Hch 17:30). Por eso se dice que Dios «ahora manda a todos los hombres *en todo lugar* que se arrepientan», y que reciban con un corazón contrito, arrepentido y creyente la soberana medicina adquirida con la muerte de Cristo, a fin de que la gracia de Dios no se frustre, sino que cumpla su propósito.

12. La remisión de los pecados sigue inmediatamente al verdadero arrepentimiento. Pero ¿cómo puede un hombre conseguir la remisión de sus pecados, si no se arrepiente de ellos, es más, si incluso se deleita en ellos? De seguro no puede haber nada más absurdo que esperar el perdón de los pecados a los que una persona no tiene intención de renunciar; y nada puede ser más desatinado que buscar consuelo en los padecimientos de Cristo, y no obstante continuar en la ciénaga del pecado que causó la muerte de Cristo.

13. Pero a pesar de todo lo ciertas y obvias que de suyo son estas verdades, hay muchos que se hacen llamar cristianos y nunca se han arrepentido, y aun así presumen de que pueden reclamar su parte en los méritos de Cristo y en la remisión de pecados que Él ha adquirido. Ellos no han dejado de permitirse su acostumbrada ira, codicia, orgullo, malicia, envidia, hipocresía e injusticia, sino que se han vuelto cada vez más esclavos de tales vicios. Y, con todo, ¡es increíble que ellos esperen el perdón de pecados!, y con arrogancia se valen de los méritos de Cristo como defensa ante el inminente juicio del Dios Todopoderoso. Y aunque este es uno de los errores más burdos y evidentes, con todo, no dudan en darle el sugestivo nombre de *fe*, por medio de la cual esperan la salvación. Estos son aquellos que se adulan a sí mismos para su propia ruina; ingenuamente suponen que son verdaderos cristianos porque poseen un conocimiento especulativo del Evangelio, y porque creen que Jesús murió por sus pecados. Pero ¡qué lamentable! ¡Eso no es *fe*, sino *fantasía*! Y si así piensas, ¡eres un desdichado y terriblemente embobado *falso cristiano*, si te dejas engañar de ese modo! Nunca la Palabra de Dios ha enseñado semejante doctrina; sino que el invariable lenguaje de los escritores inspirados es este: «Si de todo corazón deseas el perdón de tus pecados, *arrepiéntete* de ellos, y con firmeza decide dejar de practicarlos; y así, con tristeza del corazón por haber ofendido tanto a Dios, y determinado a llevar una nueva vida, cree en Jesucristo, quien es la gran propiciación por los pecados de todo el mundo».

14. ¿Pero cómo podría sentir tristeza por sus pecados la persona que no se siente impulsada a abandonarlos? ¿Y cómo podría abandonarlos, mientras permanece indiferente al hecho de cometerlos? ¡Oh ser humano! Cristo, y todos los apóstoles y profetas, te enseñan a una voz que debes morir al mundo y a tus pecados: muere a tu orgullo, tu codicia, tu lujuria y tu ira; y que debes volverte al Señor de todo corazón e implorar su perdón por pura gracia. Y si lo haces sinceramente, quedas absuelto, y tus pecados son perdonados. Es *entonces* que el médico celestial te mira con su gracia; porque Él ha venido a revivir a los de espíritu contrito y a reparar el corazón quebrantado (Sal 147:3). Pero si buscas una forma de ser salvo distinta a la que hemos indicado, entonces en nada te beneficiará Cristo, y total-

mente en vano te jactas de tu fe. Porque la *verdadera* fe renueva a quien la posee; ella mortifica el pecado, y con Cristo, levanta el alma a una vida nueva. Porque tal hombre, por la fe en Cristo, vive en su amor, su humildad, su mansedumbre y su paciencia. Es así, ¡oh estimado lector!, cómo Jesús se convierte en tu camino de vida, y es así cómo en Él te vuelves una nueva criatura. Pero si continúas cometiendo tus pecados favoritos, y permaneces reacio a morir a la corrupta atadura del «viejo hombre» (Ro 6:6; Ef 4:22), ¿cómo pretendes convertirte en una nueva criatura? ¿Cómo es posible que pertenezcas a Cristo, si no has «crucificado la carne con sus pasiones y deseos» (Gl 5:24)?

15. Aun si escucharas diez sermones al día, confesaras tus pecados todos los meses y recibieras la Cena del Señor, ningún beneficio ganarías con tales ejercicios, ni obtendrías el perdón de tus pecados. La razón es que no tienes un corazón arrepentido, contrito y creyente, lo cual puede alcanzarse por medio de la sanadora influencia de la medicina. La Palabra de Dios y los Sacramentos, en efecto, son remedios salutíferos; pero lo son únicamente para aquellos que se arrepienten y creen sinceramente. ¿De qué serviría ungir una piedra con un costoso ungüento? ¿Qué se cosecha al sembrar entre zarzas y cardos? Arranca primero los espinos y cardos que ahogan la buena semilla, y solo entonces es razonable esperar los preciados frutos (Lc 8:7). Y, en conclusión, Cristo no te será de provecho alguno si continúas amando el pecado en lugar de a Él. El *nacimiento* del Salvador no significa ningún provecho para el hombre o la mujer cuyo propósito no sea *nacer* con Él; y de nada servirá su *muerte* para quien no esté dispuesto a *morir* al pecado, ni a mortificar las obras de la carne (Ro 6:11). Asimismo, la *resurrección* de Cristo no beneficiará a nadie que no sea *levantado* del pecado, y viva para la justicia; ni su ascensión será de bendición para quien rehúse *ascender* con Él, y hacer su habitación en el cielo.

16. Pero, por el contrario, cuando una persona, como el Hijo Pródigo, realmente regresa a su padre ofendido, y lamenta, aborrece y abandona sus pecados; cuando de todo corazón busca el perdón, y, con los ojos de la fe, contempla a Cristo y sus heridas sangrantes, tal como los israelitas miraban a la serpiente de bronce, y vivían (Nm 21:9); cuando, finalmente, con un verdadero sentido de culpa, clama como el publicano arrepentido, «Dios, sé propicio a mí, pecador» (Lc 18:13); entonces, solo *entonces*, el perdón le es concedido, se sella la absolución, no importa cuán grandes y numerosos sean los pecados que haya cometido contra su Dios.

17. Es tal la eficacia de la redención que ha efectuado la sangre de Cristo, y de tanto alcance es la naturaleza de sus méritos, que son plenamente imputados a toda alma arrepentida, mediante la fe. De esta forma se

da cumplimiento a la escritura que dice que Dios «da arrepentimiento y perdón de pecados» (Hch 5:31); es decir, Él perdona al pecador arrepentido gratuita y completamente por causa de Cristo. Porque para Dios es un agrado mostrar compasión y perdonar al pecador. «"Por eso mis entrañas se conmovieron por él, y ciertamente tendré de él misericordia", dice Jehová» (Jer 31:20; Os 11:8). Es entonces que la muerte de Cristo resulta verdaderamente efectiva; y es entonces que los ángeles de Dios se gozan en el cielo (Lc 15:7), porque la sangre de Cristo no ha sido vertida en vano por el pobre pecador, por quien Él había muerto (1 Co 8:11).

Capítulo IX
La vida mundana que muchos llevan hoy es causa de que Cristo y la verdadera fe sean rechazados

Tendrán apariencia de piedad, pero negarán la eficacia de ella (2 Tim 3:5).

Mucha gente se hace llamar cristiana, aun cuando no practica en lo más mínimo aquello que profesa; y, de esta manera, el Salvador es negado, despreciado, blasfemado, lastimado, crucificado y, por así decirlo, es expulsado de entre los hombres como un muerto. El apóstol declara expresamente que algunos «crucifican de nuevo al Hijo de Dios» (He 6:6).

2. Quisiera Dios que Cristo, en *nuestro* propio tiempo, no fuera crucificado una y otra vez entre aquellos que utilizan su nombre y de labios lo honran, y, no obstante, con sus vidas y actos, lo rechazan y niegan rotundamente. Su vida sumamente santa, humilde y ejemplar hoy no se halla sino entre unos pocos; y donde no está la *vida* de Cristo, tampoco está *allí* el propio Cristo, no importa cuán rimbombantes sean los elogios a la fe y la doctrina. Porque la fe cristiana sin una vida cristiana es un árbol sin fruto. La verdadera fe obra por amor (Gal 5:6); y donde hay fe, allí habita Cristo, con todos sus divinos dones y virtudes (Ef 3:17).

3. Pero cuando dichas virtudes no se manifiestan en la vida de quienes profesan su doctrina, entonces el propio Cristo es desarraigado y negado; porque solo donde existe la verdadera fe, allí habita Cristo.

4. Ahora bien, Cristo ha dicho: «A cualquiera que me niegue delante de los hombres, yo también lo negaré delante de mi Padre que está en los cielos» (Mt 10.33; Lc 12:9). Esta negación de Cristo no solo se realiza de palabra (como en el caso de quienes renuncian a Cristo y al cristianismo), sino que también ocurre cuando, con nuestras vidas y actos, pecamos voluntariamente contra el Salvador y resistimos al Espíritu Santo. San Pablo habla de algunos que «profesan conocer a Dios, pero *con los hechos lo niegan*» (Tit 1:16); y verdaderamente a Cristo no se lo niega menos con una

vida malvada y diabólica que mediante una abjuración verbal. Ello ocurre mediante la hipocresía y una falsa profesión de la fe, al igual que mediante una franca malignidad. Y este hecho queda vívidamente ilustrado en la parábola de nuestro Señor sobre los dos hijos a quienes el padre mandó que fueran a trabajar a su viña. Uno de ellos (negándose *abiertamente*) dijo «No quiero»; mientras que el otro (*profesando* obediencia) dijo «Sí, señor, voy», y no fue (Mt 21:28-30).

5. Esta es una evidente representación de aquellos cristianos cuya religión consiste en una profesión vacía sin obediencia. Ellos dirán «Sí, sí», y «Señor, Señor» (Mt 7:21), y no obstante son peores que los demás, porque pretenden ser hijos del Padre, y, con todo, en ningún respecto obedecen su voluntad. San Pablo describe de este modo su carácter: «Tendrán apariencia de piedad, pero negarán la eficacia de ella» (2 Tim 3:5). Porque ¿qué otra cosa es negar el poder de la piedad, sino negar a Cristo mismo y romper el compromiso con Él, y actuar así el papel de un pagano bajo la careta y el nombre de «cristiano»? Ellos son «los hijos de incredulidad o desobediencia», en quienes actúa no el espíritu de Cristo, sino el *de este mundo* (Ef 2:2). Por lo tanto, a quienes usurpan un nombre cristiano, pero no realizan obras cristianas, el Salvador a su vez los negará a ellos, cuando pronuncie la sentencia «Nunca os conocí. ¡Apartaos de mí, hacedores de maldad!» (Mt 7:23).

Capítulo X
Los hijos del mundo están contra Cristo, y, en consecuencia, tanto sus vidas como su cristianismo son falsos

El que no está conmigo está contra mí (Mt 12:30).

Si se examina la conducta de la generalidad de los hombres y mujeres de la época presente según la norma de la vida y la doctrina que nos dejó Cristo, pronto debemos llegar a la conclusión de que es completamente anticristiana, y totalmente repulsiva ante el ejemplo del Señor. La vida del hombre y la mujer de hoy, en la mayoría de los casos, se constituye de insaciable avaricia, de hábitos mezquinos y egocéntricos, de mentalidad mundana, preocupaciones terrenales, deseos carnales, deseos de los ojos y la vanagloria de la vida; de desobediencia, ira, discordia, odio, malicia, disputas y de una ardiente sed del aplauso humano, de galas y esplendores. A esto hay que añadir los celos, la venganza, las secretas enemistades y envidias, el espíritu rencoroso, la injusticia y la hipocresía, los fraudes y calumnias, mentiras y traiciones, junto con toda la impureza y maldad que abundan copiosamente en el mundo. En resumen, la vida entera de los hijos de esta generación consiste en el amor al mundo, el amor a sí mismo, el honor propio y el interés personal.

2. La vida de Cristo es absolutamente opuesta a todo lo anterior; no puede tener ninguna forma de comunión con ello. Su vida no es otra cosa que amor puro y sincero a Dios y a los seres humanos. Ella consta de humanidad y bondad, mansedumbre y paciencia, humildad y obediencia aun hasta la muerte, misericordia y justicia, verdad y sencillez, pureza y santidad, desprecio del mundo, sus honores, riquezas y placeres; consta de la negación de sí mismo; de la cruz, tribulaciones y aflicciones; de un ferviente deseo del reino de Dios, y del cumplimiento de la voluntad divina. Esta es la vida de Cristo, a la que el falso cristianismo del tiempo presente es completamente contrario.

3. Por lo tanto, si es verdad que a quien no está *con* Cristo se le considera *contrario* a Él; y que a quien no sigue la voluntad de Dios se le estima

como quien la *resiste* (y sabemos que es eso a lo que nuestro propio Señor se refiere); si esto es así, entonces es evidentísimo que la generalidad de aquellos que hacen una profesión pública de la fe cristiana, y no están con Cristo, deben estar en su contra. Ellos no tienen comunión con Él, sino que se le oponen; a ellos no los guía Cristo, sino un espíritu anticristiano. En efecto, con dificultad encontramos a alguno que sea de un alma, una voluntad, un pensamiento y un espíritu con Él; y no obstante solo estos pueden ser de Cristo o ser considerados sus discípulos. A estos últimos se refiere el apóstol cuando habla de quienes tienen «la mente de Cristo» (1 Co 2:16); y en otro lugar dice también: «Haya, pues, en vosotros este sentir que hubo también en Cristo Jesús» (Fil 2:5). Los hijos del mundo no tienen esta mente, y por lo mismo es verdad que ellos no están *con* Cristo sino *contra* Él. Por tanto, cualquiera sea la doctrina que un hombre profese, quien de esta forma está contra Cristo en su vida y en sus actos sin lugar a dudas es un anticristo (1 Jn 2:18).

4. ¡Oh!, ¿dónde hallaremos ahora cristianos verdaderos, en medio de tantos desórdenes anticristianos que abundan en todo lugar? ¡Con qué propiedad se les puede llamar «manada pequeña»! (Lc 12:32), como el mismo Señor les llamó. ¡Con qué acierto el profeta Isaías ha comparado a la Iglesia con una solitaria choza en una viña, y con una ciudad asolada! (Is 1:8) «¡Ay de mí!», exclama Miqueas, «porque estoy como cuando han recogido los frutos del verano, como cuando han rebuscado después de la vendimia y no queda racimo para comer, ni uno de esos frutos que tanto desea mi alma. Faltó el misericordioso de la tierra; no queda entre los hombres ningún justo» (Mi 7:1, 2; cf. Sal 74:19; 102:7).

5. Solo Dios sabe quiénes son y dónde están; pero quienesquiera que sean y estén donde estuvieren, con toda seguridad Cristo está con ellos; más aún, está en ellos, «todos los días, hasta el fin del mundo» (Mt 28:20). Y nunca los va a dejar sin el socorro oportuno; «No os dejaré huérfanos», dice el Señor, «volveré a vosotros» (Jn 14:18). Porque Él conoce a los que son suyos, y a quienes Él *conoce*, los protege con incesantes y especiales cuidados. «Pero el fundamento de Dios está firme, teniendo este sello: "Conoce el Señor a los que son suyos"». Pero ¿quiénes *son suyos*? La respuesta se añade enseguida: «Apártese de maldad todo aquel que invoca el nombre de Cristo» (2 Tim 2:19). Pero quienes no estén dispuestos a obedecer esta orden que tomen algún *otro* nombre más acorde a su conducta; y que no pronuncien el nombre de *Cristo*, mientras no se conformen a su vida con una fe viva.

Capítulo XI
Quien no se arrepiente de veras no es cristiano, ni un hijo de Dios quien no sigue a Cristo *en su vida y conducta*. Además, en qué consiste el nuevo nacimiento y el yugo de Cristo

> *Porque también Cristo padeció por nosotros, dejándonos ejemplo para que sigáis sus pisadas* (1 Pe 2:21).

Dios ha designado al Señor Jesucristo para que sea nuestro profeta o maestro; y mediante una voz del cielo, nos ha mandado que lo oigamos, diciendo: «Este es mi Hijo amado, en quien tengo complacencia; a Él oíd» (Mt 17:5). Esta obligación la cumplió con plena fidelidad el Hijo de Dios, no solo de palabra, sino que, al convertirse en un maestro ocupado en un oficio tan sagrado, lo hizo llevando una vida santísima e intachable. En alusión a esto, San Lucas introduce su narración de los Hechos de los Apóstoles de la siguiente forma: «En mi primer escrito, Teófilo, me referí a todas las cosas que Jesús *hizo* y enseñó desde el comienzo»; donde debe resaltarse el que haya puesto el *hacer* antes que el *enseñar*; con lo cual se sugiere que ambas cosas nunca deben ir separadas. Por cierto, es el deber de todo verdadero maestro, en primer lugar, practicar los deberes que pretende enseñar a otros. Un maestro tal fue nuestro Señor Jesús; y su conducta es la norma de enseñanza, y el libro de vida que debemos estudiar.

2. Fue por este motivo que el Hijo de Dios se hizo hombre, y vivió entre hombres y mujeres sobre la tierra, para poder darnos un ejemplo visible de una vida inocente, perfecta y divina; y para que pudiéramos seguirlo a Él como una luz que brilla en la oscuridad, que nos guía por el camino que debemos seguir. Es por eso que Él se llama a sí mismo «la luz del mundo»; y promete que «el que me sigue no andará en tinieblas, sino que tendrá la luz de la vida» (Jn 8:12).

3. Por tanto, queda claro que quienes rehúsan seguir la vida de Cristo, y seguir por la fe sus pasos, permanecen en oscuridad, y no van por el camino que concede «la luz de la vida». ¿Pero en qué consiste esta oscuri-

dad? Es una vida sin arrepentimiento y depravada, a la que el apóstol llama «obras de las tinieblas», obras que nosotros debemos desechar, para que así podamos vestirnos de «las armas de luz» (Ro 13:12); y el arrepentimiento genuino entraña ambos pasos.

4. Hemos dado abundantes pruebas más arriba de que la tristeza que es de Dios y la verdadera fe cambian al ser humano por completo; que ellas crucifican la carne, efectúan una total transformación en el alma, y, por medio del Espíritu Santo, engendran una nueva vida. No obstante, para que lo anterior no sea un mero conocimiento teórico, desprovisto de vida y práctica, a Dios le ha placido poner ante nosotros a su propio Hijo, no solo como rescate y Mediador, sino también como un *espejo* de perfecta piedad, y como el más sublime modelo del hombre nuevo, el cual ha sido regenerado a la imagen de Dios. Nunca reinó en Él el Adán carnal, la naturaleza corrupta, sino únicamente el Dios bendito. A Dios le plació ponerlo a Él ante nuestros ojos para que día a día, contemplándolo a Él y su recto vivir, podamos de continuo ser renovados a su imagen. Explicaremos este punto con mayor detalle.

5. Nuestra triste experiencia nos enseña de continuo que nuestra naturaleza entera, cuerpo y alma, está contaminada con toda especie de pecado, vicio y corrupción. Estas son las obras del diablo manifestándose en el hombre carnal; y es principalmente en la *voluntad* depravada y pervertida donde con mayor claridad se perciben estas diabólicas operaciones. Porque la voluntad depravada es la raíz de todo pecado: si se la arrancara, no habría más pecado. En cuanto al poder y la inclinación natural de esta voluntad, ella consiste principalmente en apartar al ser humano de Dios y de *su* voluntad. Ahora bien, todo aquello que se aparta del Ser que es el Bien supremo y soberano no puede ser en sí mismo sino maligno, y es una transgresión a la constitución original de nuestra naturaleza, la que proviene del propio Dios. Fue este alejamiento de Dios lo que causó tanto la caída de Satanás como la del ser humano, por el cual entró el pecado en el mundo y, mediante la generación carnal, se ha traspasado a todos los hombres y mujeres.

6. La naturaleza humana, entonces, se infecta con la naturaleza del mismísimo demonio, y su voluntad se malogra con maldad satánica, como con un veneno mortal. De ahí que Cristo haya llamado a los fariseos «hijos del diablo» (Jn 8:44); e incluso a uno de sus propios discípulos llamó «Satanás» (Jn 6:70). Con ello sugiere que la codicia, la mentira, el orgullo y los deseos malvados que degradan la naturaleza de todo ser humano son como el diablo mismo.

7. Por lo tanto, con toda propiedad puede afirmarse que quienes llevan una vida que no conoce el arrepentimiento, una vida de orgullo, ava-

ricia, lujuria y envidia, viven en el diablo y participan de su naturaleza. Tales personas pueden asumir una apariencia de honestidad; pueden disimular sus verdaderas personalidades bajo un pulcro despliegue de moralidad y correctos modales; no obstante, según las palabras de Cristo a los judíos, en su *interior* ellos, a pesar de todo, son demonios (Jn 8:44). Una declaración como esta es terrible de pronunciar; pero su veracidad se confirma tanto en la Palabra de Dios como en la continua experiencia.

8. Nuestra naturaleza de criaturas caídas, al estar de este modo miserablemente depravada, desesperadamente pervertida y contaminada en todas sus fuentes, está en una absoluta necesidad de ser purificada y renovada. Debe haber una completa renovación del alma, en todas sus capacidades y facultades. ¿Pero cómo se llevará esto a cabo? A esto respondemos: así como el *mayor mal* ha abierto una grieta en nuestra naturaleza y ha vertido veneno hasta su misma fuente, así también el *mayor Bien* debe revisitar y renovar nuestra naturaleza, para que esta pueda asimilar dicho Bien. Aquello que el supremo mal ha corrompido tan extremadamente solo puede ser rectificado mediante una vital *infusión* del supremo Bien, es decir, de Dios mismo. Es por esto que fue necesario que el verbo se hiciera carne.

9. El Hijo de Dios verdaderamente se hizo hombre, no por causa suya, sino por causa nuestra, para que, al reconciliarnos en sí mismo con Dios, pudiera hacernos participantes del supremo bien, habiéndonos lavado y santificado con ese propósito. Porque todo lo que ha de ser santificado debe ser santificado por Dios y con Dios. Y así como Dios está en Cristo, también nosotros debemos estar unidos a Él por la fe, para que podamos vivir en Dios, y Dios en nosotros; nosotros en Cristo, y Cristo en nosotros (2 Co 5:19, 21). Para que la voluntad de Dios esté en nosotros, y nosotros en la voluntad de Dios, y seamos hechos justicia de Dios en Cristo (2 Co 5:21). Esta es la única forma en que Cristo suministra la medicina en nuestra naturaleza corrupta; y cuanto más poderosa es su influencia en la persona, tanto más completa será la purificación de la naturaleza humana.

10. ¡Oh, bendito el hombre en quien Cristo lo obra todo y lo es todo; cuya voluntad, pensamientos, mente y palabras son la voluntad, pensamientos, mente y palabras de Cristo! Esto es lo que habló el apóstol: «Nosotros tenemos la mente de Cristo» (1 Co 2:16). Y, en efecto, eso es lo que debe ocurrir en el creyente; porque la vida de Cristo es la nueva vida, más aún, es el nuevo hombre en Él. Y quienquiera que viva en Cristo según el Espíritu realmente se ha vestido del nuevo hombre, y de todas las gracias que lo adornan. Su humildad y obediencia son la humildad y obediencia de Cristo; su paciencia y mansedumbre son la paciencia y la mansedumbre

de Cristo; y su propia vida es la vida de Cristo, por quien y en quien esa persona tiene vida. Esta es la «nueva criatura» creada según Dios (2 Co 5:17); y es la vida de Cristo en nosotros, acerca de la cual dice San Pablo, por experiencia, «ya no vivo yo, mas vive Cristo en mí» (Gal 2:20). Esto es seguir verdaderamente a Cristo; esto es caminar en la luz de su vida y producir «frutos dignos de arrepentimiento». Porque de esta forma, el «hombre viejo» es destruido, la vida carnal mengua paulatinamente y la vida nueva y divina se establece en el alma. Quien posee esta vida no es un cristiano *nominal*, sino *real*; no un cristiano de palabra y en apariencia solamente, sino en hechos y en verdad. Es un verdadero hijo de Dios, engendrado en Él, y revivido y renovado por fe a la imagen de Jesucristo.

11. Por lo tanto, aunque no podamos alcanzar un estado de perfección, mientras somos asediados por tantas flaquezas que obstruyen nuestro progreso en la vida divina, no debemos desalentarnos, sino más bien animarnos a buscar con mayor fervor una consumación que tanto debemos anhelar. Debemos desear y orar, esforzarnos y dedicarnos fervorosamente, para que el reino de Cristo se establezca en nosotros, y que el reino de Satanás sea destruido (1 Jn 3:9; Ef 2:5). El objeto de nuestras preocupaciones y esfuerzos, de nuestros gemidos y oraciones, debiera ser de qué forma podemos mortificar cada vez más al hombre viejo mediante el arrepentimiento diario. Porque cuanto más muere un hombre para sí mismo, tanto más vive Cristo en él; cuanto más corrupciones quita el buen Espíritu Santo, tanto más la divina gracia inunda el corazón. En la medida en que se crucifica la carne, el espíritu es revivido; a medida que el ser humano se quita las obras de oscuridad, se viste de las armas de luz celestiales; y en el mismo grado en que el hombre *exterior* declina, el *interior* se fortalece y renueva (2 Co 4:16; Col 3:5). La decadencia de la vida carnal es el auge de la vida espiritual y divina. A medida que los afectos de aquella —amor propio, ambición, ira, codicia y sensualidad— se debilitan y someten, a su vez los afectos opuestos de la vida espiritual se vigorizan y emergen. Cuanto más se aleja un hombre del mundo, de «los deseos de la carne, los deseos de los ojos y la vanagloria de la vida» (1 Jn 2:16), tanto más entran Dios, Cristo y el Santo Espíritu en su corazón y moran en él. Y, por otra parte, cuanto más reinan en el ser humano la naturaleza, la carne, las tinieblas y el mundo, tanto menor será en él la presencia de la gracia, la luz, el Espíritu Santo, Dios y Cristo.

12. Dicha vida espiritual es enemistad con la carne, porque esta es así refrenada, sometida y puesta bajo el yugo, y crucificada con sus «pasiones y deseos». En esto consiste, no obstante, el poder, la eficacia y el fruto del verdadero arrepentimiento. La naturaleza de la carne y la sangre consiste en llevar una vida rebelde, licenciosa y sensual, no sujeta a

normas y completamente agradable a su propia voluntad y estado de ánimo. Esto es apacible para ella, en lo cual se regocija. Para la carne y el «hombre viejo», la vida de Cristo es una gravísima cruz y una carga insufrible. Pero para el hombre nuevo y espiritual, «es un yugo fácil y una carga ligera» (Mt 11:30), y acompañada de serenidad y paz mental divinas. Porque en vano se busca el verdadero descanso del alma, si no es en la fe en Cristo; en su mansedumbre y humildad, paciencia y amor. Él mismo ha prometido que allí «hallaréis descanso para vuestras almas». Más aún, quien realmente ama al Señor Jesús no considerará difícil sufrir aun hasta la muerte por causa de Él, sino que lo tendrá por gozo y felicidad. Tal es el yugo del Salvador, el cual se nos invita a llevar para que encontremos «descanso para nuestras almas».

13. Por lo tanto, es necesario que todo aquel que ha resuelto ponerse bajo el yugo de Cristo, e imitar su santo ejemplo, en primer lugar, se deshaga del yugo de Satanás y reprima las inclinaciones carnales, egoístas y desordenadas de su naturaleza caída, a fin de que la carne ya no pueda importunar al espíritu. Todo debe ser sometido a la obediencia de Cristo, a la sabia y recta disciplina de su ley. Es decir, la voluntad, el intelecto, la razón y los apetitos, junto con los deseos sensuales del viejo Adán que antes reinaban en el cuerpo mortal, en adelante deben dar lugar a una libre obediencia al gobierno del Señor (Ro 6:12).

14. Es cierto que la carne se siente altamente complacida cuando se la honra, agasaja y elogia, y cuando abunda en riquezas y placeres de esta vida. Pero el yugo de Cristo, que mortifica y somete a la carne, exige de nosotros preferir la deshonra, el desprecio y la pobreza, en lugar de las riquezas y el honor; considerarnos indignos de tales cosas, y libremente desprendernos de todo lo que el mundo estima como grandioso. Es entonces que la humildad y la vida de Cristo se hacen más sobresalientes y visibles. Estos son el «yugo» y la «carga» fáciles y livianos para el espíritu. Esta es la ley del amor, cuyos mandamientos no son gravosos sino placenteros (1 Jn 5:3). ¿Qué fue toda la vida de Cristo sino santa pobreza, profundo desprecio y persecución severa? ¿No es verdad que Él «no vino para ser servido, sino para servir, y para dar su vida en rescate por muchos» (Mt 20:28)?

15. La tendencia del hombre natural es el deseo de superar a los demás, y ser considerado importante. Pero el hombre espiritual ama la humildad del Redentor, y desea ser estimado como nada en este mundo. El hombre carnal, que sigue las inclinaciones de la naturaleza corrupta, y nunca ha aprendido de la humildad, mansedumbre y el amor de Cristo, considera una tontería vivir como vivió Jesús, y juzga que solo son sabios aquellos que satisfacen sus apetitos con seguridad, y se sacian de todo

aquello que desean. Y cuando una persona tal vive por entero en el diablo, la ignorancia y las tinieblas la ciegan tanto que estima su vida como la más feliz que pueda desearse, y se aplaude a sí misma en su propia estupidez. Y es por ello que estos errados infelices, siguiendo la falsa luz de la sabiduría carnal, no solo se engañan a sí mismos, sino que son el medio para arrastrar a otros a la misma ruina. Pero, por el contrario, aquellos cuyas mentes han sido iluminadas por la verdadera luz eterna, se llenan de espanto y asombro cada vez que miran las galas e ilusiones de este mundo, la ambición y el orgullo, la ira y la venganza, la inmoderación y la sensualidad, y los demás frutos de la vida carnal que abundan en todo lugar. Sus palabras son: «¡Ay, cuán alejado de Cristo está todo esto! ¡Cuán lejos del verdadero arrepentimiento y del conocimiento de Jesús está el hombre y la mujer que así procede! ¡Cuán lejos de la naturaleza y disposición de un hijo de Dios! ¡Ay, semejante persona aún está muerta en pecados, y es esclava del diablo!». Por lo tanto, el hombre que no imita la vida de Cristo es completamente extraño al verdadero arrepentimiento; no es un cristiano ni un hijo de Dios; lo que es peor, es totalmente ignorante respecto a Jesucristo. Porque quien desea conocer a Cristo para salvación, como el Salvador del mundo y como el gran ejemplo de vida, debe conocer que Él es pura mansedumbre, bondad y amor, y está lleno de paciencia y humildad. Debe llevar en el corazón este vivo ejemplo de bondad y piedad que el Señor ha puesto ante sus ojos, y debe esforzarse por ser transformado a su imagen. Debe poseer en sí mismo las virtudes presentes en Cristo; y si lo llega a conocer efectivamente, debe amar y admirar tales cualidades en su interior. Así como una planta revela su naturaleza por la fragancia que exhala, así también el conocimiento de Cristo se revela por el dulce y sagrado aroma que esparce. Entonces se adquiere por experiencia un conocimiento de la vida, el poder, el descanso y el consuelo que fluyen del Salvador, el cual recorre todas las facultades del alma, y las vivifica por medio de una especie de dulzura espiritual. Es así como el ser humano llega a «gustar que es bueno Jehová» (Sal 34:8); es así como se conoce la verdad, y como se abraza y disfruta el bien supremo y eterno. Y ciertamente es así como se descubre que la vida de Cristo es infinitamente superior a cualquier otra vida en bondad y dulzura, en dignidad y en paz; más aún, que se asemeja a la propia vida eterna, siendo en efecto un anticipo de ella aquí en la *tierra*.

16. Puesto que nada hay más excelente que la vida de Cristo, nada más deleitoso, más apacible o más satisfactorio para el alma, ella no debe tener rival en nuestros afectos, sino que debemos amarla por encima de todas las cosas. Quien está desprovisto de Cristo y de su conocimiento no puede formarse una idea del reposo y quietud de la vida eterna, ni del bien superior, ni de la verdad perpetua, ni de la palabra imperecedera, ni del

gozo del alma, ni de la verdadera luz del amor. Porque todo esto está centrado en Cristo, y quien lo tiene a Él, tiene todo aquello; pues Cristo es todas estas cosas para el hombre y la mujer que verdaderamente cree en su santo nombre. «Todo aquel que ama es nacido de Dios y conoce a Dios. El que no ama no ha conocido a Dios, porque Dios es amor» (1 Jn 4:7, 8).

17. Por lo tanto, es evidentísimo que los frutos y el efecto del nuevo nacimiento no consisten en palabras, no importa cuán sensatas sean, ni en una *forma* de piedad, no importa cuán fascinante sea; sino que consisten en una *sustancia permanente*, es decir, en aquel *amor* que es Dios mismo. Un hijo tiene la imagen de quien lo engendró; y todo el que ha nacido de Dios debiera demostrarlo por el *amor*, porque Dios es amor. Y por ello queda claro que «el que permanece en amor permanece en Dios y Dios en él» (1 Jn 4:16).

18. Asimismo, el *conocimiento de Dios* no consiste en palabras, ni en un conocimiento meramente especulativo y superficial, sino en un sentimiento vital, consolador y divino; en un placer puro e incontaminado, que se esparce suavemente hasta el corazón, y lo impregna de una indescriptible dulzura celestial. Este es un conocimiento verdadero, vivo y eficaz de Dios; como aquel al que alude el salmista cuando dice: «Mi corazón y mi carne cantan al Dios vivo» (Sal 84:2); y nuevamente: «Tu amor (experimentado en las divinas sensaciones de mi alma) es mejor que la vida» (Sal 63:3). Es decir, esta vida divina trasciende infinitamente cualquier otra vida. Por lo cual es evidente que el salmista se refiere al inenarrable gozo causado por un conocimiento de Dios *por experiencia*, el cual es derramado en el corazón que cree. Es así como el ser humano vive en Dios, y Dios en él; y es así como conoce a Dios en verdad, y es conocido por Dios.

Capítulo XII
El verdadero cristiano muere a sí mismo y para el mundo, y vive en Cristo

Cristo por todos murió, para que los que viven ya no vivan para sí, sino para aquel que murió y resucitó por ellos (2 Co 5:15).

«Cristo», nos dice el apóstol, «por todos murió, para que los que viven ya no vivan para sí, sino para aquel que murió y resucitó por ellos». Esta aseveración, junto con abundar en consuelo divino, al declarar que Jesús murió por todos, inculca una enseñanza de la más saludable naturaleza; a saber, que no debemos vivir para nosotros mismos, sino para quien murió por nosotros. Sin embargo, vivir para Él antes de morir a nosotros mismos es algo imposible. Por lo tanto, si has resuelto vivir para Cristo, por cierto debes morir al mundo y a ti mismo; pero si más bien te inclinas a vivir para el mundo y para ti mismo, entonces debes renunciar a tu comunión con el Salvador. Porque, ¿qué comunión tiene la luz con las tinieblas, Cristo con el mundo, o el Espíritu con la carne? (2 Co 6:14, 15).

2. Existen tres tipos de muerte: una es *espiritual*, la segunda es *natural* y la tercera es *eterna*. La primera ocurre cuando una persona muere diariamente a sí misma; es decir, a sus propios deseos carnales, a su avaricia, orgullo, lujuria e ira, y a otros pecados y pasiones semejantes cuyo origen es una naturaleza corrupta.

3. Del segundo tipo de muerte habla el apóstol cuando dice: «Porque para mí el vivir es Cristo, y el morir, ganancia» (Fil 1:21). Es como si hubiera dicho que Cristo es la vida y la muerte, la ganancia y el beneficio del creyente, aun cuando sufra la muerte natural, porque, a través de la muerte, Él sustituye una vida corta y miserable por una eterna y bendita, y cosas terrenales por posesiones imperecederas y divinas: un intercambio que no puede significar otra cosa que el mayor nivel de ganancia para él mismo.

4. No obstante, si alguien piensa que las palabras del apóstol también deben entenderse como la muerte *espiritual* del pecado, no se equivoca. Porque es tres veces feliz el alma para la que, en este sentido, «el vivir es

Cristo»: tres veces feliz es el alma en que vive Jesús por la fe, y que imita las virtudes que en Él se manifestaron, especialmente la humildad y la mansedumbre. Pero ¡qué lástima!, pues la gran mayoría de los hombres y mujeres se han vestido de la vida del diablo en lugar de la vida del Señor Jesucristo, al ceder a la avaricia, el orgullo, la ira y otras pasiones malignas.

5. Por tanto, ¡despierta, oh hombre, oh mujer; considera quién es el que vive en ti! Si verdaderamente puedes afirmar «para mí el vivir es Cristo», dichoso eres, pues ello concierne tanto a este mundo como al venidero. Permite que aquí, en esta misma tierra, Cristo sea tu vida, para que pueda serlo por toda la eternidad; y para que esto acontezca, considera que obtienes la mayor ganancia cuando se te permite morir al mundo y a tus propias corrupciones. Es entonces que para ti el vivir es Cristo, y el morir es ganancia, en ambos sentidos. En efecto, ¿qué puede significar mayor retribución o provecho que morir, en este respecto, a todos tus deseos y afectos pecaminosos? Sigue adelante, entonces, en el Señor, y nunca desmayes; deja que Cristo viva en ti ahora, para que también puedas vivir con Él en la otra vida.

6. Ningún ser humano puede tener paz y tranquilidad estables si los deseos y propósitos terrenales lo distraen y agobian. Por lo tanto, antes de que puedas morir para Cristo, debes morir para la carne y para el mundo. Este morir a uno mismo y vivir para Cristo puede ilustrarse a través de diversos tipos y narraciones del Antiguo Testamento.

7. De manera que, así como las promesas respecto a Cristo y su sello mediante la circuncisión no le fueron dadas a Abraham sino cuando hubo dejado la casa de su padre y abandonado su herencia terrenal (Gn 12:1; 17:10), así también el ser humano, en tanto que sus afectos están adheridos al mundo, no está preparado para recibir la promesa hecha por el Salvador. Y en tanto que rehúsa morir al mundo y negarse a sí mismo, es imposible que pueda gozar de Cristo, o de las cosas que a Él pertenecen.

8. Jesús nunca puede vivir en tu alma mientras no mueras a los afectos de la naturaleza carnal. Es en este sentido que San Pablo estaba muerto; y por eso él podía decir «ya no vivo yo, mas vive Cristo en mí» (Gal 2:20); y en su carta a la iglesia de Colosas, les dice: «Porque habéis muerto, y vuestra vida está escondida con Cristo en Dios» (Col 3:3).

9. Se puede considerar que un hombre ha muerto al pecado cuando el pecado ha muerto en él, y ese hombre deja de cometerlo. El mismo apóstol expresa: «Si vivimos por el Espíritu, andemos también por el Espíritu» (Gal 5:25). Si vivimos en Cristo, debemos andar como Él anduvo; porque

no es suficiente con presumir del Espíritu en palabras, mientras nuestras palabras no sean confirmadas por nuestros hechos; o de la fe, mientras no haya frutos que la evidencien. En efecto, a todos se nos dice: «Porque si vivís conforme a la carne, moriréis; pero si por el Espíritu hacéis morir las obras de la carne, viviréis» (Ro 8:13).

10. Sin embargo, muchísima gente puede ser comparada con Saúl, quien, en lugar de matar a Agag (1 S 15:8), como Dios había mandado, solo lo hizo prisionero. Esa gente no destruye sus lujurias y deseos pecaminosos, sino que se conforma con esconderlos, y, por así decirlo, con encarcelarlos, para en una futura oportunidad poder permitirse satisfacerlos con el mayor disimulo. Pero evitemos cautelosamente esta artimaña; y en lugar de someter nuestras inclinaciones corruptas a una restricción temporal, pongámosles el hacha de la mortificación en su mismísima raíz: porque si así no procedemos, tal como Saúl seremos expulsados del reino, y perderemos la corona de la vida eterna.

11. Algunos que profesan ser amigos de la religión se parecen a aquellos árboles cuyas hojas caen cuando se acerca el invierno, pero el follaje reaparece cuando la estación se vuelve más favorable y templada. Porque en el invierno de la adversidad ellos ocultan sus apetencias, y refrenan sus inclinaciones pecaminosas; pero cuando la prosperidad les sonríe, despiertan nuevamente, como al principio, y regresan a sus malvados caminos. Esta es una demostración de hipocresía. Un verdadero cristiano, en cambio, en toda circunstancia, y en cualquier contingencia, ya sea en público o en privado, es siempre el mismo, y permanece inalterablemente unido a su Dios. Es el mismo tanto en prosperidad como en adversidad, en pobreza o en riqueza, firmemente apegado a Dios, y afronta con resignación cada padecimiento que la Providencia le envía.

12. La historia de Acab (1 Reyes 20:42) nos proporciona otro ejemplo, no muy distinto al de Saúl. Porque, contrario a lo que Dios había mandado, Acab perdonó la vida del rey de Siria. Y, en consecuencia, fue sentenciado, y se exigió su vida por la del rey cautivo. Aquellos que en su pecho alimentan aquellos apetitos que son enemigos de Dios y de ellos mismos, los cuales han sido destinados a la destrucción, atraen voluntariamente la muerte y la perdición eternas sobre sí mismos.

13. Ni la oración ni un espíritu consagrado podrán jamás ser perfeccionados en el ser humano sin la mortificación de la carne. Es por esto que Dios ordenó que cualquier bestia que se acercara al santo Monte Sinaí debía ser muerta (Ex 19:12, 13). ¡Cuánto más necesitamos nosotros matar nuestros deseos y afecciones impuros, si lo que queremos es subir al mon-

te de la casa del Señor (Is 2:2, 3; Mic 4:2), ofrecer el incienso de la oración o meditar en la Palabra de Dios! Si descuidamos este ejercicio, ya estamos juzgados, y seremos expulsados de la presencia de Dios para siempre.

14. Jacob sirvió catorce años por su amada Raquel (Gn 29); y el amor alivianó de tal manera su arduo trabajo que los años le parecieron como pocos días; asimismo, para salvar nuestras almas, Cristo Jesús soportó treinta y tres años de servicio, y lo que Jacob dijo de sí mismo es aplicable al Señor en un grado supremo: «De día me consumía el calor y de noche la helada, y el sueño huía de mis ojos» (Gn 31:40); «El Hijo del hombre no vino para ser servido, sino para servir y para dar su vida en rescate por todos» (Mt 20:28). Así, entonces, ¿pondremos impedimentos para corresponder al amor de Cristo, y para luchar bajo su bandera contra su enemigo el mundo?

Capítulo XIII
El cristiano debe morir a sí mismo y al mundo voluntariamente, por causa del amor de Cristo, y por causa de la gloria futura y eterna, para la cual fuimos creados y redimidos

> *Ya conocéis la gracia de nuestro Señor Jesucristo, que por amor a vosotros se hizo pobre siendo rico, para que vosotros con su pobreza fuerais enriquecidos*
> (2 Co 8:9).

¡Oh hombre, oh mujer! ¡De ti se exige que mueras a ti mismo, a tu pecado, y al mundo!; y que lleves una vida santa, pacífica, en consonancia con el Evangelio de Jesucristo. Esto debes hacerlo no en vista de merecer algo de parte de Dios, sino por un principio de amor a Él, quien efectuó y ameritó todas las cosas por ti, y murió para salvarte.

2. No te engañes: a Jesús debes amarlo no de palabras y de labios, sino con hechos y en verdad. «El que me ama», dice el Señor, «mi palabra guardará» (Jn 14:23); y por eso San Juan dice: «Este es el amor a Dios: que guardemos sus mandamientos; y sus mandamientos no son gravosos» (1 Jn 5:3). Y, una vez más, dice el Salvador: «Mi yugo es fácil y ligera mi carga» (Mt 11:30). En efecto, para quien ama a Cristo de todo corazón no puede ser sino fácil sacrificar el placer que otorgan las vanidades terrenales, y hacer lo bueno sin trabas. El amor vuelve liviana toda carga que Jesús ponga sobre nuestros hombros; en cambio, para quien carece de este principio celestial, cada acto que el deber le exige es abrumador y opresivo. Para esta persona, cada ejercicio religioso es cansante y trabajoso; en cambio, el hombre y la mujer que aman sinceramente al Señor Jesucristo estiman que la muerte misma no es terrible en absoluto cuando se someten a ella por causa del Señor. Y, por tanto, el apóstol declara: «A vosotros os es concedido a causa de Cristo no solo que creais en Él, sino también que padezcáis por Él» (Fil 1:29); más aún, que pongamos la vida misma cuando tal sacrificio se requiera de nosotros.

3. A fin de confirmar tu fe, considera el ejemplo de Moisés, quien, «por la fe, hecho ya grande, rehusó llamarse hijo de la hija del faraón, prefiriendo ser maltratado con el pueblo de Dios, antes que gozar de los deleites temporales del pecado, teniendo por mayores riquezas el oprobio de Cristo que los tesoros de los egipcios» (He 11:24-26).

4. Considera a Daniel, quien rechazó los lujos de una corte, y deseaba ser alimentado con legumbres y agua, por lo que decidió «no contaminarse con la porción de la comida del rey ni con el vino que él bebía» (Dn 1:8, 12). Él desdeñó los placeres de Babilonia, para poder alcanzar «la sabiduría que es de lo alto» (Stg 3:17), la cual solo reside en el corazón que se mantiene limpio de las contaminaciones de un mundo profano. Por lo tanto, si tú deseas que Cristo, la Sabiduría eterna, entre en tu alma, debes aborrecer los placeres del pecado. Porque así como Daniel y sus compañeros se volvieron mejor parecidos debido a su vida sobria y abstemia, también tú ten la plena seguridad de que tu alma lucirá más bella y agraciada a los ojos de Dios, más aún, será «participante de la naturaleza divina», si huyes de «la corrupción que hay en el mundo a causa de las pasiones» (2 Pe 1:4).

5. Considera, además, el ejemplo de San Pablo, quien afirma: «El mundo ha sido crucificado para mí y yo para el mundo» (Gal 6:14). Es decir, yo estoy muerto para el mundo, y el mundo está muerto para mí. Es así como todos los verdaderos cristianos están *en* el mundo, pero no son *del* mundo. Aunque viven en él, no lo aman, porque lo consideran una sombra fugaz; y consideran que sus galas, dignidades y deseos son ilusión y engaño, fastidio y decepción. Por tanto, ellos están crucificados para el mundo, aunque permanecen en él; y el mundo está crucificado para ellos; es decir, ellos no desean honor, riquezas o gozo meramente mundanos.

6. ¡Qué dichoso es el hombre que ha muerto a las ilusiones terrenales y está vivo para Dios; que se ha separado del mundo y es atraído hacia Cristo! ¡Qué bendito es aquel en cuyo corazón se derrama de tal manera la gracia divina que lo aleja de los elementos inferiores, y lo eleva al goce de la luz y la gloria celestiales! Un estado como este es el resultado de la oración y súplica diarias, sin las cuales es imposible la existencia de un verdadero cristiano.

7. Agur oró a Dios de este modo: «Dos cosas te he pedido, no me las niegues antes que muera: vanidad y mentira aparta de mí y no me des pobreza ni riquezas, sino susténtame con el pan necesario» (Pr 30:7, 8). Y así debe orar el cristiano: «Dos cosas deseo de ti, oh Señor, solo estas dos: que muera yo a mí mismo y al mundo». Pues sin esta muerte es totalmente imposible ser un verdadero cristiano. ¡Oh ser humano!, si piensas algo dis-

tinto, por cierto te engañas a ti mismo, y al final oirás de la boca de Cristo esta terrible sentencia: «No te conozco» (Mt 7:23; 25:12).

8. Aunque a la carne y a la sangre les parezca una pesada cruz el morir a sí mismas y al mundo, con todo, el espíritu y el amor de Cristo triunfará al final sobre cualquier dificultad. Tan poderosos son, en efecto, estos auxilios, que capacitan al verdadero cristiano para soportarlo todo, por causa del Amado, como un yugo agradable y una ligera carga. Y si bien el que lleve una vida así mortificada será odiado por el mundo, no obstante será amado por Dios; porque la enemistad con el mundo es amistad con Él (Stg 4:4). Y el propio Señor ha declarado: «Si fuerais del mundo, el mundo amaría lo suyo; pero porque no sois del mundo, antes yo os elegí del mundo, por eso el mundo os odia» (Jn 15:19).

9. El mundo desecha a quienes han muerto para él por el testimonio de Jesús; pero honra y aplaude a aquellos que, viviendo en el goce de sus galas y esplendores, son sus hijos genuinos; porque estos viven en el mundo, y el mundo vive en ellos.

10. En suma, el mundo no recibe ni elogia, sino que desecha al hombre y la mujer en cuyo corazón el orgullo, la codicia, la lujuria, la ira, la venganza y las demás pasiones corruptas de la naturaleza son mortificadas y refrenadas. Para tal persona, el mundo está muerto, y ella a su vez está muerta para el mundo; ella comienza a vivir en Cristo, y Cristo vive en ella. Y el Salvador la confesará como alguien que pertenece al pueblo suyo, alguien en quien se ha efectuado el gran designio de la redención. A los demás, por el contrario, se les dirá: «No los conozco, de la misma manera en que ustedes no me conocieron. Ustedes no me han confesado delante de los hombres, sino que se han avergonzado de mi vida, mi mansedumbre, humildad y paciencia; y yo no los confesaré, pues ustedes han despreciado la vergüenza de mi cruz, y para su vergüenza yo los rechazaré a ustedes» (Mc 8:38). Porque quienquiera que rehúsa vivir con Cristo en el tiempo no puede esperar vivir con Él en la eternidad; quienquiera que no posea aquí la vida de Cristo jamás la verá despertar en su propio ser en el más allá; y quien desdeña seguir a Jesús en este mundo nunca será glorificado con Él en el mundo venidero.

11. Por lo tanto, ¡oh hombre, oh mujer; examina rigurosamente tu vida, y mira si ella está en una mayor conformidad con la vida de Cristo o con la vida del diablo! Porque inevitablemente deberás estar unido a uno u otro por toda la eternidad.

12. Si has muerto a ti mismo y a los depravados deseos en tu interior, no te parecerá un arduo trabajo el morir para el mundo y sus vanas

seducciones, las cuales están en el exterior. Y cualquiera que de este modo está muerto al mundo no lo amará, ni la cosas que hay en él. Porque «si alguno ama al mundo, el amor del Padre no está en él» (1 Jn 2:15). Una vez más, ¿cómo podrán sus deseos seguir buscando el mundo exterior, si esa persona ya está muerta para el mundo? Grande, en efecto, sería la pérdida que sufriría alguien que ama a Dios si, en alguna medida, cediera a los encantos del mundo, y le permitiera compartir aquel amor que debiera estar puesto únicamente en el Supremo Bien. Un alma tan indecisa pronto sería completamente doblegada por los halagos del pecado, como lo fue Sansón por los encantos de Dalila (Jue 16:6); y quedaría sujeta a toda la miseria y exasperación del corazón que invariablemente acompañan al amor al mundo.

13. El amor al mundo no corresponde a la *nueva* criatura, sino a la *vieja*: porque el mundo no tiene otra cosa que ofrecer más que honor y arrogancia, riquezas, placeres y deseos carnales; en esto se deleita el «viejo hombre». El hombre nuevo, por su parte, no tiene paz sino en Cristo, quien es su honor y gloria, sus riquezas y su cielo.

14. Y puesto que no se puede concebir nada mayor o más excelso que la imagen de Dios renovada en Cristo Jesús, nuestra única preocupación e interés debiera ser convertirnos en participantes de su altísimo honor. Al respecto, recordemos las palabras de Tauler: «¿Qué hombre dotado de razón podría dudar un instante que Dios puede traer al corazón gozo y delicia infinitamente mayores de lo que la corrupta e indigente criatura es capaz?».

15. Además de lo anterior, la Escritura nos asegura que el ser humano no fue creado por causa del mundo, sino el mundo por causa del ser humano. Este no fue formado para consentir sus apetitos, para amontonar riquezas o extender ilimitadamente su imperio; no fue dotado de un alma inteligente e inmortal para que pudiera adquirir vastos bienes y posesiones, erigir palacios o vestirse de lujosas prendas: el ser humano fue creado para ser *señor* de la tierra, y no su *esclavo*; para dominarla, no para ser dominado. No era su propósito buscar placer y goces en la tierra, a pesar de lo bellos y fascinantes que pudieran ser para un sentido depravado; no estaba destinado a heredar este mundo inferior, ni poseer tesoros terrenales, ni para dejarse guiar por motivos mundanos de ningún tipo. El ser humano debe abandonar este lugar, como alguien que habita en la tierra a modo de *usufructuario*. Él no fue creado para el mundo, y no puede permanecer en él; desnudo entró en él, y desnudo debe abandonarlo. En efecto, muchos nacen en el mundo al mismo tiempo; pero en igual número, por otra parte, otros son llevados por la muerte. Y ninguno de ellos puede llevar consigo siquiera un ápice de los tesoros que había acumulado sobre la tierra.

16. El ser humano, entonces, no es más que un huésped y un peregrino aquí abajo; y más obvio resulta que él no fue creado para esta vida temporal, y que este mundo nunca fue pensado para ser el *fin* de su existencia. Ese fin es Dios, y la imagen de Dios en Cristo Jesús, a la cual somos restaurados por el Espíritu; y hemos sido creados para el reino de Dios y para la vida eterna. Todo esto lo adquirió el Redentor para nosotros, cuando nosotros lo habíamos perdido. Y es su Espíritu lo que regenera al ser humano que había estado sin Dios en el mundo.

17. ¡Qué irracional, entonces, es que el ser humano dirija sus afectos a los elementos temporales, cuando tenemos la certeza de que el alma es infinitamente más valiosa que el mundo entero! ¡Qué descabellado es que desperdicie su tiempo persiguiendo cosas terrenales, cuando está consciente de que fue creado para manifestar la imagen de Dios en Cristo, mediante el Espíritu Santo! Por lo tanto, reiteremos ahora solemnemente lo que antes ha sido afirmado, a saber, que el ser humano no fue hecho para el mundo, sino el mundo para el ser humano. La excelencia de la imagen de Dios en Jesucristo es inimaginablemente grande y gloriosa: tanto es así, que aunque toda la humanidad uniera su trabajo y sus fuerzas, su riqueza, sus honores y todo lo suyo no podría conseguir que siquiera *un* alma recuperara la posesión de esta imagen. Se hizo necesario que el propio Cristo muriera, a fin de que esta divina imagen, que había sido totalmente desfigurada por el pecado, pudiera ser revivida mediante su Espíritu; y para que el hombre y la mujer pudiesen convertirse una vez más en templo y casa de Dios a perpetuidad.

18. Si consideramos apropiadamente estos hechos, como efectivamente debe ocurrir, ¿cómo es posible que el ser humano denigre su alma a tal extremo, como para ir tras las cosas de este mundo, sus honores, placeres, deseos y riquezas? Ciertamente él debiera razonar para sí mismo y decir: «Por un poco de oro, o por este mundo perecedero, o por todos los honores y placeres que pueda ofrecerme; ¿voy a sacrificar por *estas* cosas mi *alma inmortal*, que Cristo ha redimido a un precio inconmensurable? ¡Dios me libre!». «¿De qué le servirá al hombre ganar todo el mundo, si pierde su alma? ¿O qué dará el hombre a cambio de su alma?» (Mt 16:26). ¡Ay, ni «todo el mundo», con todo su poder y gloria, sería suficiente para rescatar un alma de la destrucción eterna!; porque el alma es inmortal, mientras que el mundo pasa, y todo lo que hay en él (1 Co 7:31; 1 Jn 2:17).

Capítulo XIV
El verdadero cristiano, el que imita a Cristo, aborrece su propia vida en este mundo, y lo abandona

Si alguno viene a mí y no aborrece... hasta su propia vida, no puede ser mi discípulo (Lc 14:26). *El que ama su vida la perderá; y el que odia su vida en este mundo para vida eterna la guardará* (Jn 12:25).

A fin de que una persona pueda odiarse a sí misma, debe, en primer lugar, dejar de amarse a sí misma; en segundo lugar, debe morir al pecado diariamente; y en tercer lugar, debe sostener una continua guerra con su naturaleza corrupta, o la carne.

2. No hay nada que entorpezca más la eterna salvación del ser humano que el amor a sí mismo. Esto no debe confundirse con el amor natural que impulsa a un debido cuidado por la preservación propia, sino que debe entenderse como el afecto carnal y desordenado que incita al ser humano a estar completamente preocupado por sí mismo, sin ninguna contemplación por el Ser Supremo, el gran Autor de la vida. Es en este sentido que utilizamos esta expresión en el presente libro. El hombre y la mujer fueron creados para amar únicamente a Dios; y dado que solo Dios debe ser amado, se sigue que quien se ama a sí mismo es un idólatra, que hace de sí mismo un dios. El corazón humano se regocija y descansa en el objeto de sus afectos; y este, sea lo que fuere, lo esclaviza, y la persona a él se rinde. En esta condición, el ser humano se vuelve un sirviente, y queda desprovisto de aquella genuina libertad de que gozaba originalmente al ser creado. Y en este estado decaído y dividido, debe servir a tantos amos como objetos haya en los cuales tenga puestos sus afectos. Pero si tu amor, ¡oh estimado lector!, está sincera y sencillamente puesto en Dios, entonces no estás sujeto a otro señor más que a Él; y mantienes tu libertad con todos los privilegios que le conciernen. Por tanto, conviene que seas muy cauteloso en tu vida y conducta, para que de ninguna forma obstaculices el progreso del amor divino en tu alma. Si lo que deseas es poseer solo a Dios, debes rendir tu ser únicamente a Él. Si te amas y complaces a ti mismo en

lugar de amar y complacer a Dios, entonces inevitablemente te rodearán la angustia y el temor, la tristeza y la ansiedad; en tanto que, si te entregas por completo a Dios, y te abrazas a Él y te deleitas solo en Él, entonces Él nunca te dejará ni te abandonará, sino que por la gracia de su presencia quitará de tu mente todo temor y ansiedad. Por otra parte, quien en todo momento y circunstancia busca su propio interés e incesantemente va tras el provecho, los elogios y los deseos, nunca puede lograr la quietud y la paz de su mente, porque siempre habrá alguna situación que apele a sus deseos y perturbe su descanso. Por tanto, nunca abrigues la idea de que la adquisición de fama, riquezas u honor en este mundo sea siempre buena y provechosa. Pues, al contrario, un justo desprecio de tales cosas pasajeras, más aún, un completo desarraigo de nuestro amor hacia ellos, conllevará una bendición y beneficio infinitos.

3. Por lo tanto, considerando que, por una parte, las cosas de esta vida, como los elogios, las riquezas y placeres, son efímeras, y pasan con el mundo que los proporciona, mientras que, por otra parte, el amor de Dios dura para siempre, es evidente que ninguna satisfacción puede ser duradera si está fundada en el amor a sí mismo y a los elementos terrenales. Una paz de este tipo sería interrumpida por cualquier circunstancia trivial que aconteciera; en cambio, cuando la mente está afianzada firmemente en Dios y su amor, no puede dejar de ser guardada en perfecta paz y quietud perdurable en medio de todas las vicisitudes de esta vida. Abandona, entonces, todas las cosas, y, por la fe, volverás a recuperarlo todo; porque el que se ama a sí mismo y al mundo nunca puede encontrar al Dios bendito.

4. El desordenado amor a sí mismo es engendrado por el mundo, y no por Dios; es terrenal, y el principal enemigo de «la sabiduría que es de lo alto» (Stg 3:17). Esta sabiduría no busca elogios y aplausos de los hombres; y, aunque es de suyo «una perla preciosa» (Mt 13:46), si bien se muestra sin más recomendación que su propia sencillez intrínseca, en el mundo no es sino escasamente apreciada, y, con solo unas pocas excepciones, es totalmente abandonada y olvidada. Y aunque hay muchos que presumen de dicha sabiduría, esta joya, no obstante, se esconde de todos aquellos que no quieren incorporarla a su conducta. Por lo tanto, si deseas poseerla, ¡deja, oh ser humano, toda la humana sabiduría que «envanece»! (1 Co 8:1), como también tu amor propio y egolatría, y entonces cambiarás tu sabiduría terrenal, la que el mundo admira, por la sabiduría celestial y divina. Entonces, en lugar del conocimiento de este mundo, cuya naturaleza es altiva y busca el aplauso de los hombres, estarás en posesión de una sabiduría que, lejos de captar la atención del mundo, es despreciada y rechazada por él, pero que, sin embargo, es de origen divino, y de duración perpetua.

5. Es imposible amar a Dios mientras uno no se aborrece a sí mismo. Es decir, mientras uno no se sienta hondamente disgustado consigo mismo y con los propios pecados, mientras no se crucifique la propia naturaleza carnal, junto con las malvadas inclinaciones de la voluntad egocéntrica. Porque cuanto más se esfuerza un hombre por amar a Dios, tanto más empeño pone en someter los deseos de la carne y sus apetitos sensuales; y cuanto más se aparta de su ego y del amor propio, por el poder del Espíritu de Dios, tanto más se acerca, por la fe, a Dios y a su divino amor. Porque, como la paz interior depende de la libertad de los deseos de las cosas mundanas, así, una vez que esta paz se ha asentado en el alma, y el corazón ha cortado las amarras que lo ataban a la criatura, este retorna libremente a Dios, y descansa solo en Él.

6. Ahora bien, quien está sinceramente dispuesto a negarse a sí mismo no debe seguir su propia voluntad, sino la de Cristo, quien ha declarado: «Yo soy el camino, la verdad y la vida» (Jn 14:6). Como si hubiera dicho: «Sin el camino, nadie camina; sin la verdad, nada se conoce; y sin la vida, nadie vive: por lo tanto, mírame a mí, que soy el camino por el que debes andar, la verdad que se te llama a creer, y la vida que tienes que vivir. Yo soy el camino inerrable, la verdad infalible y la vida imperecedera: el camino a la inmortalidad va a través de mis méritos; la verdad misma está en mi palabra; y la vida se halla a través de la eficacia de mi muerte. Y, por lo tanto, si continúas en el *camino*, la *verdad* te guiará a la *vida* eterna. Si pretendes no extraviarte, sígueme; si deseas conocer la verdad, cree en mí; y si quieres poseer vida eterna, pon toda tu confianza en mí, que por causa de ti he soportado la muerte en la cruz».

7. ¿Cuál es, en efecto, el camino seguro, la verdad infalible y la vida inagotable? ¿Cuáles son el camino, la verdad y la vida más excelentes que ningún otro? De seguro no hay más camino que los santos y preciosos méritos de Cristo; no hay otra verdad que su eterna Palabra; no hay vida si no es una bendita inmortalidad en el cielo. Por lo tanto, ¡oh cristiano!, si deseas ser levantado al cielo con Jesucristo, cree en Él, y sigue las huellas de su humildad; este es el Camino seguro a la gloria perpetua. Si quieres escapar de las trampas del mundo, aférrate por la fe a su Palabra, y sigue el ejemplo que ha dejado para que lo imites; pues esta es la Verdad infalible. Y si anhelas vivir con Cristo, entonces muere con Él y en Él al pecado, y transfórmate en una nueva criatura; pues esta es la Vida. De este modo es Cristo el camino, la verdad y la vida; y Él lo es tanto por su ejemplo como por sus méritos.

8. «Sed, pues, imitadores de Dios como hijos amados» (Ef 5.1). Esforcémonos y luchemos por lograr este hecho: que nuestras vidas puedan

semejar la vida de Cristo. Si hay algo que puede confundir efectiva y abundantemente al falso cristiano, es el ejemplo de Cristo. Cuando consideramos que Cristo nuestro Señor vivió su vida con pesar y dolor, debiéramos sentir vergüenza de pasarnos la vida en relajos y placeres. Si el soldado olvida su propio relajo y comodidad cuando ve a su capitán peleando a muerte, ¿irás tú tras placeres y honores mundanos, cuando tu Príncipe fue tratado en forma tan deshonrosa, y, por causa tuya, fue clavado en la cruz? ¿No es eso una señal de que entonces no estás luchando bajo su bandera?

9. Es cierto que, en nuestro tiempo, todos desean que los consideren cristianos; ¡pero qué pocos son los que imitan la vida y la conducta de Cristo! Si el carácter del seguidor de Cristo hubiera implicado la intención de adquirir honores y posesiones, nuestro Señor nunca hubiera enseñado que tales cosas no son dignas de compararse con los tesoros celestiales. Contempla la vida y la doctrina del bendito Jesús, y verás que nada puede estar en mayor oposición que Él y el mundo. ¡Contempla aquel pesebre y aquel establo! ¿No son una clarísima evidencia del desprecio de las cosas mundanas? ¿Y va a llevarte el ejemplo de Cristo a errar el camino correcto? ¡Jamás! Él es el camino, y Él es la verdad; y su vida, comparada con su doctrina, es el único medio que te previene del error y te guarda de los engaños y falacias del mundo. Por tanto, si el Señor ha escogido entrar en su gloria por la vía del sufrimiento y la vergüenza, ¿por qué vas a luchar por abrirte camino al infierno a través de las galas e ilusiones mundanas? ¡Regresa, entonces, oh alma engañada! ¡Escapa del camino ancho que conduce a la muerte, en el cual lo único que se goza son «los deleites temporales del pecado»! (He 11:25). Entra en este Camino seguro, en el cual el peregrino no se perderá; abraza de todo corazón la Verdad que nunca puede engañar; y vive en quien es la Vida misma. Este camino es la verdad, y esta verdad es el camino. ¡Qué terrible ceguera, que un gusano de la tierra se haga a sí mismo grande en el mundo, cuando el Señor de la gloria se rebajó hasta el mismísimo polvo! ¡Oh alma fiel!, cuando tu novio venga a tu encuentro, vestido de humildad, baja de las alturas de tu orgullo y ambición, y desciende al valle de la humillación para encontrarte con Él, y Él te abrazará y recibirá con gozo.

10. Así como Abraham dejó la casa de su padre para ir a una tierra que el Señor le mostraría (Gn 12:1), así también tu, como un verdadero hijo de Abraham, abandona la placentera casa de la voluntad y el amor egoístas para que puedas alcanzar la divina bendición. El amor a sí mismo tuerce el juicio, nubla el entendimiento, perturba la razón, seduce la voluntad, corrompe la conciencia, cierra las puertas de la vida y no reconoce ni a Dios ni al prójimo. Este amor desecha la virtud; busca honor, riquezas y placeres; y, en suma, prefiere la tierra al cielo. Por lo tanto, «el que ama su

vida la perderá; y el que odia su vida en este mundo (es decir, resiste el principio del amor a sí mismo) para vida eterna la guardará» (Jn 12:25). El amor a uno mismo es el origen del nulo arrepentimiento, y la causa de la perdición eterna. Quienes son controlados por el amor y el honor propios carecen de humildad y de conocimiento de pecado; en consecuencia, no pueden obtener nunca la remisión de sus pecados, aunque lo busquen con lágrimas. Lágrimas que no derraman por haber ofendido a Dios, sino meramente a causa de la pérdida sufrida.

11. La Escritura compara el reino de los cielos con una «perla preciosa», que para conseguirla un hombre vendió *todo* lo que tenía (Mt 13:45, 46). Dicha perla es Dios mismo, y la vida eterna que ha prometido, y para cuya adquisición se debe abandonar cualquier otro objeto. De ello tenemos un ejemplo en nuestro Señor Jesucristo, quien descendió del cielo, no por causa de sí mismo, sino por causa tuya; no para su propio beneficio y provecho, sino para los tuyos (Lc 19:10). ¿Y aun así vas a tardar en amar a quien se entregó a sí mismo hasta la muerte por ti?

12. Sin duda es parte del deber de una esposa agradar solo a su esposo; ¿y estás tú deseoso de agradar al mundo, siendo que puedes ser desposado con Cristo, el gran amante de tu alma? Abandona, entonces, y desdeña sinceramente todo lo que hay en el mundo, para que puedas ser digno de la eminente dignidad de este matrimonio espiritual. Porque si tu amor no está comprometido solo con Cristo, es un amor corrupto y adúltero, y no el que un cristiano debiera tener por el Redentor. Pues el amor del cristiano por su Redentor debe ser de una virginal pureza.

13. La ley de Moisés establecía que el sacerdote se casara con una virgen (Lv 21:13, 14); y Cristo, nuestro Sumo Sacerdote, solo se casará con un *alma virgen*; una que no esté unida a nada de lo que el mundo pueda ofrecer, sino solamente a Él; más aún, una que ni siquiera se ame a sí misma, en comparación con el amor a Cristo. «Si alguno viene a mí», dice el Señor, «y no aborrece hasta su *propia vida*, no puede ser mi discípulo» (Lc 14:26).

14. A fin de comprender qué se quiere decir con «aborrecerse a sí mismo», debemos recordar que llevamos con nosotros al «hombre viejo», y, en efecto, somos el propio hombre viejo. La naturaleza de este hombre consiste en pasar de prisa de un pecado a otro, en amarse a sí mismo, perseguir el provecho y el honor personal, y en agasajar su propia voluntad y apetito carnal. Porque la carne es en todo tiempo la misma; siempre se considera a sí misma, y con facilidad se duele, es envidiosa, amargada, codiciosa y vengativa. ¡Esto es lo que tú haces, oh ser humano! Estos actos pecaminosos proceden de tu corazón; esta es tu propia vida, es decir, la

vida del viejo hombre en ti. Y, por lo tanto, es preciso que te odies a ti mismo y tu propia vida natural, si realmente pretendes ser un discípulo de Cristo. Todo el que se ama a sí mismo debe amar su propio orgullo y avaricia, su propio enojo y odio, envidia y mentira, disimulo e injusticia; en resumen, debe amar todo aquello que los deseos impuros y un corazón corrupto engendran. Pero si deseas ser un cristiano de hecho, no debes amar, ni excusar, ni encubrir tus pecados, sino que debes aborrecerlos, abandonarlos y someterlos.

Capítulo XV
De qué forma el «viejo hombre» muere a diario, y el «hombre nuevo» se renueva día a día en el verdadero cristiano. Además, en qué consiste el negarse a sí mismo y a qué se refiere la cruz cristiana

Si alguno quiere venir en pos de mí, niéguese a sí mismo, tome su cruz cada día y sígame (Lc 9:23).

San Pablo nos encarga: «Despojaos del *viejo hombre*, que está corrompido por los deseos engañosos, renovaos en el espíritu de vuestra mente y vestíos del *nuevo hombre*, creado según Dios en la justicia y santidad de la verdad» (Ef 4:22-24). Y en otra de sus cartas, nos da una razón para hacerlo: «No sois vuestros, pues habéis sido comprados por precio; glorificad, pues, a Dios en vuestro cuerpo y en vuestro espíritu, los cuales son de Dios» (1 Co 6:19, 20).

2. Ya hemos esclarecido en qué consiste el *viejo hombre*; a saber, orgullo, codicia, lujuria, injusticia, ira, enemistad, odio, etc.; todo lo cual debe morir en el cristiano, si en lugar de ello nace en él el *hombre nuevo*, y se renueva día a día.

3. El nuevo hombre es revivido en proporción a la muerte del viejo hombre. En tanto que el orgullo pierde su influencia, la humildad prevalece, por la gracia del Espíritu Santo de Dios; a medida que la ira cede terreno, avanza la mansedumbre; a medida que la codicia es reprimida, se incrementa la confianza en Dios; y según se expulsa el amor al mundo, el amor a Dios ocupa su lugar en el alma, y se hace cada vez más vigoroso y ferviente. En esto consiste la renovación del nuevo hombre. Este es el fruto del Espíritu; esta es una fe práctica y viva (Gl 5:22); esto es Cristo en nosotros; este es el nuevo mandamiento de Cristo y la nueva obediencia; este es el resultado del nuevo nacimiento en nosotros, conforme al cual debes vivir si deseas ser un hijo de Dios. Porque solamente quienes viven de este modo tienen derecho a que se los llame así.

4. Este es el motivo por el cual el ser humano debe ahora negarse a sí mismo; renunciar a su honor y voluntad propios, al amor y placer propios, y a todo su provecho e interés en el mundo; y el motivo por el cual debe ceder libremente su propio derecho y su vida, y considerarse indigno de todo lo que la Providencia le concede. Un verdadero cristiano, quien está provisto de la humildad de Cristo, está dispuesto a admitir que ningún hombre puede reclamar ni siquiera el menor de los beneficios que vienen del cielo, porque todos ellos son regalos, y proceden gratuitamente de la bondad de Dios. Por tal motivo, dicho cristiano usa todas las cosas reconociendo que son propiedad de Dios, con temor y temblor; no para fomentar su propio placer y satisfacción, su propio beneficio y alabanza, sino por pura necesidad, y porque no puede subsistir de otra forma.

5. Compárese un verdadero cristiano que se niega a sí mismo con un falso cristiano lleno de un desordenado amor propio. Si este último recibe un insulto, pronto podemos observar que su ira se enciende, y da visibles muestras de exaltación y enfado; lo cual, con no poca frecuencia, va seguido de palabras y acciones recriminatorias, de un espíritu vengativo, y a veces de maldiciones e improperios. Todo esto procede del *viejo hombre*, cuyo carácter natural es estar airado y amargado, y exhibir resentimiento y aspereza. Por el contrario, quien es un cristiano de hecho, y ha comenzado sinceramente a practicar la negación de sí mismo, es amable, paciente y está dispuesto a perdonar; está libre del espíritu vengativo, lleno de compasión y ternura, y se considera digno de todos los padecimientos que a la Providencia le plazca enviarle. Todas estas cualidades están incluidas en la *negación de sí mismo*.

6. En el ejercicio de esta paciencia, mansedumbre y humildad de pensamiento, nuestro Señor Jesucristo nos ha dejado un ejemplo al negarse a sí mismo voluntariamente. «El Hijo del hombre», nos dice, «no vino para ser servido, sino para servir» (Mt 20:28); y, una vez más, «yo estoy entre vosotros como el que sirve» (Lc 22:27); y, en otro lugar, «el Hijo del hombre no tiene donde recostar su cabeza» (Lc 9:58). David practicó el deber de negarse a sí mismo cuando Simei lo injuriaba, porque sus palabras fueron: «Jehová le ha dicho que maldiga a David» (2 S 16:10). Como si hubiera dicho: «Soy un gusano delante de Dios, y cosas mucho peores merezco sufrir». Y así también todos los santos y profetas de Dios han negado libremente su propia voluntad y se han tenido por indignos de cualquier bendición. Ellos sobrellevaron con paciencia las cargas del día a día (Hch 5:40, 41); no maldijeron cuando los maldecían; bendijeron a sus persecutores, y oraron por aquellos que les daban muerte (Hch 7:60); y así, «a través de muchas tribulaciones entraron en el reino de los cielos» (Hch 14:22).

7. Esto era verdad cuando ellos se reconocían indignos de cualquier favor, y merecedores de todos los males que pudieran sobrevenirles.

8. Ahora bien, este negarse a uno mismo es la cruz de Cristo, la cual Él nos ha incentivado a tomar, diciendo: «Si alguno quiere venir en pos de mí, niéguese a sí mismo, tome su cruz cada día y sígame» (Lc 9:23). Esta vida de negación del ego es una pesada cruz para la carne; el hombre natural desea una vida libre de restricciones y de oposición, y quiere seguir las inclinaciones de su propia voluntad y buscar su propio relajo y placer, más bien que la humildad, la paciencia y la mansedumbre de Cristo, con las demás virtudes de su vida y ejemplo.

9. Pero cualquiera sea la resistencia que el viejo hombre pueda oponer por algún tiempo, él ha recibido la sentencia de muerte, y si tu alma ha de ser salva, por cierto aquel debe morir. Porque nunca se puede estar vestido de la humildad de Cristo mientras no se someta primero el orgullo natural; ni se puede amar su pobreza mientras uno no derrote primero la propia avaricia y el amor al mundo. No podemos seguir a Cristo en el desprecio de la arrogancia, ni soportar la difamación de su cruz, mientras no desarraiguemos nuestra ambición; ni expresaremos en nuestras vidas la mansedumbre y paciencia de Jesús mientras no sea mortificado interiormente nuestro espíritu vengativo.

10. Estos son los ejercicios espirituales a que se refiere la Escritura al hablar de *negarse a sí mismo*, de *llevar la cruz de Cristo*, y de *seguirlo*; ejercicios a los cuales nos sometemos sin ninguna expectativa de provecho, mérito, recompensa, interés o elogios, sino por puro amor al Salvador y porque Cristo ha experimentado lo mismo antes que nosotros, «dejándonos un ejemplo para que sigamos sus pisadas». Puesto que la imagen de Dios es la mayor dignidad del ser humano, debemos practicar con la mayor devoción el deber de la negación de nuestro ego, mediante lo cual dicha imagen, desvanecida a causa del pecado, es reavivada en nuestro interior. Y, siendo esto el mayor honor que nuestra naturaleza puede recibir, es el más potente incentivo que se puede sugerir para estimularnos a practicar la negación de uno mismo.

11. ¿Por qué, entonces, el ser humano tendría que desear con tanta vehemencia los efímeros honores de este mundo, los cuales, aun cuando puedan ganarle la estima de los mortales alrededor, en ninguna medida lo hacen más aceptable a los ojos de Dios? El grande y el sabio tienen cuerpos compuestos de carne y sangre al igual que el más infortunado y menospreciado; de modo que, a este respecto, ningún ser humano tiene la más mínima superioridad sobre otro. Uno y otro nacen de idéntico modo, y de igual modo mueren; porque el comienzo y el fin de todos los hombres y mujeres, en lo que a este mundo se refiere, es el mismo. ¡Qué tontería, entonces, es codiciar los honores mundanos y la alabanza de los hombres! Semejantes

deseos brotan de la raíz del amor propio, el veneno del alma, la semilla de todas las enfermedades espirituales, el cual vuelca el corazón del ser humano desde Dios hacia el mundo, y desde Cristo hacia sí mismo. ¡Cuán incapaz y cuán reacio a obedecer las palabras del bendito Redentor es el que se ama a sí mismo, y a perder su vida por causa de Él, para poder salvarla! Esto último es una paradoja hostil a las inclinaciones de la «vieja naturaleza», y, por lo tanto, la mayoría de los seres humanos solo escasamente la consideran.

12. ¡Qué lástima que sean tan pocos los que poseen un conocimiento cabal de la depravada vida del viejo Adán, o que batallan de todo corazón contra ella! Y, con todo, si hemos de rescatar nuestras almas de la perdición, debemos morir a aquella vida y a todas sus agitadas obras. Cualquier clase de corrupción que Adán nos haya impuesto, debe ser eliminada en Cristo. En su humildad deben perecer nuestro orgullo y ambición; al considerar su pobreza, debe desvanecerse nuestra sed de posesiones terrenales. La contemplación de sus amargos padecimientos debiera someter nuestros deseos sensuales; la deshonra que soportó, y la completa resignación con que se sometió al desprecio del mundo, debiera refrenar nuestra búsqueda de honores mundanos, y la licencia que concedemos a la ira y la pasión.

13. Quien de este modo está muerto a sí mismo también estará presto a morir al mundo, sus esplendores, riquezas, honores y placeres, consolándose con aquellas riquezas, dignidades y goces superiores que por la fe en Cristo se le permite disfrutar. En efecto, esa persona se convierte en un «extranjero sobre la tierra» (Sal 39:12), pero es amiga de Cristo, y Cristo confortará su corazón en esta vida con la luz de su mirada, y con gozo perpetuo e inexpresable en el más allá.

Capítulo XVI
En el cristiano se sostiene una lucha constante entre el espíritu y la carne

Veo otra ley en mis miembros, que se rebela contra la ley de mi mente (Ro 7:23).

El apóstol confiere diferentes nombres a los dos principios opuestos en el corazón del verdadero cristiano, a saber: el *hombre interior* y el *exterior* (2 Co 4:16), la *ley de la mente* y la *ley de los miembros* (Ro 7:23), y *la carne* y *el espíritu*. «Porque el deseo de la carne», dice el apóstol, «es contra el Espíritu, y el del Espíritu es contra la carne» (Gl 5:17).

2. Cuando el Espíritu conquista la carne, el ser humano vive en la nueva naturaleza, y está en Dios y en Cristo. Pero cuando la carne derrota al Espíritu, y gana así la supremacía, el ser humano vive en el diablo y en la vieja naturaleza; está bajo el dominio del mundo, y fuera del reino de Dios; y, en consecuencia, se le llama *carnal*. Y «ocuparse de la carne es muerte» (Ro 8:6).

3. En la Escritura, al ser humano se le denomina *carnal*, o *espiritual*, según el principio que en él predomina —la carne o el Espíritu—. Cuando la carne y sus deseos sensuales son dominados, ello es una señal de la fuerza del espíritu, y de la aptitud del hombre o de la mujer en su vida interior. Pero si una persona es derrotada por la carne, ello delata la debilidad tanto de su fe como de su espíritu.

4. Salomón declara: «Mejor es el que domina su espíritu que el conquistador de una ciudad» (Pr 16:32). Por tanto, si tú deseas ser un valiente conquistador, y obtener una victoria inmortal, conquístate a ti mismo; domina tus pasiones, mortifica el orgullo, reprime tu ambición y destruye todo deseo desordenado que te asedia; y de este modo destronarás el reino de Satanás, quien, por medio de tales pecados, gobierna en este mundo. Muchos han ganado renombre por haber capturado pueblos y ciudades; pero, ¡ay, qué pocos son aquellos a quienes, en un sentido superior, se puede llamar *conquistadores del mundo*!

5. Si cedes demasiado terreno a la carne, destruyes tu alma. Por cierto, es mejor que el alma triunfe, y que además el cuerpo sea preservado, a que, habiendo triunfado el cuerpo, tanto el cuerpo como el alma sean juntamente destruidos.

6. Esta pugna, aunque vaya acompañada de diversas pruebas y dificultades, acabará, sin embargo, en una gloriosa victoria y una corona celestial: «Sé fiel hasta la muerte», dice el Capitán de nuestra salvación, «y te daré la corona de la vida» (Ap 2:10). Y el discípulo que se recostaba en el pecho del Señor nos dice: «Esta es la victoria que ha vencido al mundo, nuestra fe» (1 Jn 5:4). Puede que tú preguntes: «¿Qué significa vencer al mundo?». Nuestra respuesta: «Es el mundo en nuestro interior a lo que el pasaje se refiere principalmente. Derrota tu *ego*, y entonces la victoria sobre el mundo es tuya».

7. Tal vez en este punto alguien se apresure a interrogar: «¿Qué sucede si a veces el pecado me acosa de cerca, y me arrastra contra mi voluntad; debo quedar excluido de entre los hijos de Dios, según lo dicho por San Juan, que "el que practica el pecado es del diablo"?» (1 Jn 3:8). Esto es lo que debe responderse a esa pregunta: «Si tú percibes el conflicto del Espíritu contra la carne, y te pesa que a veces haces cosas que no quisieras, ello es una evidencia de que, en medio de las flaquezas que te rodean, tu fe y tu espíritu luchan contra la carne, y se le oponen». El propio San Pablo nos enseña que esta guerra tiene lugar incluso en las almas piadosas y creyentes, cuando afirma: «Veo otra ley en mis miembros, que se rebela contra la ley de mi mente (es decir, contra el nuevo hombre interior), y que me lleva cautivo a la ley del pecado que está en mis miembros» (Ro 7:23); lo cual a veces lo llevaba a hacer cosas que no quería. El querer estaba presente en él, pero el hacer el bien que quería es algo que no siempre podía; esto, en la medida en que él no podía de suyo hacer el bien que quería, mientras que hacer el mal que no quería era siempre algo fácil para él. Por lo cual, él exclama: «¡Miserable de mí! ¿Quién me librará de este cuerpo de muerte?» (Ro 7:24). Y esto está de acuerdo con lo dicho por el propio Cristo: «El espíritu a la verdad está dispuesto, pero la carne es débil» (Mt 26:41; Mc 14:38).

8. En consecuencia, en tanto que el ser humano percibe esta *lucha* en su interior, no puede decirse que el pecado lo *gobierne*; porque quien está batallando de continuo contra el pecado resiste su lucha por el dominio; y el pecado no puede destruir al hombre o la mujer que se opone a sus atentados contra el alma.

9. Es una experiencia común a todos los santos el hecho de que todos por igual han pecado, según las palabras de San Juan: «Si decimos que no tenemos pecado, nos engañamos a nosotros mismos» (1 Jn 1:8). No obstante,

no es el pecado que *reside* en el ser humano lo que lo condena, sino el pecado que *gobierna* en él. El pecado contra el cual batallamos, y no consentimos el cometerlo, no se nos imputa. Como dice San Pablo: «Ninguna condenación hay para los que están en Cristo Jesús, los que no andan conforme a la carne, sino conforme al Espíritu» (Ro 8:1); es decir, los que no permiten que la carne gobierne. Pero en cuanto a aquellos que son totalmente ajenos a este antagonismo espiritual, a este combate entre la carne y el Espíritu, ellos no han nacido de nuevo, sino que el impulso del pecado *gobierna* sobre ellos. Ellos permanecen siendo siervos del pecado y de Satanás, y, en consecuencia, están condenados. Porque «la ley del Espíritu de vida» no los ha «librado de la ley del pecado y de la muerte» (Ro 8:2), en tanto que ellos permiten de esta forma que el pecado los gobierne, y «reine en sus cuerpos mortales».

10. Todo esto está ilustrado en Josué 16:10. Se permitió que el remanente de los cananeos habitara entre los hijos de Israel, pero no que tuviera dominio sobre ellos. Y de esa forma, el Israel de Dios percibe sus imperfecciones subsistentes, pero no les permite ganar la supremacía. El deber del hombre nuevo en Cristo —cuyo nombre es Israel, es decir, *príncipe de Dios* (Gn 32:28)— es preservar dicha supremacía; y él, como un *príncipe*, tiene poder junto con Dios, y al final prevalecerá.

11. Este conflicto diario con el viejo hombre es una alentadora evidencia de la existencia del nuevo hombre; pues claramente indica que hay dos principios en pugna en la persona que se ve afectada por dicho conflicto. La fortaleza del espíritu y la sucesiva victoria dan cuenta del verdadero israelita; y la guerra del espíritu muestra al verdadero cristiano. La tierra de Canaán, en efecto, no puede ser conquistada sin guerra; pero cuando la carne, al igual que los cananeos en la antigüedad, invade los territorios del espíritu, entonces corresponde al Israel espiritual y verdadero no someterse a semejante amo; sino que, tras un arrepentimiento y la remisión del pecado, debe cobrar nuevas fuerzas en Cristo y, por la gracia de Dios, levantarse nuevamente de la caída e implorar encarecidamente a Jesús, nuestro verdadero Josué, que en Él y por Él pueda derrotar al cananeo espiritual, el enemigo de su alma. Cuando esto se consigue, el pecador no solo es perdonado y devuelto a la gracia, sino que es renovado y fortalecido en Cristo, su gran Capitán en esta batalla espiritual. Por lo tanto, en relación al hecho de seguir sintiendo muchas flaquezas en la carne, y a quien no puede hacer las cosas que quisiera, yo lo exhorto a aferrarse a Jesús como un genuino arrepentido, y cubrir sus faltas con la perfecta obediencia de Cristo. Es en esta disposición, y solo en ella, que la imputación de los méritos de Cristo se vuelve salutífera y efectiva. Es decir, cuando la persona abandona su pecado, y lucha contra él con un arrepentimiento diario; cuando repara sus previas pérdidas, y vigila contra futuras tentaciones. Pero cuando el pecador permanece

ajeno al quebrantamiento del corazón a causa de sus transgresiones; cuando continúa complaciendo las impuras inclinaciones de la carne; entonces, nada puede ser más absurdo que esa persona suponga que los méritos de Cristo le son imputados; ¿pues cómo puede beneficiar la sangre de Cristo a quien la pisotea? (He 10:29).

Capítulo XVII
La herencia y posesiones de Cristo no son de este mundo; por lo tanto, ellos deben considerarse a sí mismos como extranjeros en esta tierra, si bien hacen uso de las cosas terrenales

Porque nada trajimos a este mundo, y nada podemos llevarnos. Así que, si tenemos ropa y comida, contentémonos con eso (1 Tim 6:7, 8)

El propósito con el que el Dios bendito creó las cosas temporales fue que estas pudieran suplir las necesidades físicas del ser humano; y lo correcto es que se las utilice para tal fin, y se las reciba de la mano de Dios con gratitud, acompañada de temor y temblor. En lo que atañe a las cosas que no son absolutamente necesarias, ya sea oro y plata, alimento y vestuario, etc., se le entregan al ser humano con el propósito de *probarlo*, de modo que, según la forma en la que el emplea dichos elementos, se pueda descubrir en qué disposición están sus afectos hacia Dios, mientras él está en posesión de los bienes terrenales: si, por una parte, permanecerá de todas formas unido a Dios, y, en medio de las posesiones terrenas, mantendrá su mirada invariablemente fija en los bienes venideros; o si, por el contrario, apartará de Dios su amor y se aferrará a este mundo pasajero, y preferirá un efímero paraíso terrenal, en lugar de aquel que es perenne y celestial.

2. Por lo tanto, el ser humano queda a su propia libertad y decisión, a fin de que pueda ser juzgado en la otra vida según aquello que ha escogido en esta tierra, y así, en aquel día no tenga excusa. De acuerdo con este principio estaba la solemne declaración de Moisés al pueblo de Israel: «A los cielos y a la tierra llamo por testigos hoy contra vosotros, de que os he puesto delante la vida y la muerte, la bendición y la maldición; escoge, pues, la vida, para que vivas tú y tu descendencia» (Dt 30:19).

3. El propósito de las cosas de este mundo, entonces, no es llenarnos de deleite y placeres terrenales, sino poner a prueba nuestra fidelidad. En

estas pruebas es muy fácil caer cuando hemos comenzado a alejarnos de Dios. Los placeres de este mundo son los frutos de un árbol prohibido, los cuales Dios nos advierte que no comamos, para que nuestras mentes, al ir tras ellos, no lleguen finalmente a deleitarse en ellos, a la manera de quienes no conocen más placeres que aquellos que dan los elementos terrenales. Estas personas, al dar licencia a la carne, convierten la comida, la bebida y el vestuario en trampas que los apartan de Dios.

4. Por cierto, es el deber de cada verdadero cristiano considerarse un peregrino y extranjero en este mundo; y reconocerse obligado a usar las bendiciones terrenales, no como un medio para saciar los deseos o satisfacer la sensualidad, sino para suplir sus auténticas necesidades y carencias. No debemos entregar nuestros afectos a estos objetos inferiores, sino solo a Aquel que puede satisfacerlos. De lo contrario, nos exponemos a peligrosas tentaciones y, al igual que Eva, a comer diariamente del fruto prohibido. El verdadero cristiano no se interesa por afanes mundanos o por deliciosos manjares, porque su ojo interior está puesto en aquel pan que perdura para vida eterna. Tampoco se esmera en el uso de vestimentas elegantes y de moda, más bien aspira a las prendas de luz divina, y a vestirse de un cuerpo glorificado. En definitiva, todas las cosas que complacen al hombre natural en este mundo para el verdadero cristiano solo son muchas cruces y tentaciones, atracciones del pecado y trampas mortales, las cuales ejercitan de continuo su virtud. Cualquier cosa que el ser humano utilice sin el temor de Dios, todo lo que él emplee para la mera complacencia de su naturaleza carnal, inevitablemente actúa como un veneno para el alma, no importa cuán placentero y saludable pueda parecerle al cuerpo. Con todo, el ser humano, muy lejos de esforzarse por conocer el árbol prohibido de los placeres mundanos y sus diversos frutos, se entrega a un estado de vida despreocupado e inconsciente, y cede a los deseos de la carne, sin considerar que precisamente estos deseos son *el árbol prohibido*.

5. El cristiano, por otra parte, usa todas las cosas en el temor de Dios, y como un peregrino y extranjero en la tierra, él evita todo tipo de excesos en la comida, la bebida, el vestuario, la vivienda y demás cosas de esta vida, para así no ofender, por un uso inapropiado de ellos, ni a su Padre celestial, ni a sus hermanos cristianos en la tierra. Él ni siquiera querrá mirar el árbol prohibido, para que no pueda tentarlo, sino que, con los ojos de la fe, contempla firmemente la futura felicidad del alma, y por causa de esa dicha rehúsa dar lugar a los caprichos de la naturaleza corrupta. ¡De qué le sirve al cuerpo nadar en los deseos y placeres de este mundo, siendo que, tras un breve período, debe ser devorado por gusanos y despojado de todos sus goces! «Desnudo salí del vientre de mi madre», afirma Job, «y desnudo volveré allá» (Job 1:21). Al mundo llegamos con un cuerpo desnudo y frágil,

pobre y necesitado; y más aún, es el despojo de la muerte; porque cuando partimos de este mundo, abandonamos nuestro cuerpo para siempre.

6. Todo lo que podamos disfrutar desde el momento en que nacemos hasta el día en que partimos es el pan de caridad y aflicción, y su propósito es suplir las necesidades elementales de esta vida mortal. Cuando la muerte se acerca, lo perdemos todo nuevamente, y partimos del mundo más pobres que cuando llegamos. Cuando el ser humano viene al mundo, trae consigo la vida y un cuerpo, y encuentra la provisión de refugio, alimento y bebida necesarios; pero, después de existir por un breve período, en un instante es desposeído de todo, y deja incluso su cuerpo y su vida. ¡Considera entonces, oh hombre, oh mujer, si puede haber algo más desdichado y pobre, más desnudo y miserable, que el ser humano al morir, si no se ha vestido de la justicia de Cristo, ni enriquecido en su Dios!

7. Por lo tanto, puesto que hemos confesado que somos peregrinos y extranjeros en la tierra, y que a la hora de nuestra partida debemos dejar atrás todo goce terrenal, dejemos al menos de abrumar nuestras almas con cosas que no podemos llevar de este mundo, y cuyo uso se restringe solamente a esta vida. ¿No es una especie de locura acumular riquezas para un cuerpo frágil, un cuerpo que debemos dejar, y que no tiene posibilidad de disfrutar las riquezas en la otra vida? (Lc 12:20, 21). ¿Es que ignoramos que existe otro mundo mejor, otro cuerpo y otra vida, y que, sin importar cómo nos vean los demás, a ojos de Dios solo somos peregrinos y forasteros en esta tierra? «Vosotros como forasteros y extranjeros sois *para mí*», dijo el Señor (Sal 39:12; Lv 25:23); es decir, *a mis ojos*, aunque ustedes no lo recuerden.

8. Entonces, si somos peregrinos y forasteros, se sigue que nuestro país y nuestro hogar deben estar en otro lugar. Esto se nos hará más evidente si comparamos el tiempo con la eternidad, lo visible con lo invisible, el tabernáculo terrenal con el celestial, y las cosas frágiles y perecederas con las perdurables y eternas. Tal comparación nos proporcionará una apropiada noción sobre el tiempo y la eternidad, y nos llevará a observar con los ojos de la fe aquellas cosas que para la muchedumbre irreflexiva permanecen del todo ignoradas. Es por falta de esta reflexión que muchos se relajan y desordenan en sus costumbres, se revuelcan en el fango de los placeres terrenales y se hunden en la avaricia y los afanes mundanos. Es por falta de dicha meditación que la mayor parte de la humanidad, a pesar de lo entusiasta y sagaz que pueda ser en su búsqueda de lo mundano, es ciega e insensible a las inquietudes del alma inmortal. Están tan entregados a esta vida que la estiman como lo más deleitoso, excelente y noble de todas las cosas; en tanto que el verdadero cristiano, por el contrario, la considera un exilio, un valle de lágrimas, un lugar de miseria, un calabozo profundo y oscuro.

9. Es por esto que quienes aman este mundo y buscan en él su felicidad, no superan ni aun a las criaturas irracionales en sabiduría o entendimiento; y tal cual viven, así también mueren como bestias (Sal 49:12). Son totalmente ciegas en lo que respecta al hombre interior; ni siquiera piensan en las cosas celestiales y eternas; jamás se regocijan en Dios, sino únicamente en los placeres ruines e inmundos que este mundo ofrece. Ellos buscan solaz y dicha en las cosas terrenales, y, habiendo obtenido su objetivo con arduo trabajo y esfuerzo, se sientan tranquilamente y se congratulan por sus posesiones.

10. A fin de comprender mejor la naturaleza de nuestro peregrinaje en esta tierra, debemos considerar constantemente el ejemplo que nos dejó nuestro Redentor, y seguirlo con diligencia tanto en su vida como en su doctrina. Él nos ha establecido una norma infalible de santidad plena. Él es nuestro capitán y nuestro guía; y nuestra vida y conducta debiera conformarse a su vida y conducta. Por tanto, acércate y míralo a Él; a quien, siendo el más grandioso de los hombres, escogió voluntariamente una vida en que nada grandioso podía verse; una vida de insignificancia y pobreza, y de indiferencia hacia el honor, las riquezas y el placer —la triple deidad de este mundo—. El Señor menospreció todas estas cosas, a las cuales el mundo les rinde culto; pues Él mismo dijo: «El Hijo del hombre no tiene donde recostar su cabeza» (Mt 8:20).

11. Así también fue el carácter de David, quien, antes de su ascensión al trono, era pobre y despreciado; y quien, al convertirse en rey, consideró como nada todo su esplendor real comparado con la vida eterna y el reino de Dios, al cual estaba llamado. Él declara: «¡Cuán amables son tus moradas, Jehová de los ejércitos! ¡Anhela mi alma y aun ardientemente desea los atrios de Jehová! ¡Mi corazón y mi carne cantan al Dios vivo!... Mejor es un día en tus atrios que mil fuera de ellos» (Sal 84:1-2, 10). Es como si hubiera dicho: «Yo, en efecto, poseo un reino, y tengo un pueblo sujeto a mi autoridad; poseo palacios reales, y la fortaleza de Sión, ¿pero qué es todo esto comparado con tu morada, oh Señor de los ejércitos?». Así, también, Job halló consuelo en su *Redentor* (Job 19:25).

12. Ni Pedro, ni Pablo, ni ninguno de los apóstoles buscaba las riquezas de esta vida, sino que su atención estaba puesta en los tesoros de otro mundo mejor. Por lo cual ellos voluntariamente abrazaron la rechazada vida de Cristo, para caminar en su caridad, humildad y paciencia, despreciando la tierra y triunfando sobre el mundo, sus trampas y sus encantos. Ellos oraban por aquellos que los maldecían, agradecían a quienes los infamaban, bendecían a quienes los injuriaban (1 Co 4:12; Hch 5:41). Cuando los perseguían, glorificaban a Dios; cuando los maltrataban, eran inaltera-

blemente pacientes, profesando que «es necesario que a través de muchas tribulaciones entremos en el reino de Dios» (Hch 14:22); y cuando les daban muerte, ellos oraban (con Cristo, su Cabeza) diciendo: «Padre, perdónalos» (Lc 23:34); «no les tomes en cuenta este pecado» (Hch 7:60). De este modo, ellos, por una parte, estaban muertos a toda ira y venganza, a la amargura, ambición y orgullo; al amor al mundo, y también a su propia vida; en tanto que, por otra parte, ellos vivían en Cristo y en su amor, en su mansedumbre y humildad, su paciencia y su resignación. Quienes viven de esta forma, en efecto, son revividos en Cristo por la fe.

13. Aquel que ama al mundo ignora esta excelente forma de vida. Porque aquellos que no viven en Él, ni conocen que en Él está la *verdad*, aún están muertos en sus pecados; muertos en ira y odio, en envidia y avaricia, en orgullo y venganza; y mientras permanecen así, su estado es de nulo arrepentimiento, y no han sido revividos por la fe en Jesús, sea cual fuere su presunción. Pero los genuinos discípulos de Cristo saben que su deber es seguir los pasos de su divino Maestro (1 Pe 2:21), y conformarse a su vida, como la suprema y original norma de toda virtud y bondad. En una palabra, la vida de Cristo es su ejemplo; Él es su libro, del cual extraen toda enseñanza sólida y sustancial, en lo que respecta tanto a conducta como a doctrina. Con el apóstol, ellos declaran: «No mirando nosotros las cosas que se ven, sino las que no se ven, pues las cosas que se ven son temporales, pero las que no se ven son eternas» (2 Co 4:8). Y con los santos hombres de la antigüedad afirman: «No tenemos aquí ciudad permanente, sino que buscamos la por venir» (He 13:14).

14. Por tanto, si tras una revisión de todas estas consideraciones, se hace evidente —y por cierto es así— que en este mundo somos forasteros y no tenemos aquí residencia, se sigue que no fuimos creados por causa de las cosas terrenales, como si fuesen el fin último de nuestra existencia; sino que nos esperan otra tierra y otra morada, las cuales, para ganarlas, no debemos dudar en sacrificar un centenar de mundos, o incluso la vida misma. Estos son asuntos en los que el verdadero cristiano medita con agrado y de continuo; y se goza en que no tiene aquí una ciudad permanente, sino que fue creado para la vida eterna. Mas ¡qué triste es la condición de aquellos que, ocupados de lleno en la búsqueda de las cosas terrenales, abruman sus almas con el aplastante peso de las vanidades mundanas, y con ello se exponen a la perdición eterna!

Capítulo XVIII
Dios se ofende en gran manera cuando el ser humano prefiere las cosas temporales a las eternas; y gran mal hacemos cuando nuestros afectos se aferran a la criatura y no al Creador

> Lo oyó Jehová y ardió su ira. Se encendió entre ellos un fuego de Jehová que consumió uno de los extremos del campamento (Nm 11:1).

En nuestro tiempo, hay muchos que, al amparo de la religión, buscan cosas terrenales y carnales; ellos ponen mayor diligencia en volverse grandes y ricos mediante el evangelio que en ser buenos y dichosos. Ellos «aman más la gloria de los hombres que la gloria de Dios» (Jn 12:43). Prefieren satisfacer la carne en sus inclinaciones pecaminosas más bien que someterla al verdadero arrepentimiento y quebranto de espíritu. Pero el carácter del verdadero cristiano es de un tipo totalmente opuesto. Él está más preocupado de las cosas eternas que de las temporales. Él busca la gloria que perdura más bien que la que perece; tiene sed de las riquezas celestiales e invisibles, y no de las terrenales y visibles. En resumen, él mortifica y crucifica la carne, a fin de que el espíritu pueda vivir.

2. La esencia del cristianismo es *seguir a Cristo*. Por tanto, nuestra preocupación principal debiera ser imitar el ejemplo que Él nos ha dejado. El fin de nuestros pensamientos y acciones, nuestros deseos y trabajos, debiera ser la consecución de *este único y necesario objetivo*: cómo podemos acercarnos a Cristo; cómo ser salvos y estar unidos a Él por toda la eternidad.

3. Nunca dejemos de meditar en aquella perpetua felicidad a que se nos llama; sino que esperemos con alegría la separación de nuestro cuerpo terrenal, y el traslado a la herencia que nos está reservada en el cielo.

4. Por estos medios, que habitúan cada vez más el alma a la presencia de Dios, se enciende en el ser humano una santa sed de las cosas eternas;

mientras que la sed de objetos terrenales, que por naturaleza es insaciable, es al mismo tiempo poderosamente refrenada. Esto es lo que enseña San Pablo en su preciosa declaración: «Y todo lo que hacéis, sea de palabra o de hecho, hacedlo todo en el nombre del Señor Jesús, dando gracias a Dios Padre por medio de Él» (Col 3:17).

5. El *nombre* de Dios, en el cual todas las cosas deben hacerse, es el honor, la alabanza y la gloria de Dios (Sal 48:10). Todas nuestras obras debieran encaminarse hacia este grandioso fin de la vida humana; porque es entonces que son hechas en Dios (Jn 3:21), y nos seguirán a una eternidad bendita (Ap 14:13).

6. En suma, el Dios Todopoderoso, nuestro Bien superior y soberano, debiera ser el *principio* y el *fin* de todos nuestros propósitos, si no queremos quedar excluidos de la salvación eterna. Por eso San Pablo dice: «Pero tú, hombre de Dios, huye de estas cosas» (1 Tim 6:11), es decir, de la codicia y el amor al mundo. Él llama al cristiano «hombre de Dios» porque ha nacido de Dios, y vive en Dios, y por tanto es hijo y heredero de Dios; mientras que, por el contrario, un hombre del mundo es uno que vive en conformidad con el mundo, para quien «lo mejor es esta vida, y cuyo vientre está lleno de tus bienes», es decir, de bienes terrenales (Sal 17:14). Del cristiano se requiere encarecidamente que huya de estas trampas, y que siga la justicia, la piedad, la fe, el amor, la paciencia, la mansedumbre; y que se aferre a la vida eterna, a la cual ha sido llamado.

7. Cuando un hombre rehúsa ser guiado por estas saludables sentencias, inevitablemente cae en todo tipo de grandísimos e insolentes pecados, y al final será castigado con el fuego eterno. Una ilustración de esto la hallamos en Números 11:1.

8. Las inundaciones y la guerra, el hambre, las epidemias, y los desastres —no debemos olvidarlo— son castigos que Dios inflige, a causa de que preferimos las cosas temporales a las eternas; y porque nos preocupamos más por un cuerpo frágil y precario que del hecho de que somos una imperecedera alma inmortal. Todo lo cual revela la peor ingratitud y un franco menosprecio del Dios bendito, lo cual amerita el envío de castigos tanto en esta vida como en el más allá. Porque, con semejante conducta, ¿no deja de lado el ser humano a un Ser todopoderoso y eterno, de quien obtiene tanto su cuerpo como su alma; y hace un ídolo de una débil criatura, a la cual rinde su amor y afectos? Quien ama a la criatura más que al Creador, y las cosas transitorias más que las eternas, por cierto que provoca la mayor afrenta posible a su Hacedor, y se opone al gran designio de la religión cristiana.

9. Sin duda es verdad que todas las criaturas de Dios son buenas en sí mismas; pero cuando el ser humano comienza a fijar sus afectos en ellas, y a causa de su amor torcido las convierte, por así decirlo, en ídolos, entonces las criaturas se vuelven abominables a los ojos de Dios, y con justicia se las cuenta entre las más detestables imágenes de oro y plata.

10. ¡Qué otra cosa puede resultar de un amor carnal por el mundo, sino infierno y perdición! Consideremos el caso de Sodoma y Gomorra (Gn 19:24), y el de Números 11:1, mencionado anteriormente. Estos hechos son ilustraciones del fuego y condenación eternos que deben seguir al rechazo de Dios.

11. El amor y el gozo, las riquezas y honores del verdadero cristiano, se limitan exclusivamente a la eternidad; porque «donde esté su tesoro, allí estará también su corazón» (Lc 12:34). Del deseo y amor por el mundo, por el contrario, no puede resultar otra cosa que la perdición eterna. «El mundo pasa, y sus deseos, pero el que hace la voluntad de Dios permanece para siempre» (1 Jn 2:17): por lo cual San Juan llama a los fieles a apartar totalmente sus afectos del mundo, cuando dice: «No améis al mundo ni las cosas que están en el mundo» (1 Jn 2:15). Estas y otras consideraciones similares nos convencen poderosamente de que Dios no nos permite fijar nuestros afectos en ningún tipo de criatura.

12. Pero lo anterior se hará más claramente visible a partir de las siguientes reflexiones:

a) El amor es el mismísimo *corazón* del ser humano, y el más noble de todos sus afectos. Por lo cual, se le debe solo a Dios, como el supremo objeto de ese amor, y el soberano Bien.

b) Es una completa necedad amar las cosas temporales, las cuales no pueden amarnos. Porque solamente el Dios eternamente bendito merece ser amado, pues Él nos creó únicamente por un principio de amor para la vida eterna, y, con el mismo propósito, nos ha redimido y santificado.

c) Las cosas *semejantes* son amadas naturalmente por sus *semejantes*. Por lo cual, Dios nos creó a su propia imagen, a fin de que pudiéramos amarlo a Él; y que, junto a Él, pudiéramos amar a nuestro prójimo, creado a la misma imagen.

d) El alma humana es similar a un espejo, pues refleja indistintamente cualquier objeto que se ponga ante ella, ya sea celestial o terrenal. Por lo tanto, vuelve tu alma entera y únicamente a Dios, para que su imagen se exprese en ti plenamente.

e) El patriarca Jacob, cuando habitaba en Mesopotamia, muy alejado de su tierra natal, nunca abandonó su propósito de regresar, y, después de largos veinte años de servicio, reclamó sus esposas y retribuciones. Y, alentado por el recuerdo de su lugar de nacimiento, regresó allá. De igual manera tu alma, en medio de los diversos compromisos de esta vida, y la prisa de los quehaceres seculares, debe anhelar de continuo su patria celestial.

f) El ser humano se vuelve mejor o peor según aquello que ama. El que ama a Dios participa gratuitamente de la virtud divina y de la bondad que en Él se halla; pero el que ama al mundo se corrompe con todos los pecados y males que a él van unidos.

g) Cuando el rey Nabucodonosor (Dn 4:33) estaba fuertemente dominado por el amor al mundo, perdió la mismísima figura humana, que degeneró para convertirse en la de una bestia. De igual modo, todos los hombres que expulsan de sus corazones la imagen y el amor de Dios en su interior se transforman hasta poseer la naturaleza de las criaturas irracionales. Porque ciertamente aquellos que se entregan completamente al amor a este mundo no son superiores a las bestias.

h) Finalmente, aquello que un ser humano ha amado en este mundo, y ha guardado en su corazón, se manifestará en él en la otra vida; y a ello quedará unido para siempre, ya sea a Dios o al mundo. Si el objeto de su amor en esta vida ha sido el mundo, este nunca lo abandonará en el más allá, sino que resultará en su muerte y tormento por toda la eternidad.

Capítulo XIX
Quien está absolutamente consciente de su miseria es absolutamente aceptable ante Dios; y el conocimiento cristiano de su miseria lo induce a buscar la gracia de Dios

Yo miraré a aquel que es pobre y humilde de espíritu y que tiembla a mi palabra (Isaías 66:2).

Nuestro Dios de gracia y compasión, por medio del profeta, ha pronunciado estas consoladoras palabras para alentar nuestros corazones cuando estos se hallan intensamente abatidos por la miseria y la angustia. Por lo tanto, no te avergüences de que tu espíritu esté herido, y según tu parecer estés derrotado. Humíllate hasta el polvo y considérate indigno de toda gracia y favor; entonces serás levantado de tu ruina, y en Cristo conseguirás la aceptación del Dios Todopoderoso.

2. Aquel que aún se estima a sí mismo como *algo* no se ha humillado y abatido debidamente en su corazón, ni puede esperar que el Ser que solo mira al pobre y quebrantado lo tenga en consideración. «El que se cree ser algo», dice el apóstol, «no siendo nada, a sí mismo se engaña» (Gl 6:3); y la razón para ello es que solo Dios es *todo en todo*; y, en consecuencia, la criatura debe volverse una desnuda y vacía *nada*. Esta verdad es tan enorme y práctica que el ser humano no solo debe creerla en su corazón, sino también expresarla en su vida y conducta.

3. Si tu propósito, entonces, es dar todo el honor y la gloria a Dios, para que solo ÉL pueda ser TODO, ciertamente tú debes volverte *nada* a tu propio parecer; y sostener una muy baja opinión de ti mismo, y de tus avances en las cosas espirituales. Porque, ¿cómo es posible que Dios sea *todo en todo*, mientras tú mismo sigas siendo *algo*? Al enaltecerte a ti mismo, invades la soberanía de Dios, y te apropias de ella, que es un derecho debido solo a Él. David habló a Mical de esta forma cuando ella lo reprochó: «Fue *delante de Jehová*... Y me humillaré aún más que esta vez; me rebajaré a tus ojos» (2 Sm 6:21, 22).

4. El hombre y la mujer que quiera ser *algo* es la materia a partir de la cual Dios suele hacer *nada*; pero, por el contrario, aquel que ama que lo tengan por *nada*, y quien, a su propio juicio, es nada, es materia con la cual el Todopoderoso hace *algo*. El que suele ser sabio en su propia opinión es el material con que Dios hace un necio; y quien está realmente consciente de su necedad y de ser nada es un elemento a partir del cual Dios hace una persona sabia y grande. Quien confiesa sinceramente ante el Señor ser el más grande y miserable de los pecadores ante Dios es el primero y el mayor de todos los seres humanos. Quien se estima el mayor de los *pecadores* será honrado por el Señor como el mayor de los *santos* (Mt 23:12; Lc 1:52).

5. Es esta la humildad que Dios enaltece; la miseria que Dios tiene en cuenta; la *nada* desde la cual Dios crea *algo*. Y así como en la creación la gloriosa estructura del cielo y la tierra fue formada de la *nada*, así también el ser humano debe rebajarse a un profundo sentido de su ruina y nadería, para que pueda ser ascendido a gloria y dignidad.

6. Reflexiona sobre el ejemplo de David, cuya miseria fue vista por Dios, y a quién Él concedió los más ricos dones de su gracia. Considera, asimismo, el ejemplo de Jacob, quien confesó: «¡No merezco todas las misericordias y toda la verdad con que has tratado a tu siervo!» (Gn 32:10).

7. Pero, sobre todo, guarda en tu corazón el ejemplo de Cristo, el magnífico e intachable modelo para el cristiano. Él fue humillado más bajo que el más ruin de los hombres; fue hecho un gusano y maldición por causa nuestra (Sal 22:6), despreciado y rechazado por los hombres (Is 53:3). Pero habiéndose hundido en lo más bajo, se levantó luego a lo más alto, al recibir un nombre que es sobre todo nombre.

8. ¿Pero quién es aquel bendito y humilde ser humano que a su propio parecer es *nada*? Es el que interiormente, en su corazón, estima que no es digno de beneficio divino alguno, ya sea material o espiritual. Porque el que presume de poseer algo estima que es *algo*; y, por tanto, está en extremo alejado de la gracia divina y de la nueva creación. Tan destructivo es el espíritu del ego que hace que incluso la gracia sea inefectiva, y cierra la puerta a aquello que en sí posee todas las cosas. Porque si un hombre o una mujer juzga que merece algo, entonces no toma todas las cosas como un don gratuito de las manos de Dios. Sin embargo, todo lo que podamos ser, lo somos por *gracia*, y no por *mérito*; y nada hay que podamos llamar nuestro, excepto nuestros pecados, nuestra indefensión y nuestra miseria. Todo lo demás le pertenece a Dios.

9. Si se considera a un ser humano en sí mismo, es decir, con independencia de Dios, por quien subsiste, no es más que una sombra. Y tal como

la sombra de un árbol se conforma continuamente al árbol que la produce, así el ser humano debiera conformarse a la voluntad de Dios, de quien recibe su propia vida y el ser; como dice el apóstol: «Porque en Él vivimos, nos movemos y somos» (Hch 17:28). Es verdad que a veces el fruto aparece en la sombra del árbol; con todo, no por ello ese fruto pertenece a la sombra, sino al árbol; así también, todos los frutos buenos que puedan observarse en tu vida y conducta no son un producto de ti mismo y de tus capacidades, sino solo de Dios, quien es la raíz original de donde procede todo buen fruto. Y así como la manzana no brota de la rústica sustancia que es la madera visible a nuestros ojos, sino de la virtud seminal presente en el árbol, la cual es estimulada desde lo alto, así también el nuevo hombre, y los frutos que él exhibe, no brotan de nada que sea rústico y visible a nuestros ojos, sino a partir de una semilla sobrenatural e invisible.

10. Ahora bien, el ser humano es por naturaleza un árbol seco. Pero Dios es su fuerza, por la cual se renueva en él la vida, y el propio árbol se vuelve vigoroso y verde en la casa de Dios. Dios es «la fortaleza de mi vida» (Sal 27:1), dice el Salmista, y a causa de ello, el que permanece en Cristo llevará mucho fruto (Jn 15:5).

11. Cuando la persona es de este modo miserable y pobre a su propio parecer, y nada tiene en este mundo en lo cual confiar, sino en la sola gracia de Dios, manifestada en Cristo Jesús, entonces Dios fija en ella su mirada amorosa. Esta divina consideración hacia el ser humano debe entenderse en un sentido divino. La mirada, o el rostro de Dios, no es como el rostro de los hombres, carente de vida y virtud, sino que va acompañada de un vívido poder y aliento que sostiene y revive al pecador agobiado y arrepentido. Y dado que nadie sino el humilde y quebrantado es apto para este miramiento celestial, cuanto más plenamente recibe el consuelo que Dios concede, tanto menos digno de Él se considera a sí mismo. Tal persona se tiene por indigna de todas las bendiciones temporales y celestiales. Con Jacob, ella manifiesta: «¡No merezco todas las misericordias y toda la verdad con que has tratado a tu siervo!; pues mira, como tú me diste a tu Hijo Jesucristo, yo vengo en dos bandos, con las bendiciones de gracia y de gloria» (Gn 32:10). Y verdaderamente, aunque un hombre derramara un mar de lágrimas, de ninguna forma sería suficiente para adquirir o merecer una gota del consuelo celestial; la gracia de Dios no es algo que el ser humano pueda merecer, pues este no amerita otra cosa que ira y perdición eterna.

12. Todo aquel que de esta forma tiene conciencia de su miseria con fe, verdaderamente es una de aquellas personas pobres y contritas a quienes el Señor mira con bondad. Sin este previo quebrantamiento de corazón, el ser humano no puede esperar disfrutar este bendito cariz de Dios,

ni tampoco de la gracia y benignidad que se promete solamente al pobre en espíritu. Es en esta debilidad y pobreza que el apóstol se gloría al decir: «Si es necesario gloriarse, me gloriaré en lo que es de mi debilidad» (2 Co 11:30); y añade la razón de ello: «para que repose sobre mí el poder de Cristo» (2 Co 12:9). Porque tan grande, en efecto, es la misericordia de Dios, que no querrá ver destruida la obra de sus manos, sino que cuanto más débil es la criatura en sí misma, tanto más la sustenta el poder de un Ser Todopoderoso. Pues el poder de Dios se engrandece en la debilidad de la criatura, como el Señor declaró a Pablo: «Bástate mi gracia, porque mi poder se perfecciona en la debilidad».

13. Por lo tanto, cuanto más ruin y miserable es un cristiano en su propia opinión, tanto más espléndida es la mirada de Dios sobre él, para una mayor manifestación de las riquezas de su gloria. Y al concederle este consuelo celestial, Dios no mira en absoluto los méritos de la persona, sino simplemente su necesidad y su pobreza. Y esta consolación de ninguna forma puede compararse con consuelo humano alguno, pues supera infinitamente a cualquier otro. Es en este sentido, entonces, que Dios mira al ser humano quebrantado y conforta su espíritu.

14. Al decir «el ser humano pobre y quebrantado» por ello no debe entenderse una persona pobre en el sentido literal del término, o que carece completamente de socorro y sustento humanos; sino que es pobre aquel que brega bajo el peso de sus pecados, y se entristece por ellos. Si no hubiera pecado en el mundo, no podría haber miseria; pero hoy ya no le puede sobrevenir más miseria a un hombre, salvo el hecho de que merece mucho más todavía (Sal 103:10). Por lo tanto, lejos esté de nosotros el afligirnos porque no se nos han concedido muchos beneficios temporales; pues no somos dignos ni del menor de ellos, ni siquiera de la propia vida. Esta es una declaración que a nuestra naturaleza carnal puede parecerle dura; no obstante, todo pecador arrepentido debe ser un severo juez de su propio caso, y no debe dar la más mínima licencia a sus inclinaciones carnales. Este es el modo por el cual hemos de obtener el favor y la compasión de Dios.

15. Y ahora, ¿qué le queda al ser humano de lo cual presumir? ¿Qué palabras podrá emplear al abrir su boca? La mejor opción que puede tomar es decir simplemente: «¡Señor, he pecado! ¡Ten misericordia de mí!». Y verdaderamente Dios mismo no pide otra cosa del ser humano sino que, humillado, lamente sus pecados, y que con las sinceras palabras del arrepentimiento implore el perdón. De cualquiera que descuide este paso puede decirse que ha desdeñado la mejor parte y la más necesaria de su existencia. Por tanto, ¡no llores, oh hombre, por causa de tu *cuerpo*, porque está desnudo y enfermo, lastimado por el hambre y el frío, insultado y perse-

guido; o porque esté constreñido por cadenas y una prisión: más bien humíllate ante el Señor y lamenta la deplorable condición de tu *alma*, que está confinada a residir en una casa tan ruinosa como es tu cuerpo, morada de pecado y muerte! «¡Miserable de mí!», dice el apóstol, «¿quién me librará de este cuerpo de muerte?» (Ro 7:24). Este abierto y cristiano reconocimiento de tu propia miseria interior, esta piadosa tristeza, esta sed de la bondad divina, esta fe que descansa solo en Cristo, abre en Él la puerta de la gracia, por la cual Dios entra en tu alma. «Sé, pues, celoso y arrepiéntete. Yo estoy a la puerta y llamo», dice el Señor; «si alguno oye mi voz y abre la puerta, entraré a él y cenaré con él, y él conmigo» (Ap 3:19, 20). Una cena que no es otra cosa que la remisión del pecado, acompañada de consuelo divino, de vida y beatitud. Esta es la puerta de la fe (Hch 14:27), por la cual el Señor, en el momento preciso, entra en el alma; y cuando ha pasado el tiempo del cansancio y la angustia, la reconforta con la luz de su mirada. Es entonces cuando «la misericordia y la verdad se encuentran; la justicia y la paz se besan. La verdad brota de la tierra y la justicia mira desde los cielos» (Sal 85:10, 11). Es entonces que el sacerdote espiritual (Ap 1:6), vestido de las santos atuendos de la fe, ofrece al cielo el verdadero sacrificio, que es un espíritu quebrantado y abatido, con el incienso del verdadero arrepentimiento y la oración (Sal 51:19). Es entonces que se aplica la verdadera agua de la purificación (Nm 8:7): las lágrimas derramadas a causa de la tristeza por el pecado; y ahora, mediante la fe y por el poder de la sangre de Cristo, el israelita espiritual es lavado y purificado.

16. Y así, ¡oh cristiano!, se puede ver de qué manera, teniendo conciencia de tu propia miseria, y por la fe en Cristo que la acompaña, puedes tú obtener la gracia y el favor de Dios. Para concluir, cuanto más ruin y miserable es alguien a su propio juicio, tanto más entrañable es el amor de Dios por él, y mayor es la gracia de las atenciones que el Señor le brinda.

Capítulo XX
Una tristeza verdaderamente cristiana por el pecado suscita una diaria rectificación de la vida del creyente, lo hace apto para el reino de Dios, y, en forma creciente, lo conforma a la vida eterna

> *La tristeza que es según Dios produce arrepentimiento para salvación, de lo cual no hay que arrepentirse; pero la tristeza del mundo produce muerte* (2 Co 7:10).

El verdadero cristianismo consiste simplemente en fe y amor puros, y en una vida santa. Esta santidad de vida brota del arrepentimiento, la tristeza y un autoconocimiento verdaderos; de modo que la persona no solo se duele cada vez más por sus faltas e imperfecciones, sino que también las corrige, y, en esa condición, participa de la justicia y la santidad de Cristo por la fe (1 Co 1:30).

2. Pero a fin de ordenar la gran obra de la salvación con el mejor concierto y cuidado, ahora tú debes andar en un sumiso y filial temor de Dios, guardándote de todo lo que complazca la carne. «Todas las cosas me son lícitas», dice el apóstol, «pero no todas convienen» (1 Co 6:12); es decir, «no todo edifica» (1 Co 10:23). Así como un hijo obediente, sujeto a la casa del padre, ni siquiera intenta seguir su propio antojo en todo lo que hace, sino que, no queriendo ofender a su padre, respeta su voluntad y lo complace; así también el verdadero cristiano e hijo de Dios se comportará en forma tan prudente en la casa de su Padre, que no se permitirá ninguna libertad ilícita. No hará ni hablará nada sin consultar previamente a su Padre celestial, bajo cuya mirada vive de continuo, sabiendo que Él está presente en todo lugar.

3. La mayoría de la gente vive sin ningún temor de Dios, permitiéndose abiertamente los placeres y satisfacciones mundanos. Ellos nunca consideran que es muchísimo mejor tener un constante temor de Dios asentado en el corazón que un constante gozo del mundo. Porque así como el temor de Dios es el principio de la sabiduría, y origina una mentalidad

madura, así también el gozo de este mundo destruye todos los pensamientos buenos y expulsa del corazón la verdadera sabiduría, junto con todo temor y devoción piadosos.

4. Por medio del diario arrepentimiento y la mortificación de la carne, el ser humano es renovado a imagen de Dios; porque «aunque este nuestro hombre exterior se va desgastando, el interior no obstante se renueva de día en día» (2 Co 4:16); y a menudo, en medio de sus angustias, lo visita una prueba del gozo y la dulzura celestiales. Mientras que el placer y el gozo mundanos van siempre acompañados de una pesadumbre del corazón y de la punzada interior de una conciencia lastimada. Si la gente tan solo fuera más consciente de los deprimentes efectos del placer mundano, y, en particular, de cómo empaña el consuelo celestial, ellos ciertamente se horrorizarían de todos los deleites licenciosos y mundanales; porque a causa de ellos, la gracia de la devoción se apaga, y el alma se aleja de aquellos placeres más puros que el Evangelio de Cristo ofrece.

5. Existen dos cosas que previenen, a quienes reflexionan seriamente sobre ellas, de la influencia, ya sea de los placeres mundanos o de las calamidades alrededor. Una de ellas es *el eterno sufrimiento de los perdidos*; cualquiera que pondere seriamente este hecho encontrará poco menos que imposible estar completamente alegre a la manera del mundo. El otro hecho es *el gozo eterno de los benditos en el cielo*. Cualquiera que posea una sensata noción de un estado tan dichoso nunca será fuertemente movido por las desgracias de la vida presente; y esto surge de la reflexión acerca de la eternidad de aquellos goces divinos. Pero tanta es la liviandad de nuestros corazones que nos dificulta cualquier reflexión seria sobre un asunto tan relevante. Y por ello, no debe sorprendernos nuestra ausencia de aquella saludable contrición y tristeza, ni tampoco nuestra ignorancia acerca de toda la dicha y los consuelos celestiales.

6. Es un privilegio del verdadero cristiano que, por una parte, las cosas terrenales, o los beneficios temporales, solo escasamente lo afecten —si es que ello ocurre—; y que, por otra parte, el gozo de Dios y la vida eterna lo inunden muy profundamente. Además, no se desalienta en forma desmedida en las adversidades presentes que puedan sobrevenirle; pero la pérdida del alma lo aflige hasta el corazón, y estima que el hecho amerita una larga lamentación. En lo que atañe a las comodidades pasajeras de esta vida, él sabe que no pueden considerarse una pérdida, pues en el otro mundo recibirá mil veces más en lugar de ellas. Pero una vez que un alma ha sido desechada, ya jamás puede ser restaurada.

7. Bendito aquel que se conmueve con una tristeza piadosa y prueba el celestial consuelo que de ella resulta. Mas ¡qué lástima que perdamos tanto tiempo en el gozo y alegrías del mundo, cuando tenemos mayores motivos para llorar nuestra propia miseria y la de los demás! No hay libertad verdadera, ni gozo genuino, ni satisfacción inconmovible, sino en el temor de Dios, y en una conciencia limpia y tranquila. Pero esta bendición jamás puede existir sin la fe, y sin una vida y conducta santas. Esta fe, unida a la tristeza que es de Dios, efectúa día a día la corrección de nuestras faltas e imperfecciones. Cualquiera que descuide esta diaria reforma de su vida y sus hábitos desperdicia la parte más valiosa de su tiempo, el cual debiera ocupar en asegurar los intereses de su alma inmortal. Tal persona es un adversario para la nueva vida; ella estorba al reino de Dios en su propio ser; y nuca podrá ser curada de la ceguera y la dureza de su corazón mientras permanezca en esa condición.

8. En consecuencia, solo puede llamarse sabio y prudente al hombre y la mujer que cautelosamente evita todo lo que perciba como un obstáculo para la reformación de su vida, y para perfeccionarse en cuanto a los dones y favores celestiales. Dichoso aquel que no solo evita las cosas perjudiciales para su cuerpo y su patrimonio, sino que además detesta aquellas que entorpecen el progreso espiritual de su alma.

9. Por lo tanto, ¡ten valor, oh hombre, oh mujer; y soporta los rigores de esta vida como un buen soldado de Cristo! (2 Tim 2:3). Un mal hábito de la mente debe ser vencido con un buen hábito. Como nos exhorta el apóstol: «No seas vencido de lo malo, sino vence con el bien el mal» (Ro 12:21). La sanidad de tu alma no es imposible. Mira, en primer lugar, tus propias corrupciones, y júzgalas severamente, antes de arrogarte la censura de las faltas de tu prójimo. No te apresures en reprender y corregir a los demás, sino que esfuérzate primero por enmendar los males de tu casa, antes de que emprendas la corrección de los males a tu alrededor.

10. Por lo tanto, sigue adelante, querido hermano, y aprende la lección del diario arrepentimiento, tristeza y contrición del corazón. Si a causa de ello el mundo te desprecia, y reprocha este benéfico ejercicio por considerarlo equivocado y deprimente, no te preocupes por reflexiones tan pobres y ligeras. Más bien tendrías que afligirte porque te llamen cristiano sin haber alcanzado aquella disciplina de vida y pureza de las costumbres que el Evangelio exige. Soporta el desprecio del mundo con cristiana constancia, y considera el singular beneficio que con ello se obtiene para toda la práctica de la verdadera religión. Porque si el mundo te injuria, Dios está presto para auxiliarte con la provisión de nueva vida y aliento, según Él mismo ha declarado: «Yo habito en la altura y la santidad, pero habito también con el que-

brantado y humilde de espíritu, para reavivar el espíritu de los humildes y para vivificar el corazón de los quebrantados» (Is 57:15).

11. Es imposible que el gozo celestial y el gozo mundano residan al mismo tiempo en el corazón del ser humano, pues son del todo opuestos entre sí e incompatibles en cuanto a sus respectivas naturalezas, causas y efectos. El gozo del mundo se origina en la prosperidad; pero el gozo del cielo brota en medio de padecimientos y adversidades.

12. Es cierto que es contra la tendencia natural regocijarse en tiempo de adversidad, tal como el propio apóstol parece sugerir: «Como entristecidos, pero siempre gozosos; como pobres, pero enriqueciendo a muchos; como no teniendo nada, pero poseyéndolo todo» (2 Co 6:10). Pero no es menos cierto que la gracia de Dios limpia nuestra naturaleza y la capacita para tales ejercicios espirituales. Y era a causa de esta transformación que los apóstoles se regocijaban, por «haber sido tenidos por dignos de padecer afrenta por causa del Nombre» (Hch 5:41).

13. Un cristiano se convierte, por la gracia de Dios, en una nueva criatura, y por ello las tribulaciones de esta vida se le hacen fáciles. El apóstol declaró que él incluso se gloriaba en las tribulaciones (Ro 5:3). Así como para el viejo hombre la aflicción es una agobiante carga, para el nuevo hombre en Cristo es alivio y gozo. Una vez más, el gozo que viene del cielo supera infinitamente al de la tierra. Es más, el propio reproche y el desprecio que sufre un cristiano por causa de Cristo van unidos a una íntima satisfacción. Y el hecho de que estas visitaciones celestiales nos conmueven tan escasamente se debe al gozo del mundo, al cual aún estamos tan adheridos.

14. La persona verdaderamente humilde se considera a sí misma merecedora de todo tipo de sufrimiento, e indigna de cualquier consuelo divino; pero cuanto más indigna se estima, con un genuino quebranto de espíritu, tanto más es favorecida por la bondad de Dios. Y cuanto más llora por sus pecados, tanto más se desapega de los deleites mundanos; porque todas las cosas del mundo se vuelven paulatinamente una carga y una amarga aflicción.

15. La persona que mira seriamente su interior y su condición encuentra más motivo para lamentar que para alegrarse. Y si hace una evaluación de la vida de los demás, sin duda se encontrará con innumerables situaciones dignas de lástima o compasión, más que de odio o envidia. ¿Por qué lloró Cristo sobre Jerusalén, aquella Jerusalén que lo persiguió y le dio muerte? (Lc 19:41). Es evidente que la verdadera causa de ello era el pecado y la ceguera de la ciudad. Y con este hecho, Él nos dejó además un

modelo, y con profundos sentimientos nos enseñó que nada en el mundo debiera deshacernos en llanto y compasión con mayor fuerza que nuestros propios pecados y el nulo arrepentimiento y la carnal indolencia que abundan en todo lugar.

16. Si el ser humano discurriera a menudo sobre el ineludible hecho de que debe morir, y comparecer ante el tribunal de Dios, de la misma forma en que piensa en los afanes de esta vida, y en cómo atenderlos, de seguro sería inmensamente más sensato en su comportamiento, más diligente en la renovación de su vida, y más fervoroso en todos los deberes relativos al arrepentimiento. Si, además, trajera al pensamiento los inexpresables eternos tormentos del infierno, los cuales siguen a un breve goce del pecado, tal meditación le amargaría las dulzuras de este mundo, y, en cambio, le haría agradables y livianas todas las afflicciones de esta vida. Pero ¡qué lamentable es que los encantos de la carne sean tan potentes y prevalentes y nuestra obediencia a sus deseos tan diligente, que rara vez damos lugar a reflexiones tan trascendentes como estas!

17. La reflexión diaria de un cristiano debiera ser, en general, la siguiente: si el cuerpo es halagado con lujuria y excesos; si la carne es consentida y satisfecha en sus apetitos desordenados; entonces la vida del espíritu pierde su vigor, y si no se la sustenta, se marchita hasta la muerte y destrucción. En cambio, si la carne es crucificada con sus pasiones y deseos, el espíritu vive y cobra fuerza. La vida de uno es la muerte del otro; por lo tanto, si el espíritu va a vivir en ti, entonces tu cuerpo ciertamente debe convertirse en un sacrificio espiritual (Ro 12:1), y debe morir espiritualmente al mundo y a toda conformidad con él.

18. Esta ha sido la práctica constante de todos los santos, desde el comienzo del mundo hasta hoy. Ellos han comido y bebido con acción de gracias el pan y la copa de lágrimas, según la declaración de David: «Les diste a comer pan de lágrimas y a beber lágrimas en abundancia» (Sal 80:5). Y en otro Salmo: «Fueron mis lágrimas mi pan de día y de noche» (Sal 42:3). Y nuevamente: «Por lo cual yo como ceniza a manera de pan y mi bebida mezclo con lágrimas» (Sal 102:9).

19. Este ha sido el «pan diario» de todos los santos hasta hoy; no obstante, este pan les ha sido endulzado al ser mezclado con la fe. Esta es la tristeza de Dios que «produce arrepentimiento para salvación, de lo cual no hay que arrepentirse» (2 Co 7:10).

20. Pero así como esta piadosa tristeza va acompañada de vida y felicidad, así también «la tristeza del mundo produce muerte», nada menos (2

Co 7:10). Este tipo de tristeza surge con la pérdida del honor, de los bienes y posesiones temporales, y otras cosas por el estilo. Esta tristeza ha resultado tan fatal para muchos que han atentado violentamente contra sí mismos, y han procurado su propia ruina y muerte mediante diversos artificios. De ello no faltan numerosos ejemplos en la historia tanto de los paganos como de los cristianos; aunque estos últimos en realidad debieran comprender mejor las sentencias y doctrinas de Cristo, quien nos ha enseñado prolíficamente a no poner nuestro corazón en objetos tan frágiles y pasajeros. Porque, ¿qué es la pérdida de un puñado de cosas efímeras, al lado de la vida de un ser humano, con la cual ni todos los bienes de este mundo pueden compararse?

21. Por tanto, no te aflijas por la pérdida de bienes temporales, los cuales, por las leyes propias de la naturaleza, podemos disfrutar solo un momento; sino más bien atesora en tu corazón las riquezas incorruptibles guardadas en el mundo venidero; y haz todo lo que esté a tu alcance para evitar la pérdida de *estas* últimas. La muerte al final te despojará de todas las posesiones mundanas; entonces será el fin de los esplendores y la grandeza. Esta ley de la muerte rige para todos equitativamente, y su castigo aplica a todos por igual. Al más grandioso de los reyes lo atrapa en el trono, y en el vertedero al más indigente de los mendigos (1 S 2:8; Sal 113:7); porque el cuerpo de aquel no es distinto al de este: ambos se pudren y se descomponen por igual. No obstante, el Señor al final quitará el velo de la sombra de muerte, la cual se extiende sobre todas las naciones; Él «destruirá a la muerte para siempre» (Is 25:8), y «enjugará toda lágrima de los ojos de ellos» (Ap 7:17; Is 25:8).

22. Que estas y otras consideraciones te animen a soportar con paciencia la pérdida de las cosas terrenales; recuerda que el mundo entero no se iguala al precio de un alma, por la cual Cristo se ofreció para morir. Cuanto más apartes tu corazón de los bienes y posesiones temporales, tanto menos sufrirás cuando te veas obligado a abandonarlos de un modo u otro. Tu pesar será sin duda tanto más intenso cuanto más atado a ellos esté tu amor. Es así como «fatiga a los necios el trabajo», como expresó el sabio (Ecl 10:15).

23. Este es el infeliz estado al que los hijos del mundo se precipitan. Ellos acaparan y amontonan sus bienes con arduo sacrificio y trabajo; los poseen con pensamientos de temor y ansiedad; y al final los abandonan con angustia y lamentos, cuando ya no pueden disfrutarlos. Tal es la «tristeza de este mundo», que engendra nada menos que el mal de la mismísima *muerte*.

24. En la Escritura leemos que quienes adoran a la bestia «no tienen reposo de día ni de noche» (Ap 14:11): de igual modo, acerca de los que

adoran a la enorme y trabajosa bestia del repulsivo y terrenal ídolo Mammon, puede decirse que no tienen descanso de día ni de noche. Este tipo de gente, con lo inmensamente desgraciada y afanosa que es, bien puede compararse con los camellos o las mulas. Estos animales, al cruzar desiertos y montes, llevando oro y plata, trajes de seda y perlas, vinos y especias, van acompañados de muchos asistentes, para su mayor seguridad; pero en la noche, cuando los encierran, se les quitan todos sus preciosos adornos, sus prendas y trajes bordados, y, agotados y desnudos, se muestran como lo que realmente son: pobres y miserables bestias de carga. Nada puede verse en ellos sino sus manchas, y las marcas de los azotes recibidos en el camino. De igual manera, el hombre que en este mundo resplandece vestido de oro y sedas, de «púrpura y lino fino» (Lc 16:19), al llegar el día de su muerte no le queda más que las marcas y cicatrices de una conciencia herida, encogida por el abuso de las riquezas que le habían sido confiadas.

25. Por lo tanto, ¡oh hombre, oh mujer; aprende a desprenderte del mundo, antes de que el mundo se desprenda de ti! Si no despides al mundo, él te despedirá a ti, y dejará tras de sí espanto y angustia. Aquel que aparta su alma del mundo antes de dejar el mundo y el cuerpo puede morir con gozo; pues es liberado de las amarras que lo atan a los objetos inferiores. Así como los israelitas, cuando estaban por partir de Egipto, eran agobiados con mayores cargas de parte del Faraón, quien se proponía destruirlos, y, en lo posible, exterminar completamente su descendencia (Ecl 5:9); así también el Faraón del infierno, quien desea obstaculizar nuestra eterna salvación, ahora que estamos en los márgenes de la vida eterna, aún intenta abrumarnos con más preocupaciones de esta vida, y con ello obstruirnos el paso hacia un mundo mejor.

26. Es cierto que no podemos llevarnos ni un minúsculo grano del polvo de nuestras posesiones terrenales al reino de los cielos. Es más, incluso nuestro cuerpo debe quedar atrás hasta el día de la resurrección. Si hay algo que sabemos, es que el camino que lleva a la vida es tan *estrecho* que debemos despojar el alma por completo de todo lo que le estorbe el paso. «Pero angosta es la puerta y angosto el camino que lleva a la vida, y pocos son los que la hallan» (Mt 7:14). Así como el agricultor separa el trigo de la paja, así también la muerte libera al alma de la paja y la escoria de este mundo, de todas las riquezas, de la grandeza y de las vestimentas mundanas, las que entonces, al igual que la paja, son eliminadas.

27. Por lo tanto, oh lector, ve y reflexiona sobre lo que declara el apóstol: «La tristeza que es según Dios produce arrepentimiento para salvación, de lo cual no hay que arrepentirse; pero la tristeza del mundo produce muerte» (2 Co 7:10).

Capítulo XXI
La verdadera adoración a Dios

Nadab y Abiú, hijos de Aarón... ofrecieron delante de Jehová un fuego extraño... Entonces salió de la presencia de Jehová un fuego que los quemó (Lv 10:1, 2).

Se dice que este fuego es *extraño* porque era distinto al que ardía continuamente sobre el altar, y con el cual, por mandato de Dios, se consumían los holocaustos. Por lo tanto, era una forma de adoración falsa. Y los hijos de Aarón fueron destruidos con llamas de venganza, porque transgredieron el precepto divino.

2. Este notorio descontento del celoso y justo Dios se despierta de igual modo cuando algunos, a causa de las divagaciones de su mente no regenerada, y de una singular pretensión de devoción o santidad religiosa, introducen una nueva y particular adoración a Dios. Esta adoración, al no haberla ordenado Él mismo, despierta su indignación, ira y venganza; porque «Dios es fuego consumidor» (Dt 4:24; He 12:29).

3. A fin de que no nos atraigamos *nosotros* la ira de la majestad divina, consideremos en qué consiste la verdadera adoración a Dios. Porque el castigo del fuego temporal infligido a los falsos adoradores del *Antiguo* Testamento es para nosotros una prueba de que también el Señor, bajo la *nueva* dispensación, cobrará la más severa venganza contra toda adoración extraña, no solo con el fuego eterno, sino también con fuego, guerras, devastaciones y derramamiento de sangre en este tiempo.

4. Ahora bien, podemos aprender en qué consiste la verdadera adoración a Dios cuando comparamos el Antiguo Testamento con el Nuevo. Las ceremonias que prescribía el primero se referían en forma simbólica al Mesías. Los judíos devotos veían al Mesías desde lejos, por así decirlo, creían en Él, y, según la promesa, a través de Él obtenían la liberación del pecado y la muerte. Pero nuestra adoración, según el Nuevo Testamento, no consiste en ceremonias externas. Se nos enseña a adorar a Dios en espíritu y en verdad, es decir, a creer en Cristo, quien cumplió la Ley. De esta forma Él nos redimió de la maldición de la ley (Gl 3:13), y nos hizo libres de todas las ceremonias judías

(Gl 5:1). De modo que ahora, puesto que el Espíritu Santo mora en nosotros, servimos a Dios con un corazón y una mente dispuestos (Jer 31:33; Ro 8:14), y nuestra conciencia y nuestra fe no están sujetas a ordenanzas humanas.

5. A la adoración cristiana verdadera, espiritual e interior, le pertenecen tres aspectos: 1) El *verdadero conocimiento de Dios*. 2) El *conocimiento del pecado*. Y 3) El *conocimiento de la gracia*, unida a la remisión del pecado.

6. El conocimiento de Dios consiste en fe, la cual abraza a Cristo, y en Él, y por medio de Él, conoce a Dios, su omnipotencia, amor, misericordia, justicia, verdad, sabiduría; todas estas virtudes son Dios mismo. Porque, ¿qué es Dios? Ciertamente, no es otra cosa que pura omnipotencia, puro amor y misericordia, pura justicia, verdad y sabiduría. Y lo mismo debe decirse de Cristo, y del Espíritu Santo.

7. Pero todo lo que Dios es no lo es solo para sí mismo, sino también *para mí*, por la gracia de su voluntad, manifestada en Jesucristo. Así, *para mí* es Él Dios omnipotente; *para mí* es misericordioso; *para mí* es justicia eterna, mediante la fe y la remisión de los pecados. *Para mí*, además, es Él verdad y sabiduría perpetuas. Lo mismo ocurre con Cristo. *Para mí* Él ha sido hecho eterna omnipotencia, la Cabeza todopoderosa, y el Príncipe de mi vida, mi Salvador de infinita compasión, amor inagotable, justicia, verdad y sabiduría inalterables. Como dice el apóstol: «Cristo nos ha sido hecho por Dios sabiduría, justificación, santificación y redención» (1 Co 1:30). Todo lo cual también es verdad acerca del Espíritu Santo, quien es *mi* amor, justicia, verdad y sabiduría eternos.

8. Este es el verdadero conocimiento de Dios, el cual consiste en fe. No es una ciencia cualquiera, vacía y especulativa, como imagina la gente; sino una confianza gozosa, vívida y efectiva en Dios, por la cual puedo sentir las caricias y el aliento de la divina Omnipotencia descendiendo realmente sobre mí, para que yo pueda percibir de qué manera Él sustenta y preserva mi vida; para conocer cómo es que «en Él vivimos, nos movemos y somos» (Hch 17:28). Debo probar también las riquezas de su bondad y su compasión. Lo que el Padre, Cristo y el Santo Espíritu han hecho por ti, por mí y por todos ¿no es el resultado del amor puro? ¿Qué justicia más perfecta y plena puede haber, mediante la cual Él nos rescata del pecado, el infierno, la muerte y el diablo? ¿Y no se manifiestan su verdad y su sabiduría con la mayor claridad en todo lo que Él ha logrado para nosotros?

9. Esta es, por lo tanto, la fe verdadera y sustancial, que consiste en una viva y efectiva confianza en Dios, y no en palabras vacías. En este co-

nocimiento de Dios, o fe, como hijos de Dios debemos crecer diariamente, y abundar cada vez más (1 Tes 4:1). Es por esto que el apóstol pronuncia sus más fervientes oraciones, para que podamos «conocer el amor de Cristo, que excede a todo conocimiento» (Ef 3:19). Es como si hubiera dicho: «Aunque la única preocupación de nuestras vidas fuera aprender sobre la profundidad del amor de Cristo, de todas formas siempre quedarían, continuamente y sin falta, asuntos para investigar más a fondo». Tampoco debemos suponer que este conocimiento consiste en una vacía aproximación al amor universal de Cristo, el cual se extiende sobre todo el mundo; sino que debemos probarlo en nuestro propio corazón. Debemos experimentar la dulzura y la delicia, el poder y el efecto vital de esta inmensa bondad manifestada en la palabra y abrazada por la fe. ¿Puede decir que conoce el amor de Cristo quien jamás ha gustado su dulzura? Es por eso que acerca de algunos a quienes se les concedió esta experiencia, se dice que ellos «gustaron del don celestial..., de la buena palabra de Dios y los poderes del mundo venidero» (He 6:4). Todo esto se efectúa por la fe a través de la Palabra. La misma experiencia del amor divino se imparte también en el hecho de que «el amor de Dios ha sido derramado en nuestros corazones por el Espíritu Santo que nos fue dado» (Ro 5:5). En esto consiste el fruto y la eficacia de la Palabra de Dios. Y solo esto es el verdadero conocimiento de Dios, que procede de la experiencia, y se funda en una fe viva. Por tal motivo, la Carta a los Hebreos dice que nuestra fe es una *sustancia*, y una segura y firme *evidencia* (He 11:1). Y este conocimiento de Dios, que surge de una fe viva, es una parte de la adoración a Dios interior y espiritual. En una palabra, la fe es un don espiritual, vivo y celestial; más aún, es la luz y poder mismos de Dios.

10. Por lo tanto, cuando se alcanza este verdadero conocimiento de Dios, por el cual Dios se ofrece a sí mismo, por así decirlo, para que el alma lo palpe y lo pruebe, según aquel Salmo: «Gustad y ved que es bueno Jehová» (Sal 34:8); cuando esto ocurre, es imposible que tal experiencia no vaya seguida de un inmediato arrepentimiento sincero; es decir, de una genuina renovación de la mente y una reformación de la vida. Porque de la percepción y el conocimiento de la divina Omnipotencia procede la *humildad*; pues la persona que ha experimentado su irresistible fuerza y poder necesariamente debe someterse a la poderosa mano de Dios. De una experiencia de la compasión divina brota la *caridad* hacia nuestro prójimo; pues nadie que haya sentido una impresión de la misericordia divina puede mostrarse despiadado. ¿Qué persona que considere que Dios se ha donado a sí mismo por nosotros por pura misericordia podría rehusarse a prestar a su prójimo lo que este necesita? De la tolerancia que Dios nos muestra procede una gran *paciencia* hacia nuestro prójimo; de modo que, si fuera posible que un verdadero cristiano pudiera ser muerto siete veces en un

día, y las siete veces volviera a la vida, con todo, él siempre perdonaría sin reservas a su homicida, lo cual ocurriría como resultado de la ilimitada misericordia que Dios le ha mostrado. De la divina justicia, emana el conocimiento del pecado, como nos enseña el profeta: «Tuya es, Señor, la justicia, y nuestra la confusión de rostro» (Dn 9:7). «No entres en juicio con tu siervo, porque no se justificará delante de ti ningún ser humano» (Sal 143:2). «Si miras los pecados, ¿quién, Señor, podrá mantenerse?» (Sal 130:3). Del conocimiento del verdadero Dios, fluye la *fidelidad* y la honestidad hacia nuestro prójimo; y se abandona voluntariamente todo fraude, engaño, mentira y otras prácticas malévolas. El cristiano sincero razona de la siguiente manera: «Dios prohíbe que yo haga tratos fraudulentos con mi prójimo; porque entonces estaría ofendiendo la verdad de Dios, la cual es Dios mismo; puesto que Él me ha tratado con tanta fidelidad, sería la maldad más espantosa que yo procediera de modo contrario con mi prójimo». La consideración de la eterna sabiduría divina origina el *temor de Dios*. Porque cualquier persona que sepa que Dios es el Examinador de los corazones, cuya mirada penetra hasta los más íntimos rincones, necesariamente debe temer a los ojos de la divina majestad. «El que hizo el oído, ¿no oirá? El que formó el ojo, ¿no verá?» (Sal 94:9). Por lo tanto, «¡Ay de los que se esconden de Jehová encubriendo sus planes, y sus obras las hacen en tinieblas, y dicen: "¿Quién nos ve, y quién nos conoce?"! Vuestra perversidad ciertamente será reputada como barro de alfarero. ¿Acaso la obra dirá de su hacedor: "No me hizo"? ¿Dirá la vasija de aquel que la ha formado: "No entiende"?» (Is 29:15, 16; cf., además, Jer 23:24 y 32:19).

11. Del verdadero *conocimiento de Dios*, surge el *conocimiento del pecado*, y el consiguiente arrepentimiento. Este arrepentimiento produce la renovación de la mente, lo cual va de la mano con una rectificación de la vida. Y este conocimiento, con todas las cosas que lo acompañan, constituye la otra parte de la adoración interior a Dios y es aquel fuego sagrado que, por mandato de Dios, debe usarse en los sacrificios, para que no se encienda su ira contra nosotros, y no seamos consumidos por el fuego de su venganza.

12. La prescripción dada por Dios a los sacerdotes, de no beber vino ni licor antes de entrar al tabernáculo (Lv. 10:19), es una ilustración de dicho arrepentimiento; y, en un sentido *espiritual*, rige para todos los cristianos. Porque si queremos entrar al tabernáculo de Dios, es decir, a la vida eterna, es necesario que nos abstengamos de los deseos del mundo y de la carne, y de todo lo que tiende a sujetar al espíritu al dominio del cuerpo. Porque el amor al mundo, el amor al placer, al orgullo y a otros vicios son como un vino agradable, por el cual se desvanece la fuerza del alma y el espíritu, los que finalmente quedan sujetos a la carne. A la persona así so-

metida se le restringe la entrada al tabernáculo de Dios; es decir, no puede alcanzar el conocimiento y el santuario de Dios. En consecuencia, queda desprovista de la facultad del discernimiento, la cual distingue entre lo sagrado y lo profano, entre lo limpio y lo impuro; de modo que esta persona nada entiende sobre las acciones divinas y celestiales, y, por lo tanto, no es apta para instruir en la sana doctrina a aquellos que le han sido encargados. Su entendimiento y sus pensamientos no han sido iluminados desde lo alto; sino que, al ser vencido por el vino de los deseos mundanos, su mente al final queda envuelta en densas tinieblas. El arrepentimiento, la contrición y la tristeza por el pecado, y la verdadera fe en Cristo, van seguidos del *conocimiento* de la *gracia* y de la *remisión del pecado*; lo cual procede de los méritos de Cristo únicamente, por lo que ninguna persona puede reclamar el beneficio de dichos méritos si no muestra arrepentimiento. El arrepentimiento, por lo tanto, fue necesario incluso para el ladrón en la cruz, para que, al recibir en primer lugar el perdón de su pecado, pudiera acompañar a Cristo al paraíso. Y que su arrepentimiento procedía de un corazón afectado por una santa contrición es un hecho que queda en evidencia por la represión que profirió contra su compañero: «¿Ni siquiera estando en la misma condenación temes tú a Dios? Nosotros, a la verdad, justamente padecemos, porque recibimos lo que merecieron nuestros hechos; pero este ningún mal hizo» (Lc 23:40, 41), y también por la petición que le hizo a Cristo: «Acuérdate de mí cuando vengas en tu Reino» (v. 42). Estas palabras son una prueba irrefutable de un corazón contrito, que se aferra a Cristo y sus méritos por la fe.

13. Esta absolución del pecado por pura gracia, asida por la fe de un corazón arrepentido, cubre todas las deficiencias bajo las cuales batallamos; pero ella es absolutamente el efecto de la muerte y la sangre de Cristo. Su abundante satisfacción anula totalmente todas nuestras ofensas, de manera que es como si nunca las hubiéramos cometido. Los méritos de Cristo son de tal alcance y poder que David exclama: «Purifícame con hisopo y seré limpio; lávame y seré (no solo tan blanco, sino incluso) más blanco que la nieve» (Sal 51:7).

14. Es por esto que además se dice que Dios *no recuerda* nunca más el pecado cuando el pecador vuelve al camino (Ez 18:22; 33:16). Porque todo lo que ha sido total y absolutamente pagado, más aún, completamente cubierto, necesariamente debe ser enterrado en el olvido eterno (Is 43:25). Pero la conversión necesita ir antes de la remisión, según el procedimiento propuesto por el mismo profeta: «Lavaos y limpiaos, quitad la iniquidad de vuestras obras de delante de mis ojos, dejad de hacer lo malo... Venid luego, dice Jehová, y estemos a cuenta: aunque vuestros pecados sean como la grana, como la nieve serán emblanquecidos» (Is 1:16, 18a). Como

si hubiera dicho: «Los que pidan que sus pecados sean perdonados, según mi pacto y mi promesa, acérquense y arreglemos cuentas. De hecho, yo no niego que haya prometido la remisión de sus pecados; pero los términos para ello no son otros que un arrepentimiento previo de su parte. ¿Dónde está su arrepentimiento? ¿Dónde está su fe verdadera y viva? Si tienen todo esto, ¡no hay ningún problema! No será culpa mía si sus pecados (aunque sean tan rojos como la grana, aunque estén profundamente teñidos, que nada en el cielo ni en la tierra pueda borrarlos) no son totalmente perdonados para quedar más blancos que la nieve». El arrepentimiento, por lo tanto, es la verdadera confesión del pecado; y si está presente en tu ser, es decir, una tristeza por el pecado unida a la fe, ten por seguro que Cristo, por virtud de su muerte y su sangre, perdonará totalmente tus pecados. Esta sangre, al ser derramada por nosotros clama a Dios en el cielo, y consigue una completa remisión del pecado.

15. Cuando este sentido del pecado afecta por entero a una persona, esta se da prisa en el espíritu para llegar a las ciudades de refugio, de las cuales Moisés apartó tres a este lado del Jordán: Beser, Ramot y Golán; él las designó para que aquel que involuntariamente hubiera dado muerte a su prójimo pudiera huir a ellas y salvar su vida (Dt 4:41-43).

16. Y ¡ay, Señor! ¡Cuántas veces hemos dado muerte involuntariamente a nuestro prójimo con el pensamiento, las palabras, el odio, la envidia, la ira, la venganza y la insensibilidad! Por lo tanto, volemos sobre las alas de la fe y el arrepentimiento al santuario de la gracia de Dios, y a los méritos y la cruz de Cristo. Tan pronto como lleguemos allí, estaremos a salvo; y el vengador no vendrá a cobrarnos el mismo precio que nosotros cobramos a nuestro prójimo. Porque esas ciudades de refugio son un símbolo y una representación de Jesucristo. Él es el verdadero *Beser*, es decir, una *fortaleza*, según las palabras de Salomón: «Fuerte torre es el nombre de Jehová; a ella corre el justo y se siente seguro» (Pr 18:10). Él es también la verdadera *Ramot*, que significa *altura*: pues Cristo es el Altísimo (Is 52:13; 57:15), «para que en el nombre de Jesús se doble toda rodilla de los que están en los cielos, en la tierra y debajo de la tierra» (Fil 2:10). Y no tenemos otro *Golán* fuera de Él; quien, como indica el término, es un *cúmulo* o una *abundancia*, un depósito con toda clase de dones celestiales. Por ello, en los Salmos leemos: «En Jehová hay misericordia y abundante redención con Él» (Sal 130:7). Y en la carta a los Romanos: «El Señor de todos es rico para con todos los que lo invocan» (Ro 10:12).

17. Y esta es la *tercera* parte de la adoración interior, espiritual y verdadera, que emerge del conocimiento de Dios. Este conocimiento es también la fuente del arrepentimiento, así como el arrepentimiento es fuente de la remi-

sión de pecados, y ambas cosas descansan en un conocimiento de Dios por experiencia, que es el fundamento adecuado para sostenerlas.

18. De esta forma, la letra de la ley de Moisés se convierte en espíritu, o en una nueva vida interior y santa; y sus sacrificios se vuelven un arrepentimiento sincero. De este modo, ofrecemos a Dios nuestro cuerpo y alma, junto con los sacrificios de alabanza y gratitud. Por este medio, le atribuimos solo a Él nuestro conocimiento, la conversión, la justificación y la remisión del pecado, para que solo Dios sea todo en todo, y su gracia sea merecidamente reconocida, y celebrada con corazones y labios agradecidos por toda la eternidad. Esto, entonces, como ya hemos mencionado, es la verdadera adoración a Dios, de la cual dice el profeta: «Hombre, Él te ha declarado lo que es bueno, lo que pide Jehová de ti: solamente hacer justicia, amar misericordia y humillarte ante tu Dios» (Miq 6:8). ¿Cuándo, entonces, oh desdichados mortales, mostraremos un verdadero arrepentimiento, para que podamos recibir, por pura gracia, el perdón de nuestro pecado? Porque sin arrepentimiento es imposible que nos aseguremos un favor tan incomparable. ¿Pues cómo puede ser cubierto el pecado, si no hay un convencimiento de él, ni tristeza conmoviendo el corazón, ni sed de la divina gracia? ¿Y cómo puede entristecerse por sus pecados quien se niega rotundamente a abandonarlos, y a rectificar su vida? ¡Quiera Dios, por causa de Cristo, hacernos volver a Él, para que nos volvamos de veras! (Lm 5:21).

19. A partir de estas consideraciones, queda muy de manifiesto que la verdadera adoración a Dios se asienta en el corazón, y consiste en el conocimiento de Dios, y en el verdadero arrepentimiento, que mortifica la carne; y, mediante la gracia, renueva al ser humano a la imagen divina. Por este proceso, el hombre y la mujer son hechos el santo templo del Señor, donde, mediante el buen Espíritu de Dios, se efectúa la adoración interior, al ejercitar la fe, la caridad, la esperanza, la humildad, la paciencia, la oración, la gratitud y la alabanza a Dios.

20. Pero aunque esta adoración tiene como finalidad al propio Dios, y se le ofrece solamente a Él, con todo, lejos esté de nosotros creer que Dios tiene alguna necesidad de nuestra adoración o servicio, o que Él obtiene algún beneficio de ella, o algo que aumente su perfección. Más bien pensemos que es tal la misericordia de Dios hacia el miserable ser humano que Él está dispuesto a entregarse completamente a nosotros, con todos sus beneficios, para vivir, actuar y habitar en nosotros, siempre que nosotros estemos prestos, mediante el verdadero conocimiento, mediante la fe y el arrepentimiento, a acogerlo en nuestro corazón, para que, así como en una escuela del Espíritu, Él nos enseñe la verdadera sabiduría, y lleve a cabo la obra que tan felizmente ha comenzado.

21. Porque no hay obra que Dios apruebe y acepte, salvo aquella de la cual Él mismo es autor. Es por esto que Él nos ha ordenado que nos arrepintamos y creamos, que oremos y ayunemos; no es que ello le pueda retornar algún tipo de beneficio: solo para nosotros es el provecho. Porque a Dios nadie puede darle, y nadie puede quitarle; nadie puede darle algún beneficio, ni puede alguien causarle perjuicio. Si Él encuentra que somos devotos y sinceros, seremos nosotros los que cosecharemos el fruto de ello; pero si nos encuentra falsos y corruptos, el mal volverá sobre nuestras propias vidas. Pero ¿qué daño puedes causarle tú a Dios, oh ser humano, si aún persistes voluntariamente en vivir en la maldad y en una licenciosa forma de vida?

22. Dios ordena, por lo tanto, que lo sirvas por causa tuya, no de Él. A Él, que es el Amor mismo, le complace que muchos se hallen a su servicio, a los cuales Él pueda impartir generosamente los ríos de su amor, más aún, impartirse a sí mismo. Porque así como una madre no puede hacer otra cosa que amar al pequeño que se recuesta en su pecho, así también Dios se complace de manera especial en comunicar generosa e ilimitadamente su amor y su bondad.

Capítulo XXII
El verdadero cristiano se conoce fundamentalmente por su amor, y por la diaria rectificación de su vida

El justo florecerá como la palmera; crecerá como cedro en el Líbano. Plantados en la casa de Jehová, en los atrios de nuestro Dios florecerán. Aun en la vejez fructificarán; estarán vigorosos y verdes, para anunciar que Jehová, mi fortaleza, es recto y que en Él no hay injusticia (Sal 92:12-15)

No es la denominación de «cristiano», sino la vida cristiana lo que evidencia al verdadero cristiano. ¡Que esta sea, por tanto, la preocupación del cristiano, para que Cristo se haga visible en él, y se manifieste ostensiblemente a los demás en amor, humildad y bondad! Porque no puede ser cristiana la persona en quien no vive Cristo. Y esta santa vida, cuya raíz está en el interior, en el espíritu y el corazón del ser humano, necesariamente debe proceder de este principio interno, tal como el fruto procede de la virtud intrínseca del árbol. Porque es preciso que nuestra vida esté impulsada por el Espíritu de Cristo, y se conforme a su ejemplo, según las palabras del apóstol: «Todos los que son guiados por el Espíritu de Dios son hijos de Dios» (Ro 8:14); porque toda vida procede del espíritu, y según como sea el espíritu que actúe, impulse y gobierne en el interior de la persona, así se manifestará el hombre y la mujer en lo exterior. Lo cual deja en evidencia cuán necesario es el Espíritu de Dios para una verdadera vida Cristiana. Y es por esto que Cristo no solo nos ha ordenado que oremos pidiendo el Espíritu, sino que también ha prometido concedernos este don (Lc 11:13). Este Espíritu es el Espíritu de regeneración (Tit 3:5), el cual nos vivifica en Cristo, dándonos una vida nueva, espiritual y celestial; y cada virtud cristiana debe provenir de la vida y del inextinguible poder del Espíritu de Dios. Es entonces que «el justo florecerá como la palmera; crecerá como cedro en el Líbano» (Sal 92:12).

2. De lo anterior se sigue que, para que del corazón pueda proceder una vida aceptable, la persona primero debe ser renovada en su interior, en el espíritu de su mente, a imagen de Dios; sus deseos y afectos íntimos primero deben conformarse a Cristo; esto es lo que el apóstol denomina «el nuevo hombre,

creado según Dios» (Ef 4:24). Pero tan pronto como el corazón es renovado interiormente, la vida externa que de allí procede no es otra cosa que una constante expresión de ese principio vital que predomina en el pensamiento. Más aún, dado que «el Dios justo prueba la mente y el corazón» (Sal 7:9), lo más sensato es que el hombre y la mujer debieran poseer, en el más íntimo rincón de sus corazones, mucho más de lo que se ve en sus vidas exteriores.

3. Aunque en nuestro interior no alcancemos la pureza de los ángeles, lo más justo es que suspiremos deseosos por conseguirla. Y, en efecto, Dios aprueba los deseos de nuestro espíritu cuando este tiene sed de una más profunda purificación: «El Espíritu nos ayuda en nuestra debilidad; el Espíritu mismo intercede por nosotros con gemidos indecibles» (Ro 8:26). Es más, la sangre de Cristo nos purifica por fe (Hch 15:9), de modo que no tenemos «mancha ni arruga» (Ef 5:27); y en este respecto, nosotros poseemos no la pureza, la santidad y la justicia de algún ángel, sino de Cristo; y, es más: lo poseemos a Él mismo (1 Co 1:30).

4. Esta justicia inmerecida, que se nos atribuye gratuitamente, debe renovar nuestro cuerpo, alma y espíritu, y producir una verdadera santidad de vida y comportamiento. Y esta vida, aunque al principio es como una pequeña planta, debe ir diariamente ganando vigor en nosotros, y cobrar fuerza en Jesucristo. Y nuestro crecimiento en Cristo será proporcional a nuestro avance en la fe, en la virtud y en la práctica de una vida y santidad cristianas. Esto es lo que se llama «florecer como la palmera».

5. Así como la palmera, que cuando decae, crece aún más alto, así también el cristiano debe ser renovado de continuo en sus deseos y ejercicios espirituales. (Ef 4:23; Col 3:10). Él debe fortalecerse cada día con propósitos renovados de caminar de manera acorde a su nuevo nombre, y con la firme determinación de evitar el peligro de ser un falso cristiano. Debe proceder con fuerza y seriedad, como si apenas hoy se hubiera iniciado en los principios de la verdadera religión. Porque así como alguien que ingresa a un nuevo oficio no debiera tener otra aspiración que desempeñarse dignamente en su nuevo puesto, así también debiéramos actuar quienes hemos sido llamados a Cristo, «con llamamiento santo» (2 Tim 1:9). Si este santo propósito no está firmemente arraigado en el interior, no se producirá ninguna corrección de la vida, ni fortalecimiento en la piedad, ni crecimiento en Cristo; más aún, el vivificante Espíritu del propio Cristo estará ausente. Porque tal determinación y santa firmeza por hacer el bien es obra del Espíritu de Dios, y de aquella gracia preventiva o anticipadora que atrae, invita e impulsa a todo hombre y mujer. Dichoso aquel cuyos oídos y corazón se muestran obedientes a esta gracia, y quien atiende a aquella sabiduría celestial que «clama en las calles» (Pr 1:20). En suma, todo aquello que ven nuestros ojos

es una manifestación del Creador, mediante lo cual Él llama al ser humano y se esfuerza por atraerlo para que dirija su amor a Él.

6. Por lo tanto, cada vez que sentimos este llamado o impulso celestial en nuestro interior, debiéramos de inmediato poner nuestras manos a la obra, y vigilar que un instante tan invaluable no se esfume en una actitud relajada e indiferente. Se trata de una hora libre de aquellos obstáculos que en otros momentos y ocasiones nos asedian muy de cerca. Si perezosamente descuidamos esta oportunidad, puede que le sucedan otros días y otras horas en que no podamos pensar, oír, hablar o hacer nada bueno. La eterna Sabiduría, previendo este hecho, alza su voz en todo lugar, y nos llama, para que no desperdiciemos una oportunidad que se nos ofrece tan generosamente.

7. Así como un árbol plantado al aire libre está presto a recibir la luz del sol y el bondadoso influjo del cielo, así también la gracia de Dios, junto a otros dones celestiales, brilla sobre ti, hombre, y sobre ti, mujer, y quiere revivir y nutrir tu ser con su presencia, si es que los afanes de este mundo no te impiden recibir tal beneficio.

8. ¡Trae a la memoria la brevedad del tiempo asignado a la vida! Considera seriamente cuántas oportunidades de hacer el bien y de llevar a la práctica las virtudes de Cristo ya has desperdiciado. Probablemente la mitad de tu vida se ha consumido en el sueño, y el resto en comer y beber, y en otras acciones naturales; de modo que, al momento de llegar a la tumba, recién has comenzado a cruzar el umbral a una vida mejor.

9. Si tienes miedo de morir en la maldad, ¡lleva, entonces, una vida santa mientras gozas de buena salud! Si deseas partir de este mundo como un cristiano, esfuérzate por ser un buen cristiano mientras estés en él. Ahora bien, solo vive como cristiano quien se humilla como si cada día fuera a morir, sabiendo muy bien que un buen siervo en todo tiempo estará atento al llamado de su amo. Y Dios, a través de la muerte, como su mensajero, nos convoca a todos ante su tribunal.

10. Por lo tanto, «Bienaventurados aquellos siervos a los cuales su señor, cuando venga, halle velando. En verdad os digo que los pondrá sobre todos sus bienes» (Lc 12:37, 44). ¿Y quién es el que vela, sino el que no se deja llevar por el mundo, ni por sus desafortunados devotos? Por tanto, huyamos de uno y de los otros, sabiendo que las costumbres de esta era corrupta son como tumores malignos que consumen la savia del árbol, y este al poco tiempo se marchita.

Capítulo XXIII
Quien desea crecer en Cristo y en la gracia a menudo se ve obligado a alejarse de la sociedad mundanal

¡Cuán amables son tus moradas, Jehová de los ejércitos!...
¡Mi corazón y mi carne cantan al Dios vivo! (Sal 84:1, 2b).

Sabiamente actúas si muy a menudo evitas relacionarte con gente mundana. Porque tal como para nuestros cuerpos siempre es mejor estar en casa, así también lo mejor para el alma es descansar en su propia habitación, que es Dios mismo, de quien recibe la vida y el ser. A Él debe regresar, entonces, el alma, si lo que busca es gozar de descanso y hallar seguridad.

2. En todas las criaturas puede observarse que en ningún lugar proliferan mejor que allí donde se originaron y recibieron la vida. Así, el mar es para los peces, el aire para las aves, la tierra para las plantas y Dios para el alma, su lugar de descanso, según las palabras del Salmista: «Aun el gorrión halla casa, y la golondrina nido para sí, donde poner sus polluelos» (Sal 82:3). Así como el hombre que da a los jóvenes demasiada libertad para salir se acarrea muchos problemas, así también sufrirá mucho el que dé rienda suelta a su lengua y pensamientos, permitiéndoles vagar por los afanes del mundo y por diversos círculos de vanidad. Ten por seguro que escaparás de muchas caídas si aprendes a confinar tus pensamientos a los límites de tu corazón.

3. «Plantados en la casa de Jehová, en los atrios de nuestro Dios florecerán» (Sal 92:13). ¿Cuáles son estos atrios? Son los sábados interiores y espirituales del corazón, el cual, como los cedros en el desierto, florece mejor en un retiro mental y en un recogimiento del espíritu. Esfuérzate por alcanzar esta soledad del alma, y serás apto para examinar tu propio corazón y contemplar las diversas maravillas y favores que Dios nos ha concedido.

4. Tampoco debemos imitar a aquellos que admiran las sutiles disputas y ficciones, quienes se complacen en leer creaciones refinadas, agradables y agudas; las cuales, si se consideran debidamente, más que mejorar,

pervierten la mente del lector. El discípulo de Cristo no debiera escuchar, hablar, leer ni tampoco abrigar en el pensamiento todo aquello que no fomenta el reposo del corazón, ni la continua renovación de la mente. Los verdaderos cristianos son como los árboles de Dios, que día a día deben hacerse más fuertes y echar raíces más profundas *en Cristo*. San Pablo testifica de sí mismo que no deseaba conocer nada «sino a Jesucristo, y a este crucificado» (1 Co 2:2). Y esta ha sido la práctica de todos los santos de Dios, quienes, con un cuidadoso anhelo de esta bendita quietud del corazón, han puesto todo su empeño y sus fuerzas en acercarse cada vez más a una vida encumbrada por encima el mundo, e imitar a aquellas elevadas mentes que descansan plenamente en Dios, a quien tienen por centro de toda su felicidad. Una de ellas dijo una vez: «Cada vez que convivo con los hombres, regreso menos humano en algún aspecto u otro». Porque, dado que la dignidad de la naturaleza humana consiste principalmente en la similitud con Dios, y, por tanto, Dios ha descrito al ser humano como la imagen y semejanza de Él mismo (Gn 1:26), en consecuencia, cuanto más desemejante es un hombre a Dios, es tanto menos hombre; y cuanto más estrechamente se une con Dios, tanto más se conforma a ÉL. Nadie puede, sin embargo, volverse a Dios, si primero no se aparta del mundo. La naturaleza de cualquier semilla consiste en producir una planta de su propia especie; asimismo, si la semilla de Dios —el Espíritu Santo y la Palabra— está en ti, tú llegarás a ser «"Árbol de justicia", "Plantío de Jehová", para gloria suya» (Is 61:3).

5. No hay nada más común que el hecho de soltar alguna palabra en medio de una conversación, la que, por ser disparatada y absurda, hiere y contamina penosamente el alma. Por tanto, nadie goza de mayor seguridad y paz que quien se queda en casa, en la habitación de su corazón, y refrena sus pensamientos, palabras y sentidos, para que no traspasen los límites.

6. Quien quiera hablar bien primero debe aprender a guardar silencio; porque hablar mucho no es elocuencia, sino charlatanería. Quien desea mandar bien primero debe aprender a obedecer; porque es imposible que pueda ser un buen gobernante sobre otros quien no sabe ser sumiso y obediente a Dios. Quien desea paz y quietud mental debe vigilar su lengua, y mantener una buena conciencia; porque una conciencia malvada es como un mar embravecido; con todo, si regresa a Cristo con un verdadero arrepentimiento, encontrará en Él descanso. La paloma que Noé envió fuera del arca, al no hallar ningún lugar para descansar, regresó a ella (Gn 8:9). Esta arca es Cristo y la Iglesia, que tiene solo una puerta o ventana, la del arrepentimiento, a través de la cual debemos venir a Cristo. Y así como la paloma se retiró inmediatamente al arca al no encontrar descanso para sus alas, así también tú, cuando estés a la deriva sobre un mar de afanes mundanos, y en peligro

de naufragar, retírate de inmediato en tu corazón a Cristo; para que, en medio del intenso vaivén sobre las inundaciones del mundo, tu descanso no se interrumpa, ni se derrumbe por completo la quietud de tu mente.

7. Cuando te estés relacionando con la gente, y ocupado en los afanes de este mundo, ten cuidado de disponer de todas las cosas con temor y humildad. Evita toda confianza en ti mismo y la precipitación al actuar. Recuerda que eres como un tierno brote sujeto a un puntal para que pueda crecer con mayor seguridad; así también tú apóyate constantemente en el bastón de la humildad, y en el temor de Dios, para que, cuando se levante una repentina tempestad, no dé contigo en tierra. ¡Es lamentable que tanta gente se engañe cuando, con demasiada ligereza, se lanza a los afanes del mundo! Por lo tanto, convéncete de que confiar en el mundo es tan inseguro como confiar en el mar. Aunque el gozo exterior del mundo causa sosiego al ser humano por algún tiempo en su carnal seguridad, y le promete prosperidad, no obstante, pronto puede perturbarlo una inesperada tempestad, que no dejará otra cosa que la punzada de una conciencia maligna.

8. Si un hombre o una mujer, por una parte, dejara de buscar placer en las cosas frágiles y pasajeras, y si, por otra parte, con una mente despejada de los deleites y afanes seculares, se entregara a aquellas preocupaciones más celestiales que convienen al verdadero cristiano, entonces tal persona sería de continuo inundada por una ferviente devoción, una profunda paz, una dulce quietud, una conciencia tranquila, junto con otros alivios divinos. Mas ¡qué lástima que no logremos convencernos de estas cosas! Y, en consecuencia, a causa de nuestra convivencia demasiado libre con otra gente, nuestra conversión, reforma y devoción, más que progresar, se estancan. En nuestro interior podemos encontrar aquello que con facilidad perdemos en una inconsiderada búsqueda de cosas exteriores.

9. La conciencia del ser humano está inundada o de gozo, o bien de tristeza. Si la conciencia está habituada a las cosas internas y celestiales, nos reconfortará con alegría y consuelo interiores. Pero si está contaminada con un excesivo apego a las preocupaciones mundanas, necesariamente estará sumergida en una tristeza y una confusión interiores (2 Co 7:10).

10. Cada vez que un hondo remordimiento por el pecado afecta al alma, ella se aflige y eleva íntimos gemidos al trono de la gracia. Este ejercicio de arrepentimiento es una salutífera fuente de lágrimas, en la cual el Espíritu, por la fe, lava y purifica el alma, en el nombre de *Jesús* (1 Co 6:11), para que así ella pueda estar debidamente preparada para entrar al santuario interior, al lugar santísimo, y disfrutar allí de un íntimo encuentro con el Señor.

11. Y puesto que el Señor es «un Dios que se oculta» (Is 45:15), el alma debe acercarse a Él por una vía alejada del mundanal ruido, para que pueda participar de sus divinas pláticas con plena apertura. Es por esto que el Salmista expresa: «Escucharé lo que hablará Jehová Dios» (Sal 85:8). Y también: «Busqué a Jehová, y Él me oyó y me libró de todos mis temores. Este pobre clamó, y lo oyó Jehová, y lo libró de todas sus angustias» (Sal 34:4, 6). «A ti oraré, Jehová, de mañana oirás mi voz; de mañana me presentaré delante de ti y esperaré» (Sal 5:2, 3). De este modo, cuanto más se aleja el alma del mundo, tanto más íntima es su comunión con Dios; tal como el patriarca Jacob se comunicó con plena familiaridad con Dios y con los ángeles cuando estaba más alejado de los amigos y los hijos (Gn 32:24-29). De hecho, no hay palabras para expresar cuánto aman Dios y los ángeles al alma que se resguarda de la amistad y la comunión con el mundo.

Capítulo XXIV
El amor a Dios y a nuestro prójimo

El propósito de este mandamiento es el amor nacido de corazón limpio, de buena conciencia y fe no fingida (1 Tim 1:5).

En este verso, el apóstol nos presenta el amor, la virtud más excelente y noble, y al mismo tiempo nos pone al tanto de cuatro aspectos que le conciernen. *Primero*, que el Amor es la síntesis de todos los mandamientos: porque «el amor —dice el apóstol— es el cumplimiento de la Ley» (Ro 13:10). En el amor están implicados todos los preceptos, y sin él, todos los dones y virtudes resultan inútiles e infructuosos.

2. En *segundo* lugar, el apóstol dice que la Caridad debe brotar de un corazón limpio, y esto se refiere al amor a Dios, el cual requiere un corazón libre del amor y el afecto mundanos, según las palabras de San Juan: «No améis al mundo ni las cosas que están en el mundo. Si alguno ama al mundo, el amor del Padre no está en él, porque nada de lo que hay en el mundo —los deseos de la carne, los deseos de los ojos y la vanagloria de la vida— proviene del Padre, sino del mundo. Y el mundo pasa, y sus deseos, pero el que hace la voluntad de Dios permanece para siempre» (1 Jn 2:15-17). Por lo tanto, quienquiera que posea un corazón purificado de todo amor a la criatura, de modo que no depende ni consiente ningún tipo de bien pasajero, puede unirse estrecha e íntimamente con Dios, para decir con David: «¿A quién tengo yo en los cielos sino a ti? Y fuera de ti nada deseo en la tierra. Mi carne y mi corazón desfallecen; mas la roca de mi corazón y mi porción es Dios para siempre» (Sal 73:25, 26). Un amor así procede de un *corazón puro*. De idéntico carácter es también el amor que va unido a un gran deleite, agrado y gozo en Dios; amor del cual hallamos en David una ilustración: «Te amo, Jehová, fortaleza mía. Jehová, roca mía y castillo mío, mi libertador; Dios mío, fortaleza mía, en Él confiaré; mi escudo y la fuerza de mi salvación, mi alto refugio» (Sal 18:1, 2).

3. En *tercer* lugar, el apóstol nos enseña que el amor debe nacer «de buena conciencia». Esto atañe propiamente al amor a *nuestro prójimo*, quien debe ser amado, no en vista de algún interés o mundano provecho (en

cuyo caso sería un amor falso nacido de una mala conciencia), sino por causa de Dios solamente, y de sus mandamientos. Tampoco debemos afligir a nuestro prójimo, ni de palabra ni de hecho, ni en secreto ni en forma expresa; ni debemos abrigar, por ningún motivo, envidia, ira, odio, malicia o rencor en su contra. De este modo, nuestra conciencia no podrá acusarnos cuando nos dirijamos al Dios Todopoderoso en oración.

4. El *cuarto* requisito del amor es una «fe no fingida». Esto es necesario para que no se haga nada que vaya contra la regla de la fe, y nuestra profesión cristiana, y para no negar a Dios ni en público ni en privado, ni en prosperidad ni en adversidad. Esto es en esencia lo que declara el apóstol. Ahora abordaremos en mayor detalle cada uno de estos aspectos.

5. En *primer* lugar, entonces, el Amor, según el apóstol, es «el propósito del mandamiento»; porque el amor que nace de una fe pura es el más excelente fruto y resultado de la fe. Comparado con esto, no hay nada mejor o más aceptable ante Dios que el ser humano pueda hacer. Porque Dios no exige de nuestra parte grandes y difíciles empresas, ni un desempeño sobrehumano que exceda nuestras capacidades; sino que Él ha cambiado el yugo del servicio del Antiguo Testamento, junto con sus numerosos mandamientos y ordenanzas, por la fe y el amor, y para este propósito nos ha dado el Espíritu Santo, por quien «el amor de Dios ha sido derramado en nuestros corazones» (Ro 5:5); de esta forma, Él hace todas las cosas agradables y fáciles, y resulta ser la fuente original de esta virtud celestial.

6. El amor, entonces, no es una tarea difícil, no es un trabajo que implique gran esfuerzo y dificultad; por el contrario, lo hace todo fácil para el buen hombre y la buena mujer. «Sus mandamientos no son gravosos» (1 Jn 5:3), es decir, no lo son para el cristiano que ha sido iluminado; porque allí donde llega el Espíritu Santo, Él crea un corazón libre, dispuesto y preparado para el despliegue de las virtudes cristianas. Tampoco exige Dios grandes capacidades o erudición de sus hijos: es solo el amor lo que Él tiene en cuenta. Si es un amor sincero y entrañable, sin máscaras ni fingimiento, Dios se agrada y deleita más en él que en todo el conocimiento y sabiduría, en todo el arte y el talento que algún hombre en la tierra, en sus mejores obras, pudiera exhibir. Donde este divino amor está ausente, toda la sabiduría y el conocimiento, todas las obras y talentos, resultan completamente infructuosos. Se los considera vanos y muertos, como un mero cuerpo sin vida. (1 Co 13:1, 2).

7. En cuanto a la erudición y las grandes capacidades humanas, ellas son comunes tanto a paganos como a cristianos; y tanto incrédulos como creyentes realizan admirables proezas. Es solo el *amor* lo que resulta la

prueba segura del cristiano genuino, la que distingue al falso del verdadero. Pues allí donde falta la Caridad, no puede haber nada bueno, aun cuando las engañosas apariencias puedan reclamar la admiración de la gente. La razón de ello es que Dios no está ahí; porque «Dios es amor, y el que permanece en amor permanece en Dios y Dios en él» (1 Jn 4:16).

8. El amor, además, no solo es agradable a Dios, quien lo concede, sino también al hombre y la mujer que lo ponen en práctica; en cambio, todas las artes y las ciencias, todo el conocimiento y la sabiduría que el ser humano obtiene, no se consiguen sino con intenso trabajo y estudio, con mucho esmero y dedicación, e incluso arriesgando la salud física. Pero el amor nacido en el cielo alegra el cuerpo y la mente; revitaliza el espíritu, concede nuevas fuerzas, y perfecciona y eleva la mente de forma maravillosa. Además, este amor no implica pérdida alguna, sino al contrario, ocasiona muchos efectos buenos y nobles en el alma. El amor es en sí mismo la recompensa del que ama, y la virtud siempre lleva consigo su propio premio; en tanto que el hombre vicioso, por el contrario, recibe el castigo de sus propios excesos, y el vicio es el tormento continuo de quien lo practica.

9. Una vez más, cuando las demás facultades del cuerpo y la mente flaquean y decaen, el amor no desmaya. El amor jamás se cansa, nunca deja de ser. La profecía puede pasar, las lenguas se pueden acabar, y las ciencias pueden desaparecer; las artes pueden perderse, el conocimiento de los misterios puede agotarse; es más, la propia fe al final puede faltar también; con todo, «el amor nunca deja de ser», ni puede hacerlo: porque cuando todo lo imperfecto es felizmente quitado, entonces solo el amor permanece para siempre, y alcanza su plena perfección (1 Co 13:8).

10. Para que aquello que ofrecemos al Dios Todopoderoso le agrade, debe ser algo que proceda de Él; pues Dios aprueba únicamente aquello que Él obra en nosotros. Ahora bien, Dios es amor; en consecuencia, todo lo que hacemos debe proceder de una fe divina, a fin de que pueda ser agradable ante Dios; y de un amor puro, para que pueda resultar de provecho a los demás. Este amor debe ser *puro*, sin miras al honor propio, intereses personales ni aquellos mezquinos propósitos que a veces interfieren en los actos de un cristiano. Asimismo, nuestras *oraciones* debieran brotar de un principio de amor, para que puedan tener el más expedito acceso al Dios de amor. Piensa, entonces, ¿cómo puede ser aceptable ante Dios la oración de una persona llena de ira y rencor, de odio y malicia? Aunque repitiera cada día todo el Salterio, no sería más que una abominación ante el Señor. La verdadera adoración consiste en espíritu (Jn 4:23, 24), en fe, en amor, no en una larga perorata. Recuerda el ejemplo de Cristo, quien, con un corazón lleno de compasión, clamó: «Padre, perdónalos»

(Lc 33:34). Un hombre o una mujer que no aman a Dios tampoco están dispuestos a derramar su corazón en oración y súplica; pero para el que ha experimentado la acción del amor divino el deber de la oración es fácil y agradable. El que ama a Dios de corazón está dispuesto a servirlo; pero el que carece de este amor no lo sirve en absoluto, aunque se someta a arduos trabajos y esfuerzos, o aun pudiera trasladar una montaña a cuestas.

11. En definitiva, entonces, nada está más de acuerdo con la naturaleza humana, nada es mejor y más provechoso, que este amor divino; amor que, por lo tanto, debe estimularse en el corazón humano, y, una vez que se inflama, debe preservarse cuidadosamente para que nunca se extinga.

12. La fe debe obrar todas las cosas en el cristiano a través del amor; y el amor debe ser el agente de la fe, así como el cuerpo es el agente del alma. El alma ve y oye, habla y actúa a través del cuerpo, al cual está unida. ¡De este modo, oh lector, el amor de Dios, brotando de la fe, debiera hacer todas las cosas en y a través de ti! Ya sea que comas o bebas, escuches o hables, alabes o repruebes, hazlo todo *por amor*, siguiendo el ejemplo de Cristo, en quien no residía otra cosa que amor puro. Cuando mires a tu prójimo, míralo con los ojos de un amigo compasivo; cuando lo escuches, óyelo con amor y amabilidad, y si hablas con el, que tus palabras estén sazonadas con amor y cristiano afecto.

13. Cuida con esmero la raíz del amor y la fe cristianos, a fin de que nada más que lo bueno pueda crecer en tu corazón, y brote desde allí, como de su genuino origen (1 Co 16:14). Entonces estarás capacitado para cumplir los mandamientos de Dios, pues todos ellos están contenidos en el amor. Es por esto que un hombre santo se ha expresado en estos términos: «¡Oh amor de Dios en el Espíritu Santo! Tú eres el sumo gozo de las almas, y la única vida divina de los hombres. Quien a ti no te goza está muerto aun si vive; y quien te posee jamás muere a los ojos de Dios. Donde tú estás ausente, allí la vida de los hombres es una muerte continua; mas donde tú estás presente, allí la vida se vuelve un anticipo de la felicidad eterna». Aquí se manifiesta que este amor divino es la suma y el cumplimiento de todos los mandamientos de Dios.

14. Abordaremos ahora, en *segundo* lugar, el hecho de que nuestro amor a Dios debe proceder «de un corazón puro». El corazón del hombre o la mujer que anhela amar a Dios debe limpiarse primero de todo amor mundano y apego a la criatura. Es entonces que Dios se vuelve el mayor y soberano Bien del alma. Entonces ella puede decir: «Jehová es la porción de mi herencia y de mi copa; tú aseguras mi suerte» (Sal 16:5). «Conoce Jehová los días de los íntegros», es decir, de aquellos que lo aman con un

corazón desinteresado; «y la heredad de ellos será para siempre» (Sal 37:18). «Deléitate asimismo en Jehová, y Él te concederá las peticiones de tu corazón» (Sal 37:4). En suma, Dios es la única fuente de donde debe brotar continuamente todo nuestro gozo.

15. Por lo tanto, Dios debe ser aquello que más ama nuestra alma, y solo en Él debe descansar nuestro corazón, porque Él es el supremo bien. Él no es otra cosa que compasión y bondad, amor y amabilidad, misericordia y paciencia, verdad, consuelo, paz, gozo, vida y felicidad. Todo esto Él lo ha reunido en Jesucristo. Por tanto, quien tiene a Cristo está en posesión de todas estas virtudes celestiales. Y quien ama a Dios necesariamente debe amar la verdad y la compasión de Dios, su bondad y afabilidad y todo el conjunto de virtudes divinas.

16. Porque quien verdaderamente ama a Dios ama todo lo que Dios ama, y detesta todo lo que Dios aborrece. Si alguien ama a Dios, debe amar la verdad, la misericordia y la justicia, porque Dios es todo esto. También debe deleitarse en la humildad y la mansedumbre, pues de esa forma la persona se conforma a la humildad y la mansedumbre que Jesús mostró. Por otra parte, quien verdaderamente ama a Dios no puede hacer otra cosa que detestar toda impiedad, junto a todas las obras de maldad; porque cualquier forma de impiedad es enemistad con Dios, y es obra del mismo demonio. Quien ama a Dios odia la mentira, porque el diablo es el padre de la mentira, y ha sido mentiroso desde el principio. Y esta es la razón por la que cualquiera que ama la mentira, la injusticia y otras viciosas obras de la naturaleza carnal, necesariamente, en este respecto, es hijo del diablo (Jn 8:44). Y, una vez más, cualquiera que ama a Cristo, su Señor y Salvador, ama también el ejemplo de su vida pura y santa, su humildad y mansedumbre, su paciencia y las demás virtudes celestiales que se manifestaron en su conducta. Y tal persona necesariamente será adoptada y contada entre los hijos de Dios.

17. Este amor que procede de un «corazón puro» se debe obtener de Dios mediante oración y súplica. Y Dios verdaderamente quiere encender en nosotros este fuego celestial a través del amor de Cristo, si lo pedimos con ahínco, y si cada día y a cada instante el corazón está abierto a su obra divina. Si en algún momento tu amor comienza a enfriarse y a debilitarse, eleva tu corazón, no desmayes, sino aviva la gracia de Dios que está en ti, y no te desalientes demasiado por la situación. Levántate nuevamente en el nombre de Dios, ponte a trabajar y renueva los actos de tu primer amor. Mientras estés consciente de la frialdad de tu amor, este mismo hecho te asegura que la luz eterna del amor divino no se ha extinguido totalmente, aun cuando esté eclipsada y de momento irradie muy poco calor. No te

quepa duda de que tu Salvador volverá a iluminarte y a inflamar tu corazón con su amor; para que una vez más puedas sentarte a su sombra, y regocijarte a la luz de su mirada. Al mismo tiempo, sé ferviente en oraciones y súplicas, para que en adelante no se vuelva a marchitar este amor celestial en tu corazón. Tal es el amor nacido «de corazón puro», no contaminado con el amor del mundo.

18. Consideremos ahora, en *tercer* lugar, el Amor en cuanto nacido de «una buena conciencia», y en su relación con nuestro prójimo. El amor a Dios y el amor a nuestro prójimo están unidos tan estrechamente que jamás pueden ir separados. La verdadera evidencia de nuestro amor a Dios es el amor que mostramos a nuestro prójimo. «Si alguno dice: "Yo amo a Dios", pero odia a su hermano, es mentiroso, pues el que no ama a su hermano a quien ha visto ¿cómo puede amar a Dios a quien no ha visto? Y nosotros tenemos este mandamiento de Él: "El que ama a Dios ame también a su hermano"» (1 Jn 4:20, 21). Porque el amor de Dios no puede residir en un ser humano que esté lleno de odio y malicia, o no tiene corazón para amar o compadecerse. Si no tienes piedad de tu hermano que necesita de tu auxilio, ¿cómo puedes amar a Dios, quien no tiene necesidad de nada que tú tengas, y quien te ha mandado que expreses tu amor hacia Él con demostraciones de amor hacia tu hermano?

19. Así como la fe une con Dios, el amor une con el prójimo; y así como el ser humano está hecho de cuerpo y alma, así también la fe y el amor (es decir, tanto el amor a Dios como al prójimo) constituyen al verdadero cristiano. De esta forma, «el que permanece en amor permanece en Dios» (1 Jn 4:16). Y, puesto que Dios realmente desea el bien de todo ser humano, se sigue que quien ama de esta forma posee un corazón como el de Dios; y que quien posee afectos diferentes está contra Dios, y no tiene la mente del Señor, sino que está contra Dios, y contra su prójimo. Sin duda, el que es enemigo de los demás hombres, es adversario de Dios.

20. Un atributo de este amor es lamentar y compadecerse de las debilidades de los demás (Gal 6:1). En efecto, las falencias y debilidades de nuestros semejantes nos retratan, como en un espejo, nuestras propias imperfecciones, y nos recuerdan los diversos defectos que estorban nuestra naturaleza. Por lo tanto, cuando ves que otro es sorprendido en una falta, considera que tú mismo eres también un ser humano; y aprende de tus propias debilidades a soportar las de los demás con paciencia, mansedumbre y humildad (Ro 15:17).

21. Especialmente aquellos que son sorprendidos pecando, no por malicia o por una decidida perversión, sino que su falta es por debilidad y

es involuntaria; y quienes, tras volver rápidamente a sus cabales, se arrepienten de lo que han hecho, y deciden firmemente vigilar todo lo posible contra las futuras trampas de Satanás; almas como estas, sin duda deben ser compadecidas y auxiliadas. Quien proceda de modo distinto demuestra que en su vida no hay nada del compasivo y tolerante espíritu de Cristo. Cuando una persona se apresura a condenar las faltas de su prójimo, sin ningún sentimiento de amor o compasión, deja en evidencia que carece completamente de Dios y de su espíritu misericordioso. Por el contrario, un verdadero cristiano, que ha sido ungido con el espíritu de Cristo trata a todas las personas con un afecto de fraternidad, y las soporta con amor comprensivo y cristiana amabilidad, acorde al ejemplo de Cristo, modelo que Él nos ha dejado para que lo imitemos. Por lo tanto, si un hombre, o una mujer, tras un sincero examen de su condición interior, descubre que el amor al prójimo no está allí presente, tal persona debe saber con certeza que el amor de Dios no reside en su alma y que a ella misma le falta Dios. Esta situación debiera llenarla de horror e indignación hacia sí misma, y debiera inducirla a reconciliarse con su prójimo a toda prisa, para que de este modo también el amor de Dios pueda regresar a su vida. Es entonces que, mientras esta persona permanezca en este amor y fe, todas sus acciones son buenas, santas y divinas; y este amor, que mora en su corazón, la impulsará a abrazar a todo ser humano con generosidad y buena voluntad, y a mostrarles, con mucho afecto y gozo, toda forma de amabilidad; de manera que «se alegrará con ellos haciéndoles bien», tal como el propio Dios actúa (Jer 32:41).

22. Si no está este amor, cualquier cosa que haya en el ser humano es diabólica y totalmente maligna. Y, de hecho, el motivo por el cual el diablo no puede hacer ningún bien no es otro que el hecho de carecer absolutamente del amor tanto a Dios como a los hombres. Por lo cual, todo lo que él hace es absolutamente malvado, y carente de cualquier bondad intrínseca. En todo lo que emprende, no persigue otra cosa que deshonrar a Dios y destruir al ser humano. Con astucia, él trama formas de desatar su enemistad contra Dios y contra el ser humano; y, por lo tanto, va en busca de corazones tales que él pueda llenar de malicia y envidia, para luego, a través de ellos, descargar su maldad e ira. «En esto se manifiestan los hijos de Dios y los hijos del diablo» (1 Jn 3:10).

23. *Finalmente*, el Amor debe brotar de una «fe no fingida», es decir, debemos amar a Dios en prosperidad y en adversidad. Quien ama a Dios sinceramente acepta con gozo todas las dispensaciones de su Providencia, a la manera de Cristo, quien, con una disposición gozosa y dispuesta, tomó la cruz, sabiendo que la voluntad de su Padre se la imponía. «De un bautismo tengo que ser bautizado», dice Jesús, «¡Y cómo me angustio (y me

duelo) hasta que se cumpla!» (Lc 12:50). De idéntica forma, todos los santos mártires han llevado la cruz con gozo siguiendo a Cristo.

24. A quienes aman a Dios sinceramente, la cruz que Cristo nos manda que carguemos no les resulta tortuosa o agobiante; y la razón no es otra que el hecho de ser el *yugo de Cristo* (Mt 11:29). Si el imán es capaz de atraer el pesado hierro, ¿por qué no podría aquel potente magnetismo celestial, el amor de Dios, atraer el peso de nuestra cruz, y hacerla liviana y llevadera, en especial cuando el corazón ha experimentado un toque del amor divino? Si el azúcar endulza las hierbas que por naturaleza son amargas, ¿por qué no podría la dulzura del amor de Dios hacer agradable y fácil lo que para la carne resulta una cruz y una aflicción? Y, verdaderamente, fue por la plenitud de este amor que los benditos mártires soportaron el dolor más agudo con paciencia y gozo; amor a través del cual alcanzaron tal nivel que fueron prácticamente insensibles a sus mismísimos tormentos.

Capítulo XXV
El amor al prójimo abordado en mayor detalle

El que es vencido por alguno es hecho esclavo del que lo venció (2 Pe 2:19).

No existe esclavitud más dura y agobiante que encontrarse bajo el yugo de las pasiones; pero, de todas ellas, ninguna es más cruel que el *odio*, el cual debilita y aplasta de tal forma las facultades del cuerpo y del alma que no deja un solo pensamiento libre al ser humano. Por el contrario, el que vive en *amor* es *libre*. No es esclavo de la ira, la codicia, el orgullo, la mentira ni la calumnia; y cuando el amor lo ha liberado de estos vicios, no permite que los malos deseos lo dominen, sino que se mantiene como un liberto de Cristo (1 Co 7:22) en la libertad del Espíritu: porque «donde está el Espíritu del Señor, allí hay libertad» (2 Co 3:17). Por lo tanto, el que anda en el amor de Cristo ya no es un esclavo del pecado, ni siervo de los deseos carnales; porque el Espíritu del amor de Dios lo ha libertado y purificado de las pasiones carnales. Y podemos ver que el amor de Dios se extiende sobre todo hombre y mujer; de lo cual no solo encontramos pruebas suficientes en la Escritura, sino que las huellas de su bondad universal también se despliegan en todo lugar en la naturaleza. El cielo nos cubre a todos por igual, y asimismo todos hacemos uso del sol, el aire, la tierra y el agua; y esto es así tanto para los de alto rango, como para los de la más pobre condición. Y nosotros debemos mostrar a nuestro prójimo una disposición idéntica a la que Dios tiene con nosotros; pues el propio Dios nos ha entregado un modelo de bondad universal para que lo imitemos. Él no considera a este más que a aquel, sino que nos ama a todos con igual afecto. En Él no hay distinción de personas, dignidad o méritos, sino que los mira a todos por igual en Cristo. Aquí hay una instrucción para nosotros. Así como Dios procede con nosotros, debemos nosotros proceder con nuestro prójimo. Y, por cierto, del mismo modo en que nosotros tratemos a los demás, así Dios a su vez nos tratará a nosotros. No necesitamos ir muy lejos para investigar si contamos o no con el favor del Dios Todopoderoso. Si tan solo miramos a nuestra propia conciencia, esta nos dirá imparcialmente cuál es nuestra actitud y nuestro afecto hacia nuestro prójimo; y tal como nosotros hemos hecho con él, así ciertamente hará Dios con nosotros, y devolverá nuestras obras a nuestras propias manos. Y a este respecto, esto es lo que se dice de Dios: «Limpio te mostrarás con el limpio, y severo serás para con el tramposo» (Sal 18:26); es decir, si tú abrigas malvados pensamientos hacia tu prójimo, Dios también será tu adversario.

2. Por lo tanto, puesto que Dios no tiene necesidad de nuestro servicio, Él ha sustituido su lugar por nuestro prójimo, para que reciba nuestra caridad, y nos ha mandado que la ofrezcamos como si fuera a Él. Dios ha hecho de este amor al prójimo el verdadero *patrón* con el cual hemos de evaluar la sinceridad de nuestro amor a Dios.

3. Y es por este motivo que Él ha ordenado tan encarecidamente que amemos al prójimo, pidiéndonos que le mostremos de continuo el mismo amor que Dios nos muestra. Porque si un hombre o una mujer no se reconcilian plenamente con su prójimo, y viven en perfecto amor hacia él, no pueden contar con el favor o la gracia de Dios. Y aunque todos los pecados del mundo son expiados por la muerte de Cristo, y por Él se obtiene un completo perdón, con todo, en cierto sentido puede decirse que toda la humanidad está en la misma situación del siervo de aquella parábola, el cual no tenía cómo pagar; el rey le remitió generosamente todas sus deudas; pero cuando más tarde este sirviente se comportó cruelmente con su consiervo, el rey revocó su perdón, y condenó al siervo a causa de la rudeza con que trató a su prójimo (Mt 18:23-35). Cristo concluye esta parábola con la extraordinaria sentencia: «Así también mi Padre celestial hará con vosotros, si no perdonáis de todo corazón cada uno a su hermano sus ofensas» (v. 35). Y en otro lugar: «Porque con la misma medida con que medís os volverán a medir» (Lc 6:38).

4. Por lo anterior, queda de manifiesto que el ser humano no fue creado solo por causa de sí mismo, sino también por causa de su prójimo. Es tan estricto el mandamiento de amar al prójimo que cuando se rompe se destruye la finalidad misma de nuestra creación, y el amor de Dios de inmediato es quitado del alma. Nada queda sino la más severa justicia, que juzga y condena a todos los que carecen de este amor.

5. Si considerásemos seriamente estas cosas, jamás nos enojaríamos unos con otros; ni podría «ponerse el sol sobre nuestro enojo» (Ef 4:26). Es verdad, por una parte, que con su muerte en la cruz, Cristo ha ofrecido una total y absoluta expiación por todas nuestras transgresiones, y a este respecto, ha perdonado todos nuestros pecados de una sola vez; con todo, por otra parte, es una terrible consideración el hecho de que todo el alcance de los méritos de Cristo no tendrá ninguna validez para nosotros si continuamos odiando a nuestro hermano, y no lo perdonamos ni lo amamos. Se nos privará de todos los beneficios que emanan de la expiación.

6. Esto nos muestra lo importante que debe ser el amor a nuestro prójimo a ojos de Dios, pues es una obligación de tal seriedad que Dios rehúsa que lo amemos si no amamos también a nuestro prójimo. De manera que cuando falta en nosotros la benevolencia hacia este último al mismo tiempo caemos de la gracia y la divina caridad. Y es por esta razón que todos fuimos creados iguales y de una misma naturaleza, para que no podamos despreciarnos unos a otros, sino que, como hijos de un mismo padre, vivamos en paz y amor, y nos esforcemos por mantener una buena y tranquila conciencia.

7. Ahora bien, cualquiera que odie y desprecie a su hermano odia y desprecia también a Dios, quien ha prohibido toda esta animosidad con los más severos términos. Si menosprecias a tu hermano, Dios también te menosprecia a ti; esto apresura tu juicio y condenación, y te priva de toda participación en los méritos y la redención de Cristo, medio por el cual el pecado es perdonado.

8. Porque no es posible que un corazón lleno de ira y amargura pueda en alguna medida cosechar frutos de salvación de la sangre de Cristo, cuya razón de ser vertida fue únicamente el amor. Es más, la parábola antes mencionada (Mt 18:23-35) con toda claridad nos convence de que Dios se ofendió menos por la deuda de diez mil talentos que por la inhumana crueldad de que el siervo fue culpable; Él puede pasar por alto la deuda, pero no puede tolerar la falta de amor. Por lo tanto, reflexionemos sobre las palabras con que el Señor concluye la parábola: «Así también mi Padre celestial hará con vosotros».

Capítulo XXVI
Por qué se debe amar al prójimo

No debáis a nadie nada, sino el amaros unos a otros, pues el que ama al prójimo ha cumplido la Ley (Ro 13:8).

«¿Con qué me presentaré ante Jehová y adoraré al Dios altísimo? ¿Me presentaré ante Él con holocaustos, con becerros de un año? ¿Se agradará Jehová de millares de carneros o de diez mil arroyos de aceite? ¿Daré mi primogénito por mi rebelión, el fruto de mis entrañas por el pecado de mi alma? Hombre, Él te ha declarado lo que es bueno, lo que pide Jehová de ti: solamente hacer justicia, amar misericordia y humillarte ante tu Dios» (Miq 6:6-8).

2. A través de esta pregunta, y de su respuesta, el profeta nos enseña en qué consiste precisamente la verdadera adoración a Dios. No en ceremonias y sacrificios, puesto que nada podemos darle a Dios, pues todo ya es suyo; no consiste en ofrecerle sacrificios humanos, cosa que Él no nos pide, sino que lo aborrece completamente, pues es un agravio contra Jesucristo, la gran ofrenda propiciatoria que Dios ha designado para quitar los pecados del mundo (Jn 1:29), sino que la verdadera adoración a Dios consiste únicamente en fe, la cual, por sus efectos visibles, el profeta aquí la describe como «hacer justicia», es decir, el ejercicio de la fe en rectitud, en caridad y misericordia (que es más agradable que todos los sacrificios); y consiste también en la verdadera humildad y contrición, como dice el Salmo: «Los sacrificios de Dios son el espíritu quebrantado; al corazón contrito y humillado no despreciarás tú, oh Dios» (Sal 51:17).

3. Es esta divina adoración, fundada en el corazón y procedente de la fe, el amor y la humildad, la que San Pablo nos exhorta enérgicamente a ofrecer en Romanos 13:8-10. Su amonestación contiene tanto la alabanza del amor de Cristo como el permanente deber que nos compromete con nuestro prójimo, y sin el cual es imposible servir a Dios correctamente. Porque verdaderamente no hay otra forma de servir a Dios, sino al modo que Él mismo obra en nuestros corazones; de manera que servir a Dios no es otra cosa que servir a nuestro prójimo, y hacerle todos los favores del amor y la bondad cristianos que estén a nuestro alcance.

4. El apóstol describe el amor como la suma de todas las virtudes, y como «el cumplimiento de la ley» (Ro 13:10). No se trata de que mediante actos de caridad seamos capaces de cumplir la ley divina, o que a consecuencia de ello podamos merecer la vida eterna (cosa que no es posible, salvo que nuestro amor fuera completo en todo respecto, y alcanzara una plena perfección), sino que con sus palabras el apóstol pretende sugerir la magnífica excelencia de esta virtud, y al mismo tiempo inducirnos a un amor sincero. En cuanto a nuestra justicia, esta no se funda en ninguna obra nuestra, sino únicamente en los méritos de Cristo, los que se nos atribuyen por la fe.

5. De esta justicia de Cristo, asida por la fe, brota el amor a nuestro prójimo, junto con toda la cadena de virtudes cristianas, las que el apóstol llama «frutos de justicia, para gloria y alabanza de Dios» (Fil 1:11). Pero, dado que la dignidad de esta virtud es tan prominente, lo más adecuado será exponer motivos adicionales que nos puedan estimular a practicarla.

6. El primero y el más potente motivo es el que señala San Juan: «Dios es amor, y el que permanece en amor permanece en Dios, y Dios en él» (1 Jn 4:16). Porque, ¿quién no querría estar en Dios, y permanecer en Él, y que Dios estuviera y permaneciera en él? ¿Y quién, por el contrario, no detestaría estar en Satanás, y tenerlo a él morando en su interior? Y, sin embargo, esta es la consecuencia natural cuando se rechaza la caridad y se admiten animosidades antinaturales en el corazón. Pues así como Dios ama al ser humano, y está dispuesto a salvarlo de la eterna destrucción, el diablo a su vez lo odia. San Juan explica este punto en profundidad: «Todo aquel que ama es nacido de Dios, y conoce a Dios» (1 Jn 4:7). Y además: «En esto se manifiestan los hijos de Dios y los hijos del diablo: todo aquel que no hace justicia y que no ama a su hermano no es de Dios» (1 Jn 3:10). Ahora, ¿puede haber algo más deseable que ser contado entre los hijos de Dios, ser engendrado por Él, y conocerlo en verdad y por experiencia? Pero aquel cuyo corazón carece de este amor, y jamás ha sentido su fuerza y poder, ni ha probado su bondad y dulzura, su tolerancia y paciencia, tal persona, no conoce a Dios, quien es todo amor. Porque el conocimiento de Dios debe proceder de la vivencia de gozar y experimentar a Dios. ¿Y cómo podría alguien conocer a Cristo, cuando es ajeno al amor, y a esa amorosa unión que existe entre Cristo y el alma? En consecuencia, quien no tiene amor tampoco tiene a Cristo. Pero quien asiduamente ejercita el amor no quedará desprovisto del conocimiento del Señor Jesucristo: «Si tenéis estas cosas y abundan en vosotros, no os dejarán estar ociosos ni sin fruto en cuanto al conocimiento de nuestro Señor Jesucristo» (2 Pe 1:8).

7. El segundo motivo lo encontramos en las palabras del propio Señor: «En esto conocerán todos que sois mis discípulos, si tenéis amor los unos por

los otros» (Jn 13:35). Por lo tanto, para ser un discípulo de Cristo, no basta con hacerse llamar «cristiano», o con una mera declaración verbal, sino que ser un discípulo de Cristo implica mucho más. El discípulo debe creer en su nombre, debe amarlo, imitarlo, vivir en Él. Debe unirse a Él de un modo singular; debe sentir que el amor de Cristo inunda su alma, y participar gratuitamente de todos los dones y beneficios que Él ha adquirido. Quienquiera que no tenga el amor de Cristo morando en su interior, no es discípulo de Cristo, ni puede pretender una participación en sus méritos. ¿Pues cómo es posible que Cristo conozca a un hombre o a una mujer que no tenga fe en Él, ni lo ame? Así como la flor se conoce por su fragancia, y el fruto por su sabor, así también el verdadero discípulo de Cristo se conoce por su amor.

8. Es por esto que San Pablo no duda en afirmar que todos los dones no son nada sin el amor (1 Co 13:2); lo cual es el tercer motivo por el cual debiéramos desear este excelente don. En realidad, ni el conocimiento de diversas lenguas, ni el don de milagros, ni la comprensión de misterios elevados y sublimes, ni ninguna capacidad extraordinaria son señales suficientes para reconocer a un cristiano. Este privilegio está reservado únicamente para «la fe que obra por el amor» (Gl 5:6). Tampoco exige Dios ninguna cosa difícil de nuestra parte (hacer milagros, por ejemplo), sino el ejercicio del amor y la humildad, virtudes que pueden adquirirse con la más menguada aptitud. Tampoco se te exigirá en el día del juicio que hayas sido entendido en artes, lenguas y ciencias, ni que hayas poseído grandes capacidades en este mundo, sino que hayas practicado la fe y el amor. «Tuve hambre», dice nuestro Salvador, «y me disteis de comer...» (Mt 25:35). Y San Pablo les dice a los gálatas: «En Cristo Jesús, ni la circuncisión vale algo, ni la incircuncisión (ni los dones, ni los talentos, ni las capacidades, ni la admiración de la gente), sino la fe que obra por el amor» (Gl 5:6).

9. Como un cuarto motivo para tener el amor, agréguese a lo anterior este pasaje de San Juan: «Si alguno dice: "Yo amo a Dios", pero odia a su hermano, es mentiroso, pues el que no ama a su hermano a quien ha visto ¿cómo puede amar a Dios, a quien no ha visto? Y nosotros tenemos este mandamiento de Él: "El que ama a Dios ame también a su hermano"» (1 Jn 4:20, 21). Todos los escritores inspirados enseñan que el amor a Dios no puede existir en el alma sin el amor al prójimo. Porque el que odia a su prójimo obligatoriamente es un enemigo de Dios; pues Dios ama al ser humano, y nos exige que tengamos la misma disposición.

10. Un quinto motivo es que el amor es la gran ley de la naturaleza, e implica muchos beneficios para la humanidad, sin los cuales no podríamos vivir. Cuando al ser humano le ocurre algo bueno, por cierto ello proviene del amor divino. Es por esto que San Pablo llama al amor el «vínculo

perfecto» (Col 3:14); y en Romanos 12:9, 10, describe los excelente frutos que este árbol produce. Y nuestro propio Salvador nos instruye para el mismo propósito: «Así que todas las cosas que queráis que los hombres hagan con vosotros, así también, haced vosotros con ellos, pues esto es la Ley y los Profetas» (Mt 7:12). Y esta es una verdad tan universal que los mismos paganos, a causa de la propia ley natural escrita en sus corazones, estaban convencidos de ella. Es por esto que ellos decían: «No hagas a otro lo que no quieres que hagan contigo». El emperador Severo, un gobernante adornado con muchas virtudes, tenía diariamente esta máxima en sus labios, y la estableció como ley para el bien del país.

11. Un sexto motivo es que el amor es una bella imagen y un anticipo de la vida eterna; entonces los santos se amarán unos a otros sinceramente; entonces se deleitarán unos en otros, y convivirán en una maravillosa e indecible armonía, en una inexpresable dulzura, en afecto, dicha y gozo genuinos. Por tanto, quien desee formarse una imagen de aquel amor y fraternidad maravillosos, y experimentar algún anticipo de aquellos placeres únicos de la beatitud eterna, que observe este amor, en el cual encontrará un singular agrado, con paz y quietud interiores en abundancia.

12. Cuanto más pura y entrañable es nuestra caridad, tanto más se acerca a la naturaleza divina. Este es el séptimo motivo para amar. En Dios, en Cristo y en el Espíritu Santo reside el amor más puro, entrañable e ilimitado. Nuestro amor se hace puro cuando nos amamos unos a otros, no con miras al interés personal, sino por causa del amor de Dios, que es el grandioso e inequívoco modelo que debemos imitar solícitamente. Porque Dios nos ama con un amor desinteresado; pero si alguien ama a su prójimo en vista de su propio provecho e interés, su amor no es puro en absoluto, ni se asemeja en grado alguno al sublime ejemplo que el Dios Todopoderoso nos ha dejado. Esto, además, hace la diferencia entre el amor pagano y el cristiano. Un cristiano ama a su prójimo en Dios y en Cristo, desinteresada y generosamente, sin caer en intenciones ruines o egoístas. De esta forma, su amor se conserva puro y sincero, libre de fingimiento, falsedad y cualquier tipo de engaño. En cambio, los paganos contaminaron sus hechos con el honor y el interés personales, y otros fines maliciosos, todo lo cual se mezclaba con sus mejores acciones. Cuando este amor cristiano se vuelve un hábito del carácter, produce una verdadera devoción del espíritu, para realizar aun mayores actos de amor y benignidad. Y es entonces que el amor es verdaderamente entrañable, cuando inspira en la persona que ama una inmensa misericordia y bondad hacia sus semejantes, y la impulsa a realizar enormes esfuerzos por satisfacer las necesidades de ellos. Cuando su corazón es movido por los asuntos del prójimo tanto como por los propios, entonces la persona está dispuesta incluso a «entre-

gar la vida por sus hermanos» si fuera necesario (1 Jn 3:16) o, siguiendo el ejemplo de Moisés y Pablo, a ser «maldecida» a favor de sus hermanos, y ser «borrada del libro de Dios», si ello fuera posible (Ex 32:32; Ro 9:3).

13. De esto se sigue que también debemos amar a nuestros enemigos —lo cual es el octavo motivo—, de acuerdo al mandato del Señor: «Amad a vuestros enemigos, bendecid a los que os maldicen, haced bien a los que os odian y orad por los que os ultrajan y os persiguen, para que seáis hijos de vuestro Padre que está en los cielos... Si amáis a los que os aman, ¿qué recompensa tendréis? ¿No hacen también lo mismo los publicanos?» (Mt 5:44; Lc 6:32). En esto consiste la excelencia y el privilegio de un verdadero cristiano; a saber, en someter la naturaleza a este principio divino, para doblegar la carne y la sangre, y vencer al mundo y el *mal* que hay en él con el *bien* (Ro 12:20). Para el cristiano no es suficiente con no perjudicar a su prójimo o al enemigo, sino que se le ordena *hacerle bien*, y proporcionarle la ayuda que sea necesaria (Ex 23:4 y ss.). Quien se niega a cumplir estos términos no puede ser un hijo de Dios, ni discípulo de Cristo.

14. El noveno motivo es que el que no practica el amor y la caridad cristianas se excluye a sí mismo del cuerpo de Cristo, es decir, de la Iglesia; y pierde todos los privilegios de este cuerpo, e incluso los méritos de Cristo; pues no hay más que «un solo Señor, una sola fe, un solo bautismo» (Ef 4:5). Pues tal como los miembros, al ser cortados del cuerpo, ya no participan de la vida y la fuerza de la cabeza, sino que están muertos, así también los que no viven practicando el amor y la caridad están separados de Cristo, la única Cabeza de la Iglesia, y no pueden recibir el poder ni la energía vital de su plenitud. Por lo tanto, San Juan dice: «El que no ama a su hermano permanece en muerte» (1 Jn 3:14).

15. Finalmente, debemos amarnos unos a otros porque sobre las alas de este amor asciende al cielo la oración del cristiano. Todos los buenos dones se obtienen a través de la oración; y sin oración, en vano se espera el auxilio y la fortaleza. Por lo tanto, nuestra oración debe brotar del principio evangélico del amor; porque Dios solo presta oídos a la oración que está fundada en la fe y en la caridad cristiana: «Si dos de vosotros se ponen de acuerdo en la tierra acerca de cualquier cosa que pidan, les será hecho por mi Padre que está en los cielos» (Mt 18:19).

16. Por tanto, ¡ven, oh hombre, ven, oh mujer! ¡Que esta dulce unidad y armonía se establezcan entre nosotros sobre la tierra! Vivamos en el espíritu del amor, que la paz y la unión habiten entre nosotros; porque donde hay paz, allí está el Dios de paz (2 Co 13:11; Ro 15:33); y donde está Dios, «allí envía Jehová bendición y vida eterna» (Sal 133:3).

Capítulo XXVII
Por qué se debe amar a los enemigos

Amad a vuestros enemigos, bendecid a los que os maldicen, haced bien a los que os odian y orad por los que os ultrajan y os persiguen, para que seáis hijos de vuestro Padre que está en los cielos (Mt 5:44, 45).

La primera causa por la que se debe amar a los enemigos es el mandamiento explícito de Dios a través de su Hijo, para el cual Él da la siguiente razón: «Para que seáis hijos de vuestro Padre que está en los cielos», es decir, hijos de quien nos amó cuando aún éramos sus enemigos (Ro 5:10). Es como si Él hubiera dicho: «Mientras no amen a sus enemigos, ustedes no pueden ser hijos del Padre celestial; y el que no es hijo de Dios, ¿de quién será hijo?». Este mandamiento del Señor se practica poco. ¡Qué lamentable es que seamos tan reacios a producir los frutos propios de los hijos de Dios! Si somos sus hijos, ciertamente debemos aprender la gran lección de amar a nuestros enemigos, para que así podamos expresar, en alguna medida, el carácter de nuestro Padre en el cielo.

2. Dice la Escritura: «El que no ama a su hermano permanece en muerte» (1 Jn 3:14). ¿Y por qué permanece en muerte? Porque aún no ha recibido el principio vital que se debe obtener de Cristo. La vida espiritual y celestial consiste en fe en Dios, y en amor hacia nuestro prójimo. Por lo cual, San Juan declara: «Nosotros sabemos que hemos pasado de muerte a vida, porque amamos a los hermanos» (1 Jn 3:14). Este pasaje pone de manifiesto que el amor es una indiscutible señal y un efecto de la vida espiritual, o la restauración a la vida en Cristo; asimismo, el odio hacia los demás es una prueba irrefutable de la muerte espiritual y la separación de Dios. Y dicha muerte espiritual en este mundo redundará en muerte eterna en el más allá. Sobre esto, nuestro Señor nos ha advertido oportunamente.

3. Por lo tanto, quienquiera que permita que su corazón se llene de ira y animosidad contra su prójimo debe saber, con toda certeza, que aun sus mejores obras, su oración y su participación en la adoración a Dios, y otros actos similares, son completamente inútiles y no tienen validez ante Dios. Dice San Pablo: «Si repartiera todos mis bienes para dar de comer a los pobres, y si entregara mi cuerpo para ser quemado, y no tengo amor, de nada me sirve» (1 Co 13:3).

4. Por otra parte, un atributo del carácter virtuoso y divino es perdonar las ofensas. Mira cuán paciente es Dios, y cuán presto está a reconci-

liarse (Sal 103:8). Considera el ejemplo de Cristo, el Hijo de Dios, quien, en medio de sus agudos tormentos, como un manso cordero, ni siquiera «abrió su boca» (Is 53:7). Contempla la naturaleza del Espíritu divino, que apareció en forma de paloma (Mt 3:16), y piensa que mediante una representación como esa Él puede enseñarnos una mansedumbre del carácter como la de una paloma, y recomendarnos una afable sencillez de costumbres, como conviene al verdadero cristiano. Con esa paciencia soportó Moisés las quejas del pueblo, lo que le mereció ser descrito como «un hombre muy manso, más que todos los hombres que había sobre la tierra» (Nm 12:3). Recuerda, además, la conducta de David, y el ánimo sereno con que escuchó las maldiciones de Simei (2 Sm 16:10).

5. El verdadero amor nos enseña a no airarnos con nadie más que con nosotros mismos. La verdadera paz no consiste en poseer muchas riquezas, sino en soportar con paciencia todo lo que vaya contra nuestra naturaleza. Si algún demente increpara al sol, y lo maldijera por no ser más que oscuridad, el sol jamás se oscurecería por sus palabras recriminatorias, sino que seguiría su curso, iluminando el mundo como siempre. Haz tú lo mismo, y recuerda que no hay mejor o más dulce venganza que perdonar. Muchos de entre los propios paganos practicaron máximas tan sabias y excelentes como esta. Pericles, el orador griego, tras oír pacientemente a un hombre que lo reprochó durante todo un día, al llegar la noche, lo invitó amablemente a su casa, y lo hospedó amistosamente, diciendo: «Es más fácil hablar mal de la virtud que poseerla». De igual manera, Foción, general de los atenienses, cuando merecía el bien de su nación, pero por envidia fue sentenciado a muerte, y ya estaba a punto de recibir la condena, al preguntársele si tenía alguna orden para su hijo respondió con esplendidez: «Ninguna, excepto que nunca tome alguna medida para vengar este agravio que sufro de mi nación». El Emperador Tito, al enterarse de que dos hermanos habían conspirado para darle muerte, no tuvo reparos en invitarlos a ambos a cenar con él; y en la mañana fue con ellos al teatro, y se sentó en medio de ellos a ver la obra. De esa forma, él venció al fin, con admirable clemencia, la bajeza de los hermanos. Y cuando ya Catón se había suicidado, Julio César expresó: «He perdido una gloriosa victoria; porque me había propuesto perdonar a Catón todo el mal que me ha causado».

6. Pero, después de todo, para el hombre o la mujer a quienes la inexpresable paciencia y la mansedumbre del Hijo de Dios no logran inducir a perdonar y a amar a sus enemigos, para tales personas, ni el ejemplo de los santos ni el de los paganos será suficiente para moverlas al amor y la tolerancia. Porque, ¿qué mayor injusticia y barbarie puede concebirse que el hecho de que el Hijo de Dios recibiera un trato tan degradante de parte de los hijos de los hombres, fuera azotado con látigos, coronado con espinas, escupido e

injuriado con todas las formas de burla y desprecio; y, finalmente, fuera clavado a una cruz? No obstante, Él fue capaz de soportar, con una imperturbable firmeza, todas las afrentas y deshonras que la malicia de los hombres pudo fraguar; más aún, con magnanimidad, Él perdonó todo este comportamiento inhumano y oró así: «¡Padre, perdónalos!» (Lc 23:34).

7. Y, ciertamente, fue solo con este propósito que nuestro bendito Redentor dejó su ejemplo ante nuestros ojos, para que sea la medicina que cura todas aquellas enfermedades espirituales que nos han sobrevenido; en particular, para que pueda rebajar todo orgullo y altivez, fortalecer lo débil, enmendar las falencias y reparar lo malo y defectuoso. ¿Será tan violento el trastorno del orgullo que no pueda ser curado por la inmensa humildad y sencillez de Cristo? (He 5:8). ¿Será tan impetuosa la ambición y la codicia como para burlar un remedio extraído de aquella sagrada pobreza que se manifestó en Jesucristo? ¿Habrá una ira tan fiera e implacable que su mansedumbre y serenidad no puedan apaciguar? ¿Habrá algún deseo de venganza tan amargo y encarnizado que su paciencia no pueda aplacar y contener? ¿Qué inhumanidad es tan fría y cruel que el amor de Cristo no pueda tornar en una dulce y compasiva calidez del espíritu? ¿Y qué corazón puede ser tan duro y obstinado que no se ablande con las lágrimas de Jesucristo mismo?

8. ¿Quién no desearía, con todo el corazón, ser hecho a semejanza de Dios el Padre, su Hijo y el Espíritu Santo, y llevar en su interior la eminente imagen de la santa Trinidad, la cual en esencia es amor y perdón? Pues el mayor de todos los atributos divinos es mostrar piedad y compasión, dispensar y perdonar, ser benigno y espléndido; y esta cualidad sin duda debe ser una de las virtudes más sublimes, la cual nos permite mostrar la mayor similitud con el Dios Altísimo, y con todas las personas más célebres por su bondad y virtud.

9. Finalmente, el más alto grado de la virtud es aquel en que la persona, dominándose a sí misma, está dispuesta en cualquier ocasión a olvidar las ofensas, a perdonar los agravios y a realizar actos de caridad y compasión. «Mejor es el que tarda en airarse que el fuerte», dice Salomón; y mejor «el que domina su espíritu que el conquistador de una ciudad» (Pr 16:32). Este es el escalón más alto del ascenso del alma en su ejercicio espiritual; y cuando lo ha alcanzado, ella descansa en Dios, y en Él es perfecta.

Capítulo XXVIII
De qué manera debe preferirse el amor al Creador al amor a todas las criaturas. Y de qué manera debe amarse al prójimo en Dios

Si alguno ama al mundo, el amor del Padre no está en él (1 Jn 2:15).

El corazón del ser humano está constituido de manera tal que no puede existir sin amor; debe amar a Dios, o al mundo, o a sí mismo. Por lo tanto, si un hombre, o una mujer, se siente fuertemente impulsado a amar, que dirija su amor a Dios, el supremo Bien, y rinda a Él ese afecto, quien lo implantó originalmente en el ser humano, y lo encendió por su buen Espíritu, y aún está dispuesto a reavivar esta llama en el alma, si lo pedimos incansablemente. Su amor por nosotros es aún el gran principio que origina nuestro amor por Él; y si nosotros correspondemos a su amor, este entonces nos abrazará cada día con mayor ardor. Porque el amor engendra amor, según las palabras del Señor: «El que me ama será amado por mi Padre» (Jn 14:21).

2. Cuando el amor de Dios reside en el alma, la dispone a amar incondicionalmente a todo ser humano, y no solo a desearles bien, sino a hacer por ellos todos los actos propios del amor y la benignidad; este es el atributo del amor que está fundado en Dios y se deriva de él. Quien de este modo ama a Dios y a su prójimo jamás va a dañar o defraudar a ninguna persona, ni de palabra ni de hecho.

3. Pero la mayoría de las personas está tan cautivada por el amor al mundo, que nunca admite siquiera que el amor de Dios entre en su corazón. Esto es notorio por el falso amor con que la gente trata a su prójimo, amor que, bajo una fingida apariencia de amistad, no busca otra cosa que provecho terrenal. Nada de lo que hay en el mundo debe amarse a tal grado que agravie el amor de Dios, o entre en competencia con él; en especial si se considera que hay tanta futilidad y bajeza en el mundo, y tanta excelencia y majestad en Dios, que no cabe comparación alguna entre ellos. Así como Dios sobrepasa infinitamente a todas sus criaturas, así también su amor sobrepasa en santidad y dignidad a todo el amor que podamos tener

por la criatura, y no hay comparación alguna entre ambos. Ningún amor por la criatura debe tener en nosotros una fuerza tal que nos haga ofender al amor de Dios, o actuar en su contra.

4. Dice San Pablo: «¿Quién planta una viña y no come de su fruto?» (1 Co 9:7). No es inapropiado aplicar estas palabras al caso. ¿Quién tiene mayor derecho a nuestro amor que aquel que lo plantó en nuestros corazones, y a cuyo amor debemos el ser y la vida? Y puesto que todos vivimos por el amor de Dios en Cristo, todos debemos aferrarnos a este amor, y hacer de él nuestro continuo sustento, aun en tiempos adversos. Así como un capitán, en medio de una tempestad, no deja su barco a merced del ventarrón, sino que lo asegura lo mejor que puede con el ancla, y permanece firme en la turbulencia, del mismo modo, cuando la nave de nuestra fe es sacudida en el mar de este mundo, y asediada en todos los frentes por las tentaciones del pecado y la vanidad, la ira y el orgullo, la lujuria y la avaricia, debemos aferrarnos al amor de Cristo, y no permitir que nuestros corazones sean arrojados de esa firmeza espiritual, la cual ha de llevarnos a salvo en medio de todas las tormentas de este mundo perverso y tumultuoso (Ro 8:38, 39). De este modo, cuando el pecado y la muerte, el diablo y el infierno, las aflicciones y la persecución, y otros males, amenacen con devastarnos, entonces debemos asirnos firmemente al amor de Dios manifestado en Jesucristo. Este amor divino es como el monte de salvación que le fue mostrado a Lot cuando huyó de Sodoma, para escapar del fuego de aquel sitio maldito (Gn 19:17).

5. El fuego del deseo, unido a las perpetuas llamas y tormentos, es peor que el de Sodoma. Pero el amor y el temor de Dios son un remedio soberano contra este amor profano, y contra cualquier impulso opuesto a su naturaleza pura y celestial. Fue este divino temor y amor lo que libró a José de las persuasiones de la esposa de Potifar, y aún nos guarda de las trampas del mundo maligno (Gn 39:9).

6. Nadie puede amar al mundo sino aquel que nunca ha probado el amor de Dios; ni puede alguien odiar, defraudar o embaucar a su prójimo excepto el que no ama a Dios en su corazón. ¿Cuál es el origen de todos los impacientes afanes de esta vida, esa pesadumbre y exasperación del espíritu que perturba a los pobres mortales? Sin duda, no es otra cosa que la carencia del amor de Dios. Porque la dulzura del amor divino es tan fuerte y efectiva que alivia la experiencia de todas las miserias atingentes a esta vida. Este amor hace feliz a la persona aun ante la misma muerte.

7. Una vez más, es tal la naturaleza del amor que induce al ser humano a dejar de lado todos los pensamientos sobre cualquier otra cosa, y a fijar su atención exclusivamente en el objeto amado, a fin de poseerlo y

disfrutarlo solo a él. ¿Por qué, entonces, los hijos de los hombres están tan fascinados con las cosas de este mundo? ¿Por qué no olvidan de una vez toda riqueza y honor, placeres y comodidades, para que puedan gozarlo solo a Él, a quien dicen amar? Esta fue en otros tiempos la práctica constante de los santos hombres de Dios, a quienes la exquisita dulzura del amor divino había conquistado de tal manera que los hizo olvidarse de todo lo que hay en el mundo, e incluso de sí mismos, por lo cual el mundo los tuvo por necios, cuando en realidad eran las personas más sabias; y sus burladores merecían con toda razón ser llamados necios y locos, por preferir un puñado de cosas frágiles y efímeras, en lugar de la eterna e inagotable prosperidad. Los grandísimos necios son los que llaman de esa manera a los piadosos, los cuales, puesto su amor en las cosas de arriba, se empeñan de corazón por conseguirlas y disfrutarlas eternamente (1 Co 3:19; 4:10).

8. Quien ama a Dios verdaderamente lo ama como si no hubiera nada en el universo para amar sino Dios únicamente. Y por esta razón busca en Dios todo lo que antes buscaba en el mundo. Porque Dios posee en sí mismo todas las cosas *en esencia*, lo que sea que podamos desear. Él es el verdadero honor y gozo; Él es paz y agrado; Él es riqueza y esplendor. Con Él están la luz y la vida, la gloria y la majestad, y todos los deleites que el corazón humano pueda desear. Todo está presente en Dios de una manera más sustancial y trascendente de lo que está en este mundo. Por lo tanto, si amas a alguna criatura por causa de la *belleza*, transfiere tu amor hacia Dios, quien es la fuente de toda belleza. Si quieres amar lo bueno, dirige tu amor a Dios, quien es la fuente eterna de toda bondad, más aún, es el mismísimo *Bien* en esencia, y sin Él, no hay bien en absoluto (Mt 19:17). Pues cualquiera que sea la bondad que la criatura parezca poseer, no es más que una minúscula gota salida del océano de la infinita bondad de Dios, que además se ha deteriorado por las muchas debilidades e imperfecciones que se le adhieren.

9. En conclusión, ¿no es muchísimo mejor dirigir el amor y los afectos solamente a Dios, quien es el manantial y la fuente inagotable de toda perfección y bondad? Cuanto menor es la gravedad terrenal de un objeto, es tanto más liviano, y con mayor facilidad se puede levantar. Lo mismo ocurre con el alma: cuanto más se apega a las cosas terrenales, las cuales la oprimen contra el suelo, tanto menor es su capacidad de elevarse a Dios, y regocijarse en su Hacedor. En resumen, cuanto menos ama un hombre o una mujer al mundo, tanto más predominará en sus almas el amor a Dios y al prójimo.

10. En consecuencia, el que ama a Dios sencillamente amará también a su prójimo, y quien osa ofender a Dios no se abstendrá de ofender a su prójimo.

Capítulo XXIX
La reconciliación con nuestro prójimo, sin la cual Dios retira su gracia

Reconcíliate primero con tu hermano (Mt 5:24).

Todo aquel que desee reconciliarse con Dios necesariamente debe esforzarse por reconciliarse con su prójimo; porque Dios toma los agravios cometidos contra las demás personas, como si se cometieran contra Él mismo, y el mal hecho a los demás, como si se le hiciera a Él.

2. En consecuencia, cuando alguien ofende tanto a Dios como a las demás personas, no puede recuperar el favor de Dios mientras no se reconcilie con su prójimo; pues, ya que los ha ofendido a ambos, también debe reconciliarse con ambos, como el propio Cristo declara explícitamente: «Si traes tu ofrenda al altar y allí te acuerdas de que tu hermano tiene algo contra ti, deja allí tu ofrenda delante del altar y ve, reconcíliate primero con tu hermano, y entonces vuelve y presenta tu ofrenda» (Mt 5:23, 24).

3. Por lo tanto, será necesario profundizar acerca del amor a Dios y a nuestro prójimo, y mostrar lo imposible que resulta separar ambos amores. Y habrá que decir, una vez más, que esta reconciliación con Dios y con el prójimo es, en definitiva, la verdadera fuente del amor y el afecto fraternal.

4. El discípulo amado ha expresado lo anterior de la siguiente manera: «Si alguno dice: "Yo amo a Dios", pero odia a su hermano, es mentiroso, pues el que no ama a su hermano a quien ha visto, ¿cómo puede amar a Dios a quien no ha visto? Y nosotros tenemos este mandamiento de Él: "El que ama a Dios ame también a su hermano"» (Jn 4:20:21). Es completamente imposible que subsista el amor de Dios sin el amor al prójimo. En consecuencia, el que ama a Dios verdadera y sinceramente abrazará también a su prójimo con el mismo sincero afecto. Y, una vez más, si el amor a Dios que profesamos tener es hipócrita y falso, entonces el amor con que al parecer amamos a nuestro prójimo no irá más lejos que su origen, sino que resultará igualmente falso. Por lo tanto, el amor a nuestro prójimo es la

prueba de nuestro amor a Dios, y en su correcta aplicación se descubrirá fácilmente la veracidad o la falsedad de ese amor.

5. Esta consideración nos proporciona una correcta noción respecto al amor a nuestro prójimo, y a la fraternal reconciliación que a él debe ir unida. Hay un objeto doble que Dios concede al ser humano, al cual deben tender constantemente todos los actos que realiza; a saber, el amor a Dios y al prójimo. En esto deben desembocar finalmente todos nuestros esfuerzos, y debemos progresar diariamente en este santo ejercicio; pues es para este fin que somos creados, redimidos y santificados. En suma, Cristo mismo es el único objetivo en el que deben enfocarse todas nuestras acciones. Ahora bien, cuanto más nos acercamos al amor, tanto más nos acercamos a Cristo, y mejor imitamos su vida intachable.

6. Fue con este propósito que Dios se hizo hombre, o el Verbo se hizo carne, para así poner ante nuestra vista una imagen inmensamente bella y vívida de su infinito amor y bondad, y para que a través de ella pudiera manifestarse que Dios es el AMOR mismo; el amor en su propia esencia ilimitada, incomprensible e inescrutable; y para que el ser humano, al contemplar un objeto de amor tan afable como el que se exhibe en Jesucristo, pudiera día a día ser transformado a esa misma imagen.

7. Además, así como Dios y el ser humano están unidos en Cristo con un vínculo indisoluble, así también el amor de Dios está tan estrechamente conectado con el amor a nuestro prójimo que el primero no puede existir sin este último. Más aún, el amor a Dios y el amor al prójimo no son más disociables o separables que la naturaleza divina y la humana en Cristo. Y así como quien agravia la humanidad de Cristo agravia de igual forma su divinidad, así también el que ofende a otra persona es igualmente culpable de ofender al propio Dios infinito. ¡No podemos estar airados con nuestro prójimo sin estar, al mismo tiempo, enojados con Dios!

8. Ilustraremos lo dicho anteriormente con la siguiente comparación. Cuando se traza un círculo, y se dibujan algunas líneas desde el centro hasta la circunferencia, todas estas líneas, aunque estén alejadas en la circunferencia, se encuentran en el punto central. Allí todas están unidas y todas confluyen en un solo punto, por más separadas que estén, incluso aunque estén opuestas. Ninguna de las líneas, sin importar cuántas sean, puede ser separada de las demás sin que pierda su conexión con el centro mismo, donde todas se tocan. Así también Dios es un punto o centro, cuya circunferencia está en todo lugar, extendida de tal manera hacia todos los hombres y mujeres de la tierra. Quienquiera que pretenda arrancar las líneas de su amor desde su prójimo, de igual modo, y al mismo tiempo,

debe separarlas y arrancarlas de Dios. Y así como todas las líneas confluyen y se unen en el centro, y allí se afectan mutuamente, así también hay una especie de simpatía central, y un sentimiento solidario, por así decirlo, de los padecimientos de nuestro prójimo, siempre que todos estemos unidos en Dios, el magnífico centro de todos los buenos cristianos.

9. La verdad de lo dicho hasta aquí queda claramente ilustrada en la historia de Job. Cuando se le dio la noticia de que sus bienes temporales habían sido destruidos, se nos dice que soportó serenamente la pérdida, sin dar grandes señales de descontento ante las determinaciones de la Providencia. Él continuó bendiciendo al Señor, dispuesto a admitir que quien le había concedido sus posesiones también tenía el derecho a quitárselas cuando así le placiera. Pero cuando se le informó que además había perdido a sus hijos, esta noticia realmente le estremeció el corazón: «Entonces Job se levantó, rasgó su manto y se rasuró la cabeza; luego, postrado en tierra, adoró» (Job 1:20). Que cada verdadero cristiano proceda de igual manera cuando se entere de las tragedias de su prójimo —representadas aquí por los hijos de Job—, sabiendo que debe conmoverse más por la miseria de su prójimo que por la pérdida de toda su fortuna terrenal. Porque es un atributo del verdadero amor dolerse más por las desgracias de los demás que por las pérdidas propias. ¡Qué dichosos serían los seres humanos si convivieran en amor y afecto mutuos! Entonces se acabarían los engaños; ya no se conocerían las injurias, ni habría más quejas por situaciones injustas, o por acuerdos fraudulentos.

10. A fin de que este atributo se grabara en forma aún más indeleble en el corazón, a Dios le plació crear solo un hombre en el principio, junto a Eva, que fue hecha inmediatamente después (Gn 2:21, 22). Así lo hizo para que toda la humanidad, al provenir de un linaje original y, por así decirlo, de una sola raíz, pudiera unirse en bondad y afecto fraternal recíprocos. Esta es la razón por la que Dios no creó una multitud de hombres al principio, sino solo uno; en tanto que creó muchos animales, árboles y plantas de una sola vez.

11. El amor que Dios nos manda que busquemos es de una naturaleza agradable y de una incomparable dulzura, de manera que no abruma en lo más mínimo ni al cuerpo ni al alma del ser humano. Es más, este amor tranquiliza el pensamiento en cualquier circunstancia, es inmensamente grato a nuestra propia naturaleza, y en todo ámbito va unido a una vida apacible y bendita. Ahora bien, si el mismo Dios que te ha ordenado amar a tu prójimo te hubiera mandado odiarlo, entonces tendrías motivos para quejarte por los tratos ásperos, y por tener que soportar una carga mucho más pesada que la que el amor podría imponerte. Porque el espíritu del odio y la venganza es un

tormento para el alma, un pesar y una exasperación permanentes para quienes son sus esclavos. El amor, por el contrario, renueva completamente al ser humano; lejos de debilitar o destruir el cuerpo o el alma (el efecto característico del odio y la envidia), más bien es el mejor medio para preservarlos, y los alienta con su fuerza sanadora. En suma, para los que aman a Dios, es un placer amar también a su prójimo; pero los que no aman a Dios consideran que es un arduo y difícil ejercicio abrazar al prójimo con amor fraternal.

12. Pero si tu naturaleza depravada aún encuentra que es una penosa tarea amar a tu prójimo, considera entonces cuánto más penoso será que te expulsen de la presencia de Dios para siempre, y soportar los tormentos del infierno por toda la eternidad. Qué infeliz es el hombre o la mujer que toma una opción tan desafortunada como es preferir los suplicios del infierno a una reconciliación fraternal. Nuestra propia experiencia pronto nos convencería, si hiciéramos el intento, de que, así como por la fe disfrutamos de una estable paz con Dios (como nos asegura el apóstol en Romanos 5:1), así también mediante el amor y la reconciliación cristianos disfrutamos de paz con las demás personas, junto con una gran quietud y serenidad del corazón. En tanto que, por el contrario, una mente llena de rencor y animadversión se consume a sí misma, y no puede esperar más recompensa que las punzadas de una conciencia corrompida.

13. Todo lo anterior se resume en esto: cada virtud premia a sus devotos con paz en la conciencia; y cada vicio castiga a quienes lo practican con la retribución que merecen. Cada virtud honra a quienes la ejercitan; y cada vicio avergüenza a sus esclavos.

14. La Escritura es explícita respecto al orden y el procedimiento que debemos observar para lograr una genuina reconciliación con nuestro prójimo ofendido. Los términos de la reconciliación son los siguientes: primero, el ofensor debe confesar su pecado a su prójimo ofendido. Segundo, debe restituir sin falta aquello en lo que ha defraudado a su prójimo; es decir, debe devolver, no solo lo *principal*, sino además añadir la *quinta parte*. Tercero, si no hay nadie que reciba la devolución, debe ofrecérsela al propio Señor (Nm 5:7, 8).

15. Esta restitución de lo que se ha tomado en forma ilegítima se ordena de forma tan enérgica y expresa que demuestra que es una parte absolutamente imprescindible del arrepentimiento sincero. San Agustín ha expresado su parecer en esta materia en los siguientes términos: «El pecado no es perdonado mientras no se restituya lo que se ha tomado en forma ilegítima... Cuando lo que ha sido tomado puede ser restituido, pero no se restituye, no hay un arrepentimiento verdadero, sino fingido».

16. Y ciertamente la característica del arrepentimiento sincero es despreciar todas las cosas terrenales y considerarlas una pérdida (Fil 3:8), en comparación con aquella abundante gracia que se concede al pecador arrepentido. De esto tenemos un magnífico ejemplo en Zaqueo, y en su conversión al Señor (Lc 19:8), quien, no obstante, ha tenido comparativamente pocos seguidores en nuestro tiempo. La genuina conversión a Dios limpia el corazón, y purifica la conciencia, por la fe en Cristo; rompe el poder del pecado y, al impulsar a la persona a restituir aquellas cosas mal habidas, no solo trasparenta el corazón ante Dios, sino también la conducta visible a ojos del mundo. Pues en el corazón y la conciencia, la persona es ladrona ante Dios mientras retenga cualquier cosa que haya robado, aun cuando en adelante pueda dejar de robar. Por lo tanto, para que se demuestre la sinceridad del arrepentimiento y la conciencia se libere de la culpa, debe realizarse toda restitución que sea factible; y si alguien no puede hacer una total restitución, debe suplicar de todo corazón al Señor que Él mismo, en su lugar, devuelva a su prójimo lo que se le ha quitado, y de esta forma le haga justicia.

17. Dado que el pecador está doblemente vinculado a Dios y a su prójimo, se exige que ellos dos sean satisfechos para que su arrepentimiento sea pleno y eficaz. Dios no acepta el arrepentimiento de nadie, mientras la persona no se reconcilie con su prójimo. Por lo tanto, no tiene ningún sentido que alguien le diga a Dios: «Dios de misericordia, yo te confieso que he ofendido y agraviado a mi prójimo; le he causado daño a través de una malvada usura y fraude; y lo he tratado como yo no quisiera que otros me tratasen a mí. ¡Oh Señor, te suplico humildemente que me perdones esta injusticia, en el nombre de Jesús!». No nos engañemos; ¡nadie puede burlar a Dios! Él rechaza esta oración, y dice: «Devuelve primero lo que has tomado de tu prójimo mediante fraude y usura, y entonces recibirás el perdón». No se trata de que la persona merezca el perdón de Dios por hacer la devolución; es una deuda con su prójimo, ¿y cómo puede pretender merecer algo por esa restitución que está obligada a realizar, y que la ley de Dios le ordena explícitamente? Porque esto es lo que ha mandado el Señor: «Así que todas las cosas que queráis que los hombres hagan con vosotros, así también haced vosotros con ellos» (Mt 7:12). «Porque con la misma medida con que medís, os volverán a medir» (Lc 6:38).

18. La misma verdad se confirma en el siguiente pasaje de la Escritura: «Deja allí tu ofrenda (oblación o sacrificio) delante del altar y ve, reconcíliate primero con tu hermano, y entonces vuelve y presenta tu ofrenda» (Mt 5:24). «Dejad de hacer lo malo, aprended a hacer el bien, buscad el derecho, socorred al agraviado, haced justicia al huérfano, amparad a la viuda. Venid luego, dice Jehová, y estemos a cuenta: aunque vuestros pe-

cados sean como la grana, como la nieve serán emblanquecidos; aunque sean rojos como el carmesí, vendrán a ser como blanca lana» (Is 1:16-18). Y, una vez más, a través del mismo profeta el Señor expone lo siguiente: «El ayuno que yo escogí, ¿no es más bien desatar las ligaduras de impiedad, soltar las cargas de opresión, dejar ir libres a los quebrantados y romper todo yugo? ¿No es que compartas tu pan con el hambriento, que a los pobres errantes albergues en casa, que cuando veas al desnudo lo cubras y que no te escondas de tu hermano? Entonces nacerá tu luz como el alba y tu sanidad se dejará ver en seguida; tu justicia irá delante de ti y la gloria de Jehová será tu retaguardia» (Is 58:6-8).

19. Todos estos pasajes proclaman a una voz esta gran verdad: que Dios no aceptará el arrepentimiento de ninguna persona, ni oirá su oración, ni considerará sus limosnas u ofrendas mientras no se reconcilie primero con su prójimo, y le restituya todo cuanto esté a su alcance.

Capítulo XXX
Los frutos del amor

> *El amor es sufrido, es benigno; el amor no tiene envidia;*
> *el amor no es jactancioso, no se envanece, no hace nada indebido,*
> *no busca lo suyo, no se irrita, no guarda rencor; no se goza de la injusticia,*
> *sino que se goza de la verdad. Todo lo sufre, todo lo cree,*
> *todo lo espera, todo lo soporta* (1 Co 13:4-7).

Tal como el árbol de vida se erguía en medio del Paraíso (Gn 2:9), así también está Jesucristo en el Paraíso de la Iglesia cristiana, a fin de que todos los creyentes puedan obtener de Él la vida y la fortaleza. Toda la esencia de la religión cristiana reside en la *fe* y el *amor*. Mientras que por la *fe* en Cristo la vida del cristiano se vuelve aceptable ante Dios (una vida que vive, no por sí mismo, sino que es la vida de Cristo en él); el AMOR, por su parte, resulta ser el fértil principio de todos los actos caritativos en relación a su prójimo. Y este es un hecho tan cierto que todas las virtudes, no importa cuán espléndidas puedan ser, de nada sirven sin la caridad; tanto es así que incluso la misma fe se considera muerta si no va acompañada de amor (Stg 2:17). Porque aunque la fe, en lo que respecta a la justificación, no considera las obras —ya sea que la precedan, la acompañen o la sigan— sino solo a JESUCRISTO, a quien se aferra, con todo, esa fe no es más que mera farsa y pretensión si no va unida al amor, aun cuando pudiera realizar milagros. Pues así como un cuerpo privado del alma está muerto, así también el hombre espiritual interior, si no tiene amor, está totalmente muerto (Gl 5:6). Es verdad que la fe justifica al pecador sin considerar las obras (Ro 4:6); con todo, cuando ella ejerce las funciones del amor mutuo entre las personas, necesariamente irá acompañada de una serie de buenas obras; lo cual es la verdadera prueba por la que puede distinguirse la fe genuina de cualquier impostura. Esta es la fe que actúa por amor; este es el árbol que produce frutos en abundancia, como podrá apreciarse en mayor profundidad a partir de las siguientes consideraciones.

2. El *primero* de estos frutos es la paciencia. «El amor es paciente»[3]. Nadie ha expresado en mayor plenitud la naturaleza y constitución de esta

---

3. Nueva Versión Internacional. (N. del T.)

virtud que el propio Cristo, el verdadero árbol de vida, cuyos benignos y salutíferos frutos debemos comer y asimilar en nuestra propia esencia y naturaleza. Así como Él, por su maravillosa paciencia, soportó la malicia del mundo, para que de esa forma los pecadores pudieran llegar al arrepentimiento (Ro 2:4), así también tú, oh hombre, y tú, oh mujer, ordena tu vida y tu conducta, para que sea evidente que el manso y benigno Cristo vive en ti, y para que puedas permanecer en Él, así como un miembro está firmemente unido a su cabeza.

3. El *segundo* fruto es la bondad. «El amor es benigno». También esta virtud fue visible en Jesucristo de la manera más eminente, y en el ejemplo que Él nos ha dejado. David expresa: «La gracia se ha derramado en tus labios» (Sal 45:2). Y el evangelista nos dice que todos «estaban maravillados de las palabras de gracia que salían de su boca» (Lc 4:22). Pon atención a estas palabras, estimado lector, y sigue este magnífico modelo de amor y benignidad, para que así Cristo pueda hablar también a través de tu boca, y para que puedas permanecer unido a Él en eterna caridad.

4. El *tercer* fruto consiste en no ser envidioso ni vengativo, sino estar dispuesto a perdonar cualquier tipo de ofensa. «El amor no tiene envidia». Nada está en mayor conformidad con la naturaleza de Dios que el acto de perdonar. «Misericordioso y clemente es Jehová; lento para la ira y grande en misericordia. No contenderá para siempre ni para siempre guardará el enojo. No ha hecho con nosotros conforme a nuestras maldades ni nos ha pagado conforme a nuestros pecados» (Sal 103:8-10). «Pero si el impío se aparta de todos sus pecados que cometió, y guarda todos mis estatutos y actúa conforme al derecho y la justicia, de cierto vivirá: no morirá. Ninguna de las transgresiones que cometió le será recordada; por la justicia que practicó, vivirá» (Ez 18:21, 22). «"¿No es Efraín un hijo precioso para mí? ¿No es un niño en quien me deleito? Desde que hablé de él, lo he recordado constantemente. Por eso mis entrañas se conmovieron por él, y ciertamente tendré de él misericordia", dice Jehová» (Jer 31:20). Y, finalmente, Isaías expresa con toda claridad esta divina bondad, y la expone como el carácter esencial de Dios: «Yo, yo soy quien borro tus rebeliones por amor de mí mismo, y no me acordaré de tus pecados» (Is 43:25). Por lo tanto, sé tú también, en este respecto, como el Dios misericordioso. Escucha este consejo: perdona y olvida los agravios de tu prójimo, para que, de igual modo, Cristo perdone también tus ofensas y transgresiones. Es entonces cuando posees la mente de Cristo. Esta es la única vía para obtener comunión con Él.

5. El *cuarto* fruto es la franqueza. «El amor no es jactancioso». Una persona bondadosa y caritativa no tiene prejuicios acerca de su prójimo,

no presume delante de él, no se apresura a criticarlo ni lo ridiculiza insidiosamente delante de otros. El verdadero amor se opone tajantemente a este tipo de costumbres infames. El que ama sinceramente a su prójimo revela su corazón en su mirada, y todo lo hace con transparencia, sin disimulo. Un ejemplo visible de ello nos lo ha dejado Cristo mismo, cuyo comportamiento fue el mismo tanto hacia los amigos como hacia los enemigos, y quien, desde lo profundo de su corazón, se esforzó con gran ahínco por llevar a cabo la salvación de la humanidad. Toma esto como un ejemplo, oh hombre, y sigue las huellas de tu Maestro, para que así la franqueza que había en Cristo pueda brillar también en tu vida y conducta. Así como el Señor ha propiciado de todo corazón nuestro bien y nuestro beneficio, así también nosotros debemos hacer lo mismo unos a otros, si deseamos participar de la naturaleza de Cristo, y estar unidos a Él, como miembros vivos a su Cabeza y Salvador.

6. El *quinto* fruto es no «envanecerse». El carácter del amor no es arrogante ni despreciativo. No se jacta con una altiva presunción por sus propias hazañas o logros. Una vez más, ¡mira al Señor Jesús! Cuando una mujer, en medio de la muchedumbre, levantó su voz y le dijo: «¡Bienaventurado el vientre que te llevó y los senos que mamaste!», Él respondió: «¡Antes bien, bienaventurados los que oyen la palabra de Dios y la obedecen!» (Lc 11:27, 28); de esta forma alejó humildemente la alabanza que le correspondía con toda propiedad, y la dirigió a quienes amaban sinceramente al Señor. Si tú decides hacer lo mismo, entonces el humilde Jesús verdaderamente vive en ti, y tú vives en Él; pues el carácter permanente de la verdadera caridad es traspasar los elogios de la gente a otra persona, a quien estime que realmente la merece.

7. El *sexto* resultado del amor es «no hacer nada indebido». El hombre, o la mujer, que tiene amor no cae tan fácilmente en la insatisfacción, o en algún estado de malhumor que amargue su ánimo. Su convivencia con los demás es afable, atenta y tan acorde con todos los servicios de amor y solidaridad que la bondad de su alma se puede apreciar aun en su mirada. Nuestro Señor Jesús nos ha dejado el más reluciente y santo modelo de esta afabilidad del carácter. Él lo hacía todo con un espíritu de mansedumbre; y cuando estaba entre los pecadores, la piedad y la compasión se manifestaban visiblemente en su propio semblante y apariencia. Este dulce carácter de Cristo debe transmitirse también a nuestra alma, de manera que nuestra vida demuestre que es una réplica de aquel bendito original.

8. El *séptimo* fruto del verdadero amor es que «no busca lo suyo». Por el amor, un cristiano genuino ha alcanzado tal esplendidez y generosidad del alma que sirve a sus semejantes gratuitamente, sin miras a ningún in-

terés personal. Nada le es más grato que hacer el bien a todos sin la menor expectativa de ganancia. Este amor puro y desinteresado reside originalmente en Dios Todopoderoso. Él concede todas las cosas gratuitamente, sin recibir beneficio alguno. Él nos manda a temerlo y a adorarlo sin otro propósito que hacernos aceptables objetos de su amor y benignidad. ¡Contemplen qué grandioso modelo de amor desinteresado nos ha dejado Cristo! (Mt 20:28). Así como un árbol, sin hacer consideración de las personas, reparte a todos sus frutos de la manera más profusa y universal; así también Cristo, y Dios en Cristo, se ha donado a sí mismo a nosotros como el mayor y más excelente Bien. ¡Ve ahora tú, hombre, y tú, mujer, y practicad la misma virtud! Para que así Cristo, la vid inmarchitable, pueda brotar en vosotros, y os transforméis en un fructífero huerto del Señor (Is 61:3).

9. El *octavo* fruto del verdadero amor es que «no se irrita». La persona que ha probado el verdadero amor no está propensa a guardar ningún tipo de animosidad, menos aun a liberarla por medio de palabras maldicientes y recriminatorias. Contempla una vez más la vida de Jesús, quien ni siquiera abrió su boca contra sus enemigos, ni profirió ninguna palabra virulenta o resentida, sino que dio bendición y vida a quienes lo odiaban (Is 11:3; 42:2). Y aunque, en efecto, Él anunció ira contra Corazín, Capernaúm y Betsaida, y pronunció muchos ayes contra los fariseos (Lc 10:13; 11:42), con todo, esto no procedía de un temperamento resentido o vengativo, sino que no fue otra cosa que una seria y enérgica exhortación al arrepentimiento genuino y sincero, para que así los ofensores al final fueran salvos. Por lo tanto, seamos cautelosos, para que jamás brote en nosotros ninguna raíz de amargura que estorbe nuestra caridad, lo que causaría que muchos fueran agraviados (He 12:15).

10. El *noveno* fruto de la caridad es que «no guarda rencor»[4]. También este es un atributo del Dios Todopoderoso, tal como Él mismo declara: «Porque yo sé los pensamientos que tengo acerca de vosotros, dice Jehová, pensamientos de paz y no de mal, para daros el fin que esperáis... Me buscaréis y me hallaréis, porque me buscaréis de todo vuestro corazón» (Jer 29:11, 13). De lo anterior se deduce que quienquiera que tenga pensamientos de paz acerca de su prójimo tiene la mente de Cristo, y el Espíritu del Señor lo alienta y lo guía.

11. El *décimo* fruto es que el amor «no se goza en la injusticia», ni se complace en el agravio o la opresión de los buenos hombres, como hizo

---

4. La versión RV 1909 (entre otras), al igual que en el texto original, dice aquí que el amor «no piensa el mal», lo que hace más clara la conexión con el pasaje de Jeremías citado a continuación. (N. del T.)

Simei cuando David huyó de Absalón (2 Sm 16:5, 6). El verdadero amor, por el contrario, imita a Jesucristo, quien, con una amorosa compasión, observando con una afligida mirada la caída de Pedro (Lc 22:61), lo levantó y lo restauró, cumpliendo así las palabras del Salmista: «Jehová levanta a los caídos» (Sal 146:8). ¡Y de qué manera lamentó el mal que pendía sobre los hombres de Judá, y la destrucción de su templo y su ciudad! (Lc 19:41; 15:4). ¡Con qué ansias, con qué anhelo del corazón condujo a sus ovejas extraviadas al buen camino; y con qué dulce y amable voz las llamó al hogar! Imitemos nosotros a tan grande maestro del amor; y si alguien es sorprendido en una falta, aflijámonos por su situación, instruyámoslo en el espíritu de la mansedumbre, y llevemos su carga, para que así podamos cumplir la ley de Cristo (Gl 6:2). Porque Él cargó con el peso de nuestros pecados, para que, al hacernos sus miembros vivos, Él, que es la Cabeza de la Iglesia, pudiera modelar en nosotros ese mismo carácter.

12. El *decimoprimer* atributo de la caridad es que «se goza de la verdad», y se complace inmensamente en un cristiano ordenamiento de las cosas. De esto tenemos un ejemplo en Cristo, quien, al regreso de los setenta discípulos, se regocijó en el espíritu y alabó a su Padre por el éxito que había tenido la labor de ellos (Lc 10:21). Asimismo, los ángeles en el cielo también se gozan (como Él mismo nos enseña) por la conversión de un pecador (Lc 15:10). Por lo tanto, quienquiera que atesora en el corazón la práctica de una virtud tan cristiana manifiesta con ello un carácter angelical; es más, tal disposición es una prueba de que la propia mente de Cristo, más aún, de Dios mismo, reside en aquella alma.

13. El *decimosegundo* fruto de la caridad es que «todo lo sufre», a fin de preservar el vínculo de paz y de amistad. El amor soporta pacientemente las debilidades de los demás, siguiendo el ejemplo de San Pablo, quien se hizo débil para los débiles, para ganar a los débiles; es más, él se hizo igual a todos, para salvar a algunos por cualquier medio (1 Co 9:22). El mismo amor celestial todo lo *cree*, y no sospecha ningún mal de su prójimo; todo lo *espera*, orando y deseando que la paz y la felicidad puedan acompañar continuamente a todos los seres humanos. Y, finalmente, el verdadero amor *todo lo soporta* en beneficio del prójimo; todo lo cual nuestro bendito Redentor nos ha enseñado con inmenso afecto a través de su ejemplo. Él soportó toda forma de reproches y ofensas por nuestros pecados; Él sufrió los suplicios y azotes más crueles, además de una extremada pobreza, para que en Él, y por Él, podamos obtener gozo y honra perpetuos.

14. El *decimotercer* fruto del amor es que «nunca deja de ser»; nunca deja de hacer el bien. En este aspecto es como Dios, cuya compasión está desde la eternidad hasta la eternidad con aquellos que le temen (Sal 103:17;

Lc 1:50). Dios espera y aguarda para mostrarnos su gracia (Is 30:8). A fin de ser misericordioso con nosotros, Él se levantó para perdonarnos, y a Él le agrada ser exaltado por mostrar misericordia. Su amor es más fuerte que la muerte, muchas aguas no pueden apagarlo, y de Él nada podrá separarnos (Cnt 8:7). Sus misericordias para con nosotros son eternas. Y aunque en cierta ocasión Él declara estar «cansado de tener compasión» (Jer 15:6), con todo, estas palabras se limitan solo a aquellos que voluntariamente rechazan la ternura de su misericordia, quienes desprecian su gracia y abusan de su bondad; y ellas de ninguna manera afectan a quienes temen a Dios de corazón. «"Porque los montes se moverán y los collados temblarán, pero no se apartará de ti mi misericordia ni el pacto de mi paz se romperá", dice Jehová, el que tiene misericordia de ti» (Is 54:10). Conforme a este modelo de divina misericordia debemos nosotros ordenar el amor que mostramos a nuestro prójimo, para que nunca cese ni flaquee en los actos de humanidad y bondad; ni siquiera en aquellos actos de caridad que nos corresponde hacer a nuestros propios enemigos. Tal como hizo Cristo, así también nosotros, con un amor entrañable e incansable, debemos orar: «Padre, perdónalos» (Lc 23:24).

15. En suma, el Amor es la mayor, la mejor y la más perfecta de todas las virtudes. En primer lugar, porque Dios es amor (1 Jn 4:16). En segundo lugar, porque es el cumplimiento y la suma o el compendio de toda la ley (Ro 13:10). En tercer lugar, porque es eterno y nunca deja de ser, de manera que no es como la fe y la esperanza, las cuales desaparecerán cuando se manifieste aquella felicidad que es el fin de la fe (1 Co 13:8). En cuarto lugar, porque todas las buenas obras y los servicios hechos a nuestro prójimo sin amor son inútiles y Dios no los toma en cuenta. Y, finalmente, porque el amor nos proporciona en esta vida la seguridad de que por la fe en Cristo heredaremos la vida eterna en el más allá. En consecuencia, el amor cristiano debe superar a cualquiera de los demás dones y gracias, y nuestro interés primordial debe enfocarse en una virtud tan divina como esta. Ciertamente, nada puede ser mejor que conocer el amor de Cristo por experiencia, el cual «sobrepasa todo entendimiento», para así ser llenos de toda la plenitud de Dios y de los frutos del amor (Ef 3:19).

Capítulo XXXI
El orgullo y el amor a sí mismo corrompen y destruyen aun los mejores y más dignos dones

Si yo hablara lenguas humanas y angélicas, y no tengo amor, vengo a ser como metal que resuena o címbalo que retiñe (1 Co 13:1).

Para que nadie se cuestione por qué San Pablo expone la virtud del amor con tan elevados y eminentes elogios, debemos considerar que Dios es AMOR; y que, en consecuencia, la misma alabanza les corresponde a ambos, y no puede haber una virtud superior en Dios o en el ser humano que el amor.

2. Pero nuestro amor tiene dos caras: de un lado, el amor es verdadero, vivo, sincero y puro; del otro lado, es falso, corrupto, hipócrita y egoísta. San Pablo ha descrito muy extensamente el primero de ellos, y ha expuesto todos los frutos y atributos que lo acompañan, acerca de los cuales ya hemos hablado. El segundo tipo de amor, el falso y contaminado, de hecho a veces puede aparentar que promueve la gloria de Dios, y el bien de los hombres; sin embargo, interiormente, en el corazón, no busca otra cosa, tanto en palabra como en hechos, que el honor y el interés personal únicamente. Ahora bien, todo aquello que pueda fluir desde esta fuente de falso amor no procede de Dios, sino del diablo; porque es un veneno que infecta las obras más excelentes y los más sublimes dones concedidos al ser humano.

3. Así como una flor que a la vista, al tacto, y al olfato, es dulce y hermosa, pero es rechazada con disgusto si contiene algún secreto veneno, por ser nociva para las personas, así también, aunque un hombre esté adornado con los más finos atributos, y con los dones propios de los mismísimos ángeles, si le falta la caridad, y está lleno de avaricia, orgullo, amor a sí mismo y honor propio, entonces todos sus dones no solo resultan inútiles, sino que se vuelven perjudiciales para quien los posee. Porque todo aquello que es realmente bueno procede siempre de Dios mismo, de manera que comienza y concluye en Él. Cualquier cosa que se desvíe de este *principio* y *fin* jamás puede ser realmente buena, ni aceptable al Señor. Aquello que el buen Dios obra en tu corazón es verdaderamente bueno, y solamente bueno; pero es todo lo contrario si el amor a ti mismo, el honor

propio y el interés personal toman control de tu alma, e influyen en las acciones de tu vida. Todo lo que brote de un principio tan depravado necesariamente será de la misma naturaleza que la fuente de donde nace, corrompido y contaminado, pues Dios no es su causa original y principio impulsor; solo Dios es bueno (Mt 19:17).

4. Se dice que cierto santo de antaño deseaba ser para Dios de la misma utilidad que lo que era para él su mano derecha; un *instrumento* dispuesto a dar y recibir lo que fuera apropiado, y hacerlo a la manera que el alma dirija, sin arrogarse honor ni provecho a sí mismo. En efecto, es justo que todos tengamos igual disposición. Pues así como todas las cosas nos llegan de Dios gratuitamente, así también nosotros debiéramos devolver todas las cosas gratuitamente a nuestro prójimo, por un principio de puro amor, y con una genuina franqueza del corazón, sin deseos de gloria o interés personal. Porque dado que solo Dios es el autor de todo lo bueno, lo justo es que todo honor y gloria sean dados solo a Él. El ser humano no es más que un instrumento, facultado para recibir y entregar lo que Dios le conceda.

5. Ahora bien, si un hombre o una mujer carece de este amor sincero y puro, es una pura nadería, y no tiene valor alguno ante Dios, no importa cuáles sean sus dones y capacidades. Aunque esa persona hablara las lenguas de los ángeles; aunque profetizara y conociera todos los misterios, y tuviera una fe que pudiera remover montañas; y aunque repartiera, además, todos sus bienes entre los pobres, y entregara su cuerpo para ser quemado, todo esto no tendría ninguna validez al final, y de nada le serviría cuando tuviera que enfrentar su juicio (1 Co 13:1-3).

6. La razón de esto es evidente. El amor a sí mismo, el honor propio y el interés personal son del diablo, quien por esa vía se procuró su propia caída desde el cielo. Porque después de que Dios hubo creado a Lucifer como un ángel gloriosísimo, y lo adornó con los más excelentes dones de sabiduría, luz, y esplendor, este comenzó a enorgullecerse de sus dones, y a amar, honrarse y exaltarse a sí mismo. Esta autocomplacencia resultó ser el primer paso en el camino a su ruina. Él tornó su amor desde Dios hacia sí mismo, y merecidamente fue removido de su principado, junto con todos aquellos que se le adhirieron, a quienes él había infectado con el mismo orgullo y amor propio. No satisfecho con su estado de primacía, Lucifer aspiró demasiado alto, y perdió todo lo que el Creador le había concedido, según lo expresa San Judas: «Los ángeles no guardaron su dignidad» (Jd 6; cf. Col 2:15).

7. A través del mismo pecado que había ocasionado su propia ruina, Satanás se propuso la ruina del ser humano, a saber, apartándolo desde el amor a Dios al amor a sí mismo. De esa forma, el amor y el honor propios

comenzaron a actuar en el ser humano, y lo indujeron a pretender igualdad con el propio Dios. Por lo cual fue expulsado del Paraíso —así como Lucifer había sido expulsado del cielo anteriormente—, dejándonos a todos la herencia del orgullo y del amor a uno mismo. Esta es la caída de Adán, que todos los hombres y mujeres repiten en sí mismos, la cual es traspasada, a través de la carne y la sangre, de una generación a otra.

8. El remedio que puede efectuar una completa cura en el ser humano caído debe buscarse exclusivamente en los preciosos *méritos de Cristo*, asidos por la fe. De esta forma somos renovados en Cristo, y la carne, con sus deseos pecaminosos, es crucificada. Entonces ya no nos amamos a nosotros mismos, sino al contrario, incluso nos *odiamos* a nosotros mismos (Lc 14:26). No nos honramos ni nos enaltecemos, sino que nos negamos y mortificamos a nosotros mismos. Ya no buscamos nuestra propia gloria y provecho, sino que, negando todo lo que poseemos, alejamos nuestro placer y confianza de cualquier cosa terrenal (Lc 14:33), y con valentía batallamos contra nuestra propia carne y sangre. Quienquiera que se rehúse a cumplir con estos términos por ningún motivo puede ser un discípulo de Cristo; pues este es el único medio por el cual se debe doblegar la degeneración natural de nuestro corazón y efectuar una verdadera conversión.

9. Era absolutamente imposible que el ser humano se restaurara a sí mismo con su propia fuerza natural (pues de suyo él no puede hacer otra cosa que amarse a sí mismo, presumir de sí mismo y perseguir sus propios fines e intereses; o, para condensarlo todo en una palabra, cometer *pecado*); por tal motivo, Dios, en su infinita misericordia, fue movido a compadecerse de la condición caída de la humanidad y a efectuar el comienzo mismo de la restauración del ser humano. Con este propósito, el Hijo de Dios tomó la forma humana, para así renovar nuestra naturaleza, de manera que, al ser regenerados *por* Él, *en* Él *y desde* Él, podamos convertirnos en nuevas criaturas. Pues así como en Adán estamos muertos corporal y espiritualmente, así también debemos resucitar en Cristo, y ser renovados tanto en el cuerpo como en el alma (1 Co 15:22). Y así como, a través de una descendencia carnal desde Adán, el pecado, el amor a uno mismo y el orgullo se adhirieron a nuestra naturaleza; así también en Cristo, mediante un nacimiento *espiritual*, debemos ser justificados y heredar su justicia por la fe. Y así como, mediante nuestro nacimiento carnal, recibimos el pecado desde Adán, en especial el amor propio, el orgullo y la ambición, así también de Cristo, por la fe, y por el Espíritu Santo, nuestra naturaleza debe ser renovada, lavada y santificada. Todo amor a uno mismo, orgullo y ambición deben morir en nosotros, a fin de que podamos obtener un nuevo corazón y un nuevo espíritu de Cristo, así como de Adán recibimos nues-

tra carne pecaminosa. Y, en relación a este nuevo nacimiento, a Cristo se lo denomina el *Padre eterno* (Is 9:6).

10. De lo anterior se deduce que todas las obras de un cristiano, junto con sus dones y talentos, deben proceder únicamente del nuevo nacimiento, para que puedan ser aceptables a Dios; y que todo ello debe brotar de la fe, de Cristo y del Espíritu Santo. Si no se cumple este principio, las cualidades más excelentes, aun los mismos milagros, no cuentan en absoluto ante Dios. Asimismo, respecto a nuestro prójimo, todas las cosas deben hacerse en la caridad cristiana (1 Co 16:14), sin miras a ningún beneficio u honor personales; de lo cual Dios nos ha dejado un modelo en su Hijo (Jn 13:15), en quien no había mancha de amor a sí mismo ni de arrogancia; no había deseo alguno de provecho o aplauso; es más, en Él no residía otra cosa que amor y humildad puros y sin tacha. Él debe vivir *interiormente* en nuestros corazones por la fe, y debe manifestarse *exteriormente* en toda nuestra vida y conducta. Es entonces que todos nuestros actos, palabras y conocimiento proceden de Cristo, que es su fuente original. Si en nuestro interior no se establece este principio divino, todos nuestros dones y obras, por muy eminentes y angelicales que sean, son irrelevantes y no tienen valor alguno. Porque cuando el amor a uno mismo gobierna el alma, necesariamente existe odio hacia Dios; donde impera el orgullo, este origina desprecio hacia Dios; ¿y cómo pueden ser aceptables ante el Señor las obras que broten de una fuente tan infecta?

11. Por lo tanto, roguemos solícitamente al Señor que nos conceda una verdadera fe y un amor sincero; un amor no contaminado con ningún deseo de honor, beneficio y gloria superfluos. Cuando se adquiere este divino carácter, y se establece en el corazón, le sigue la feliz consecuencia de que por él no solo las capacidades y las obras grandiosas y aclamadas se vuelven aceptables ante Dios, sino también las más ínfimas y modestas, como dar un vaso de agua fría (Mt 10:42). Porque una pequeña obra procedente del amor y la humildad sinceros es mucho más excelente que todos los actos espléndidos que se erigen sobre ningún otro fundamento que el orgullo y el amor a uno mismo.

Capítulo XXXII
Los grandes dones no demuestran que una persona sea cristiana, sino la fe que actúa por amor

El reino de Dios no consiste en palabras, sino en poder (1 Co 4:20).

San Pablo, en un intento de describir a un cristiano en breves palabras, dice: «El propósito de este mandamiento es el amor nacido de corazón limpio, de buena conciencia y fe no fingida» (1 Tim 1:5). Es como si hubiera dicho: «Para ser cristiano, y para volverse aceptable a ojos de Dios, no se requiere nada difícil o elevado; no se necesita sabiduría mundana, ni erudición humana, ni grandiosas capacidades, ni el don de profecía, ni elocuencia, ni conocimiento de lenguas, ni milagros: lo único que se requiere es que la persona tenga fe en Cristo; que haga todas las cosas por amor, y con una mente totalmente entregada a Dios; y que permita que el buen Espíritu de Dios la guíe y la gobierne».

2. Por lo tanto, no debiéramos considerar cuántos idiomas habla una persona o qué tan elocuente es su discurso; sino de qué manera exhibe su fe a través del amor y de la mortificación de la carne. «Pero los que son de Cristo han crucificado la carne con sus pasiones y deseos» (Gl 5:24); lo cual incluye la estima y el amor a uno mismo, la codicia, la arrogancia, la avaricia, el interés personal y cualquier otra inclinación carnal. Con este propósito, San Pablo dice además que «el reino de Dios no consiste en palabras», o en magníficos dones y capacidades, «sino en poder» (1 Co 4:20). Es decir, en un ejercicio permanente de las virtudes cristianas, de la fe, el amor, la mansedumbre, la paciencia y la humildad.

3. Por lo tanto, ningún hombre o mujer cuenta con el favor de Dios, ni es salvo, porque posea dones más espléndidos que los demás; sino por hallarse en Cristo Jesús por la fe, y vivir en Él como una nueva criatura (2 Co 5:17). Los grandes dones no nos dan felicidad. Si un hombre adquiriese dones tan extraordinarios y sorprendentes como nadie ha poseído antes, con todo, sería reprobado, si al mismo tiempo no viviera en el ejercicio del diario arrepentimiento en Cristo, en un decidido rechazo del mundo y en una negación de sí mismo y de todos sus deseos egoístas. Más aún, si no se

odiara ni abandonara a sí mismo, para poner toda su confianza únicamente en Dios, y aferrarse a su gracia, como un infante al pecho de su madre, él sería expulsado para siempre de la presencia de Dios, a pesar de todos sus dones y habilidades.

4. Es un hecho que los dones y talentos no se nos otorgan para hacernos grandes en esta vida, y felices en la otra; sino que se conceden exclusivamente para la edificación de la Iglesia. Cuando los setenta discípulos dijeron con gozo a su regreso: «¡Señor, hasta los demonios se nos sujetan en tu nombre!», nuestro Señor les respondió: «No os regocijéis de que los espíritus se os sujetan (porque ni los milagros ni los dones los salvarán), sino regocijaos de que vuestros nombres están escritos en los cielos» (Lc 10:17, 20). Moisés fue salvo por la fe, no por sus milagros. Tampoco la elocuencia de Aarón le ganó el favor de Dios. Y Miriam, la hermana de Moisés, quien tenía el don de profecía, y por quien hablaba el Espíritu del Señor, enfermó de lepra (Nm 12:10).

5. Los propios apóstoles no entraron al reino de los cielos a causa de los milagros que realizaron, ni debido al don de lenguas que les fue concedido, sino porque *creyeron* en Cristo, el Salvador del mundo. Tanto los de elevada posición, como los que se hallan en la más pobre condición, deben recorrer el mismo camino de fe y humildad, de arrepentimiento y mortificación, y convertirse en nuevas criaturas en Cristo mediante la fe y el amor; de manera que Cristo pueda a su vez vivir en ellos por la misma fe. Quienquiera que descuide este orden no puede esperar ser contado como miembro de la familia de Cristo.

6. El amor cristiano es aquel nuevo principio vital que impulsa a la persona a hacer el bien. Este principio va unido a la vida de Cristo y la poderosa presencia del Espíritu divino. Es con este propósito que el apóstol desea que seamos llenos de toda la plenitud de Dios (Ef 3:19); y San Juan nos dice que «Dios es amor, y el que permanece en amor permanece en Dios, y Dios en él» (1 Jn 4:16). Por lo tanto, quienquiera que sienta el amor de Dios derramado en su corazón siente nada menos que a Dios mismo. Sin embargo, a fin de que no nos engañemos con un amor falso e hipócrita en lugar del amor verdadero y divino, el apóstol ha trazado el carácter de esta virtud, y la ha representado como un árbol adornado de diversas ramas: «El amor, dice él, es sufrido, benigno, etc.» (1 Co 13). Todas estas ramas son los atributos esenciales del cristiano y, en consecuencia, la vida del nuevo hombre.

7. En suma, Dios el Padre es amor, Dios el Hijo es amor, Dios el Espíritu Santo es amor. Todo el cuerpo espiritual de Cristo, que es la Iglesia,

también está entrelazado con el vínculo del amor; de manera que no hay más que un Dios, un Cristo, un Espíritu, un bautismo, una fe (Ef 4:5, 6); y, finalmente, la misma vida eterna no será otra cosa que amor eterno.

8. Por lo tanto, quien no vive en el amor ciertamente es un miembro muerto en el cuerpo de Cristo. Así como un miembro muerto no recibe el sustento del calor natural que vigoriza al cuerpo y a cada uno de sus miembros vivos, ni el sostén del alimento necesario para su diario crecimiento y fortalecimiento, de igual modo, la persona que no vive en el amor cristiano está desprovista de vida espiritual, y está muerta para Dios y para Cristo. Sin la fe, es una rama marchita e inerte; no tiene participación en Dios, ni en Cristo, ni en el Espíritu Santo, ni en la santa Iglesia cristiana, ni en la vida eterna; y será excluida de la presencia del DIOS que ha declarado ser el AMOR mismo.

Capítulo XXXIII
Dios no tiene consideración de las obras de nadie; sino que juzga las obras según el corazón

Todo camino del hombre es recto en su propia opinión,
pero Jehová pesa los corazones (Pr 21:2).

Cuando el profeta Samuel, por mandato de Dios, fue a ungir a David como rey, entró en la casa de Isaí, y ofreció ungir a su primogénito; pero el Señor le dijo: «No mires a su parecer, ni a lo grande de su estatura, porque yo lo desecho; porque Jehová no mira lo que mira el hombre, pues el hombre mira lo que está delante de sus ojos, pero Jehová mira el corazón» (1 Sm 16:7).

2. A través de este ejemplo, Dios declara, por una parte, que Él no tiene consideración hacia ninguna persona, por muy grande e ilustre que sea, si su corazón está desprovisto de compasión, amor, fe y humildad. Por otra parte, declara que Él estima a las personas y las obras de acuerdo al espíritu y la intención internos, en el pensamiento, y entonces las aprueba o las rechaza, según nos enseña Proverbios 21:2. Además, todos los dones y capacidades, por considerables que sean, y por admirables, magníficos y gloriosos que puedan parecer a los ojos humanos, de ninguna manera complacen al Señor, si no van acompañados de un corazón puro, que tenga una firme consideración por el honor de Dios, y el beneficio y la edificación del prójimo; un corazón que, a la vez, esté libre de orgullo y arrogancia, de amor a sí mismo y de intereses personales, y de cualquiera de las malvadas intenciones que pueden enlodar las obras de un cristiano.

3. Considera el caso de Lucifer, el ángel de la mayor hermosura y gloria que el cielo pudo conocer. Tan pronto como él profanó los dones de Dios con el amor a sí mismo y el honor propio (sin considerar que su propósito era manifestar la gloria de Dios a través de los dones que Él mismo le había concedido), fue convertido en un demonio, y, al ser arrojado del cielo, fue privado de la gloriosa presencia de Dios.

4. Por lo tanto, para que nuestras obras sean aceptables ante Dios, ellas deben proceder de una fe pura hacia Dios y un sincero amor al próji-

mo, descontaminado de las manchas del amor a uno mismo, el honor propio y el interés personal, tanto como sea posible en nuestro estado de debilidad. Con este propósito dice San Pablo: «Si yo hablara lenguas humanas y angélicas, y no tengo amor, vengo a ser como metal que resuena o címbalo que retiñe» (1 Co 13:1); es decir, soy completamente inútil e infructífero. Verdaderamente, Dios no estima la fluidez de palabras, sino el corazón humilde; no considera las artes, conocimientos, erudición o capacidades, sino que Él pesa el espíritu del ser humano: si este está inclinado a fomentar el honor y el interés personales o la gloria de Dios y el beneficio de los hombres. Tampoco estima Dios una fe que pueda mover montañas, y atraiga las miradas de todo el mundo, si con ello la persona busca su propio honor y gloria. Sino que el Señor mira con gran aprecio al que «es pobre y humilde de espíritu y que tiembla a mi palabra» (Is 66:2). En suma, si un hombre repartiera todo lo que tiene entre los pobres, o entregara su cuerpo para ser quemado, tal acto no tendría propósito alguno si estuviera manchado con honor propio y autocomplacencia. Es solamente el corazón y la intención del pensamiento lo que el Señor considera. Esta verdad queda claramente expuesta en muchas situaciones registradas en la Escritura.

5. Tanto David como Saúl sirvieron a Dios, pero con distinto resultado (1 Sm 15:9; 2 Sm 24:25). David, Manasés (2 Cr 33:13), Nabucodonosor y Pedro, luego de arrepentirse, alcanzaron misericordia; Saúl, el Faraón y Judas, por el contrario, no la alcanzaron, a causa del distinto principio que gobernaba sus mentes. El Faraón (Ex 9:27) y Saúl (1 Sm 15:24), no menos que Manasés, pronunciaron la misma oración: «¡Señor, he pecado!», pero recibieron diferentes recompensas. La oración de Ezequías, Josué y Gedeón (Is 38:7; Jos 10:12; Jue 6:37), en que pedían una señal del cielo, es aprobada y elogiada; al hacer lo mismo los fariseos, son rechazados y reprobados (Mt 12:38; 16:4). Tanto el publicano como el fariseo oraron en el templo; pero no se aprobó la oración de ambos (Lc 18:14). Los ninivitas ayunaron (Jon 3:5, 10); los judíos y los fariseos hicieron lo mismo (Mt 6:16), pero aquellos fueron oídos y estos rechazados. «¿Por qué ayunamos —dicen ellos— y no hiciste caso?» (Is 58:3). La viuda pobre que echó nada más que dos moneditas en el arca del tesoro fue elogiada por Cristo, no así el que dio más (Lc 21:3). Herodes y Zaqueo se regocijaron al ver a Cristo; pero recibieron muy distintas recompensas (Lc 19:6; 23:8).

6. Todo esto no procede de otro origen más que el corazón, y del principio impulsor que lo gobierna, que es lo principal que Dios considera. Él solo acepta aquellas obras que brotan de una fe genuina, del amor sincero y de la verdadera humildad; pues cualesquiera sean nuestros dones u obras, si el orgullo, el amor a uno mismo y el veneno del sucio afán de lucro los contaminan, el Señor los rechaza al instante.

Capítulo XXXIV
Solo Dios es el autor de la salvación, sin cooperación humana, y nosotros debemos someternos en forma irrestricta a su gracia. Además, los méritos de Cristo no se atribuyen a quien no se arrepienta

Por Él estáis vosotros en Cristo Jesús, el cual nos ha sido hecho por Dios sabiduría, justificación, santificación y redención (1 Co 1:30).

Con esta extraordinaria declaración, San Pablo nos enseña que todas las cosas necesarias para nuestra salvación son un mérito de Cristo Jesús nuestro Señor. Cuando éramos ignorantes del camino a la vida, Él fue hecho *sabiduría* para nosotros; cuando éramos pecadores, Él fue hecho nuestra *justicia*; cuando éramos una abominación ante Dios, Él fue hecho nuestra *santificación*, y cuando estábamos en un estado de condenación, Él fue hecho nuestra *redención*.

2. Es un hecho certísimo, por lo tanto, que el ser humano no contribuye ni siquiera un ápice en su salvación. El hombre, en efecto, pudo cometer pecado por sí mismo; pero no fue capaz de volver a justificarse. Él pudo perderse, pero no recuperarse. Pudo darse muerte, pero no devolverse a la vida. Pudo someterse al diablo, pero no pudo desatarse de sus cadenas espirituales. Así como un cuerpo muerto no puede revivirse a sí mismo, así también el ser humano, «estando muerto en pecados», como declara el apóstol (Ef 2:1, 5), no puede levantarse a la vida por sí mismo.

3. Nosotros en nada contribuimos en nuestra creación, y tampoco realizamos nada para nuestra redención, regeneración y santificación, que son realizaciones mucho mayores que la misma creación.

4. Por lo cual fue necesario que el Hijo de Dios tomara nuestra naturaleza, para recuperar todo lo que en Adán se había perdido, y para revivir a quienes estaban muertos en delitos y pecados.

5. Para una mejor comprensión de esta materia, imaginemos al viajero del Evangelio, quien, al ser asaltado por los ladrones, estos lo hirieron y lastimaron cruelmente, de modo que quedó completamente imposibilitado de auxiliarse a sí mismo (Lc 10:30). El buen samaritano entonces, lo recibe en sus brazos, venda sus heridas, lo sube a su cabalgadura, lo lleva a una hospedería y no omite nada de lo que un buen médico le administraría a una persona enferma y herida. Y así como el viajero fue obediente a su médico, y siguió estrictamente las instrucciones que este le prescribió, así también debemos actuar nosotros si queremos ser sanados de nuestra enfermedad. Debemos *consentir* la mano sanadora del Señor, y no resistirnos cuando Él quiera sanar nuestras heridas, cuando les aplique vino y aceite y las vende. Para recibir el bendito efecto de estas curaciones espirituales, debemos abandonarnos a Él por entero, pues solo Él puede salvarnos; y entonces podemos confiar en la bondad de Dios, quien no dejará de restaurarnos a la salud y la plenitud.

6. Tan pronto como un pecador se arrepiente, comienza su feliz retorno hacia el Señor, afligido por sus pasados delitos, y dejando que sus heridas sean lavadas con el vino fuerte de la ley y el aceite del consuelo. En quien cumpla con estos términos, Cristo, por su gracia, origina una fe no fingida, unida a todos los frutos que ella produce: justicia, vida, paz, gozo, consuelo y salvación, y, de este modo, en esa persona Él «produce así el querer como el hacer, por su buena voluntad» (Fil 2:13).

7. Pero abandonar el pecado es algo que por naturaleza no está al alcance del ser humano. La Escritura denomina al hombre natural «siervo del pecado» (Jn 8:34), y también «vendido al pecado» (Ro 7:14), quien no sabe hacer otra cosa que pecar; y el profeta dice: «¿Mudará el etíope su piel y el leopardo sus manchas? Así también, ¿podréis vosotros hacer bien, estando habituados a hacer mal?» (Jer 13:23). Pero «la gracia de Dios se ha manifestado para salvación a todos los hombres (por el Evangelio), enseñándonos que, renunciando a la impiedad y a los deseos mundanos, vivamos en este siglo sobria, justa y piadosamente» (Tit 2:11, 12). Esto se nos ofrece por la palabra de Dios; y es esta gracia lo que incita, enseña y llama al ser humano caído; ella lo apremia e impulsa a renunciar al pecado, y a someterse a la disciplina de la gracia. Y estas divinas amonestaciones, emitidas a través de la Palabra, concuerdan plenamente con el testimonio interior de la conciencia; de modo que la persona es convencida, desde el exterior y desde su interior, de su vida pecaminosa y de la necesidad de abandonarla, a fin de salvar su alma de la destrucción eterna; porque quien vive en pecado vive en oposición a Dios y a su propia conciencia.

8. Cuando un hombre o una mujer cede a los llamados y exhortaciones de la gracia divina y, demostrando obediencia a la Palabra, comienza

a apartarse de su vida viciosa, entonces la gracia de Dios le otorga todas las virtudes que el Evangelio requiere. Es entonces que en el alma brota la fe, el principio original de todas las demás virtudes. A esto le sigue el amor, y todas las gracias cristianas, las cuales crecen a manera de muchos frutos en el árbol de la fe. Es entonces, además, que la luz comienza a brillar en medio de las tinieblas. Pero tal como es imposible que la oscuridad pueda iluminarse a sí misma, así también es imposible que el humano caído se levante por sí mismo de las tinieblas a la luz. Es por eso que el Salmista dice: «Tú encenderás mi lámpara; Jehová, mi Dios, alumbrará mis tinieblas» (Sal 18:28). Por más que un hombre abra los ojos, jamás será iluminado mientras la luz del sol esté fuera de su vista. Asimismo, la gracia de Dios, es decir, de Cristo mismo, es esa luz clara y serena que se ha alzado sobre todos los hombres y mujeres que habitan en «tinieblas y en sombra de muerte» (Lc 1:79). Él es «la luz verdadera que alumbra a todo hombre» (Jn 1:9); es decir, Él se manifiesta a todos, y a todos ofrece su gracia. Él es la luz de todo el mundo; Él muestra el camino de vida a todo ser humano; y dejándonos su propio ejemplo para que lo imitemos, Él va al frente como un buen pastor (Jn 10:4), y conduce su rebaño por el camino que debe andar. Él nos buscó como su oveja perdida, y aún hoy nos busca y nos invita día a día (Lc 15:4). Es más: Él aún nos sigue muy de cerca, nos llama y nos declara su amor de forma tan cautivadora como un novio a su novia. ¡Oh, si tan solo los hombres no amaran el pecado y las tinieblas en lugar de la luz y la gracia!

9. Ahora bien, así como un médico habla a su paciente diciéndole: «Tenga cuidado con esto, para que no muera; para que no dificulte la acción de la medicina llevando una vida desordenada, lo cual impediría su recuperación»; así también Jesucristo, el verdadero médico del alma, nos dice: «Querido mío, te lo ruego, vuelca tu corazón al verdadero arrepentimiento; abandona completamente tus pecados; deja tu orgullo, tu codicia, tus inclinaciones carnales, tu ira y el deseo de venganza y demás pecados. Si no se produce este cambio en ti, por cierto tendrás que morir; y la preciosa medicina de mi sangre y mis méritos no te traerá ningún beneficio si tu vida desordenada impide su efecto sanador».

10. Fue por esta causa que Cristo encargó a los apóstoles, por sobre cualquier otra cosa, que predicaran el arrepentimiento (Lc 24:47); y Él mismo llamó a los pecadores a arrepentirse mientras vivió entre ellos en la tierra; pues jamás podrá participar de sus méritos un corazón no arrepentido.

11. Quienquiera que oiga que o se abandona el pecado, o bien se sufre la condenación eterna necesariamente debe llegar a una seria reflexión acerca de la condición de su alma. Tal persona será confrontada por dos

evidencias: la verdad de la Palabra de Dios y el poder de su propia conciencia, las cuales causan una impresión tan potente que no dejan lugar a dudas sobre la veracidad de este asunto. Es verdad que Dios ha prometido la remisión gratuita del pecado a todo hombre y mujer; pero con esta condición: que se *arrepientan*, y se vuelvan al Señor sinceramente. Así dice el profeta: «Si el impío se convierte de su pecado.. vivirá ciertamente y no morirá. No se le recordará ninguno de los pecados que había cometido» (Ez 33.14-16); aquí podemos ver que el arrepentimiento y la remisión del pecado van de la mano.

12. Cristo, el hijo de Dios, promete vida eterna en los mismos términos a quienes creen en su nombre. La naturaleza de la fe, no obstante, precisa un examen más detallado. Esta fe es un verdadero principio activo en el alma. Este principio lucha a diario con el viejo hombre; dobla a la carne y la somete al Espíritu; convierte al ser humano por entero; domina y derrota al pecado; purifica el corazón. El verdadero creyente es el que se vuelve del mundo, del pecado y del diablo, a Dios, y busca descanso y consuelo total y absolutamente en la sangre, la muerte y los méritos de Cristo, sin mirar sus propias obras, ni las de algún otro hombre; pues la sangre de Cristo es el rescate perfecto para todas las deudas que el alma haya contraído. Por lo tanto, quienquiera que imagine que sus pecados pueden ser perdonados sin tener que desistir de ellos se halla en la más infame confusión. Tal persona se engaña a sí misma con la falsa fe que ha asumido, cuyos terribles efectos tendrá que experimentar en la otra vida. Jamás podrá ser salva sin un verdadero arrepentimiento.

13. Considérese el caso de Zaqueo, el publicano, quien, tras comprender cabalmente la doctrina de la fe y la conversión, reconoció abiertamente que la verdadera fe es aquella mediante la cual la persona se vuelve del pecado a Dios, y por este medio espera obtener el perdón de Cristo por gracia y una participación en sus méritos, de modo que confía en ellos con una confianza filial y una inamovible firmeza del pensamiento. Fue así como él comprendió estas palabras del Señor: «¡Arrepentíos y creed en el evangelio!» (Mc 1:15); es decir, «dejen de pecar, confíen en mis méritos, y solo de mí esperen el perdón de sus pecados». Es por esto que Zaqueo le dice a Cristo: «Señor, la mitad de mis bienes doy a los pobres; y si en algo he defraudado a alguien, se lo devuelvo cuadruplicado» (Lc 19:8). A través de estas palabras, él no recomienda sus obras en absoluto, sino que exalta la gracia de Dios, la cual le había enseñado el camino del verdadero arrepentimiento. Es como si él hubiera dicho: «Oh Señor, me duele tanto haber cometido actos fraudulentos contra mi prójimo que no solo voy a devolverle cuatro veces lo que le debo, sino que además voy a donar la mitad de mis bienes a los pobres. Por lo cual, Señor, ya que

he confesado mi pecado, y estoy completamente decidido a abandonarlo, ahora abrazo tus promesas con fe y te suplico que me recibas en tu gracia y favor». Y tan pronto como él toma esta resolución, el Médico le declara: «Hoy ha venido la salvación a esta casa... porque el Hijo del hombre vino a buscar y a salvar lo que se había perdido».

14. Este es el arrepentimiento y la conversión verdaderos, llevados a cabo por una fe que es obra de Dios en nuestro interior. Dios mismo comenzará, desarrollará y completará al fin la gran obra de nuestra salvación, si tan solo le damos cabida a su Espíritu y no lo resistimos voluntariamente, como hicieron los obstinados judíos en la antigüedad; a ellos el apóstol les dice: «A vosotros, a la verdad, era necesario que se os hablara primero la palabra de Dios; pero puesto que la desecháis y no os juzgáis dignos de la vida eterna, nos volvemos a los gentiles» (Hch 13:46). Por lo tanto, es nuestro deber seguir el consejo del médico, como hacen los enfermos, y obedecer sus ordenanzas y prescripciones. Así como un médico explica primero la naturaleza de la enfermedad, así también el Señor expone la enfermedad espiritual del corazón, y entonces, como un buen médico, nos advierte acerca de aquellas cosas que son nocivas, para que nada obstruya la virtud sanadora de la preciosa sangre de Cristo, y así al final no resulte ineficaz.

15. Tan pronto como el ser humano, asistido por el Espíritu Santo, se aparta del pecado, la gracia de Dios comienza a actuar en él, y a conferirle nuevos dones. Si esto no ocurre, la persona no es capaz de pensar nada bueno por sí misma, y mucho menos de realizar ninguna obra buena. Cada vez que la persona descubre que algún buen pensamiento surge en su mente, atribuye todo buen deseo a la gracia divina, tal como dice San Pablo: «Por la gracia de Dios soy lo que soy» (1 Co 15:10). Por lo tanto, a quienquiera que se conforme a este orden de la salvación, se le atribuyen plenamente los méritos de Cristo y su perfecta obediencia, como si Él mismo hubiera hecho una expiación por todas sus transgresiones. Pero ningún malvado —ni nadie que desprecie esta dispensación— puede participar de la imputación de los méritos de Cristo.

16. Cuando Dios actúa en nosotros y a través de nosotros, Él completa y aprueba aquellas obras como si fueran nuestras, obras cuyo autor es Él mismo. «Separados de mí», dice Cristo, «nada podéis hacer» (Jn 15:5); es decir, nada bueno; porque por naturaleza siempre estamos prestos a hacer lo malo, al estar separados de Él. El hacer lo malo es nuestra esencia; en tanto que el hacer el bien es la esencia exclusiva de Dios. Por lo tanto, que ninguna criatura se gloríe por nada; todo es por gracia y a través de la gracia (Ro 3:24; Ef 2:8, 9).

17. Dichoso el hombre que se abstiene de pecar y rinde su voluntad al Señor. Cristo hace su mayor esfuerzo por ganarse nuestro amor y nuestros afectos, y por alejarnos cada vez más del amor al mundo. Él hace uso de las expresiones más cautivadoras en su palabra y en sus llamados a nuestro corazón. Él nos busca y nos atrae; e incluso antes de que lo recordemos, Él nos brinda pruebas de amor y bondad; y lo hace con el único propósito de que podamos abandonar al fin el pecado que amamos y participar de los benditos efectos de su sangre y sus méritos.

Capítulo XXXV
Toda la sabiduría, las artes y las ciencias, más aún, incluso el conocimiento de toda la Escritura, son inútiles sin una vida santa y cristiana

No todo el que me dice: «¡Señor, Señor!», entrará en el reino de los cielos, sino el que hace la voluntad de mi Padre que está en los cielos (Mt 7:21).

Puesto que en el Amor están contenidos todos los deberes del cristiano, y dado que toda la vida de Cristo no fue otra cosa que el amor más puro y entrañable, por esto, San Pablo ha englobado toda la vida del cristiano con el nombre de la caridad o el amor (1 Co 13:1).

2. El atributo del verdadero amor es considerar solo a *Dios* en todas las cosas, y no a nuestro *ego*. Todo lo refiere a Dios; no se ama ni se honra a sí mismo; no busca gloria o intereses personales, sino que todo lo emprende con una generosa y desinteresada consideración por Dios y por los demás hombres y mujeres. Quien ha recibido el amor cristiano ama a Dios y a su prójimo con afecto puro, porque Dios es el supremo Bien, del cual debemos nosotros asirnos.

3. Por lo tanto, quienquiera que esté desprovisto de este amor necesariamente va a demostrar que es un hipócrita detrás de todas sus pretensiones y alardes. En todo lo que emprende, se busca a sí mismo, y no a Dios, como debe ser. Por este motivo, su amor es falso, sea cual fuere su presunción. Aunque esa persona memorizara toda la Escritura y pudiera hablar acerca de ella con la lengua de los ángeles, con todo, seguiría siendo un metal que resuena, inerte e inmóvil. Pues así como ningún alimento natural puede nutrir el cuerpo mientras no se transforme en sus fluidos y su sangre, así también la Palabra y los Sacramentos no tienen validez si no se convierten en la vida de la persona, y si a través de ellos no se engendra un nuevo hombre espiritual y santo.

4. Es por esto que San Pablo dice: «Y si tuviera profecía, y entendiera todos los misterios y todo conocimiento, y si tuviera toda la fe, de tal manera que trasladara los montes, y no tengo amor, nada soy» (1 Co 13:2). Es como

si hubiera dicho: «Si a través de esos dones y logros yo busco mi propio honor y persigo cualquier otra cosa que no sea el honor de Dios y el bien de mi prójimo, entonces soy una abominación a los ojos del Señor, y no soy aceptable en absoluto ante Él».

5. Es esto lo que el Señor da a entender cuando dice: «Muchos me dirán en aquel día: "Señor, Señor, ¿no profetizamos en tu nombre, y en tu nombre echamos fuera demonios, y en tu nombre hicimos muchos milagros?". Entonces les declararé: "Nunca os conocí. Apartaos de mí, hacedores de maldad!"» (Mt 7:22, 23); porque no me han tenido en consideración solo a mí en las cosas que han hecho, sino más bien a ustedes mismos.

6. San Pablo enseña lo mismo más adelante: «Y si repartiera todos mis bienes para dar de comer a los pobres, y no tengo amor, de nada me sirve» (2 Co 13:3). Pero alguien puede preguntar: ¿será posible darlo todo a los pobres y aun así carecer al mismo tiempo de amor o caridad? Sí; puede haber un amor que no sea totalmente transparente en lo que hace, sino influenciado por intenciones impuras, y por algún interés mundano o el aplauso de la gente, o cualquier fin egoísta por el estilo, los que tan a menudo corrompen las mejores acciones. De esta naturaleza era el amor de los fariseos en la antigüedad, quienes ofrecían sacrificios en abundancia y persuadían a otros a que adornaran el templo con magníficas ofrendas, y que presentaran sacrificios de gran valor. Pero en tanto que se dejaban llevar por el orgullo y la ambición, lo cual se entremezclaba con su propia adoración, ellos olvidaban mostrar misericordia al pobre y practicar la «religión pura y sin mancha», según la cual se debe socorrer y visitar al huérfano y a la viuda (Stg 1:27). A causa de su absurda caridad, el Señor reprobó a los fariseos, diciendo: «¡Ay de vosotros, escribas y fariseos, hipócritas!, porque devoráis las casas de las viudas, y como pretexto hacéis largas oraciones; por esto recibiréis mayor condenación» (Mt 23:14). En esta perversa religión ellos tienen muchos adeptos, aun en nuestros días. Entre ellos están los que dejan enormes herencias a los templos y monasterios, para que los sacerdotes y frailes que las disfrutan puedan hacer largas oraciones por aquellos que hacen tales donaciones. Este es un amor realmente falso y engañoso; porque quienes realizan estos actos no buscan tanto el honor de Dios como el de ellos mismos.

7. El que ha sido *justificado* vivirá por su *fe* (Hab 2:4); y quienquiera que haya sido de este modo justificado vive en un genuino arrepentimiento y, mediante una diaria mortificación de su carne, se vuelve él mismo un *sacrificio* para el Señor (Ro 12:1). Tal persona pasa su tiempo en constantes actos de amor y caridad, actos que fluyen de un principio desinteresado, libre del honor y el amor propios, y dedicado por entero a promover la gloria de Dios. Por lo tanto, ¡oh hombre, oh mujer!, aunque entregues tu

cuerpo para ser quemado, pero si al mismo tiempo careces de este amor puro y sincero, nada consigues con tales actos. ¿Qué beneficio obtienen los que torturan sus propios cuerpos? Ellos generalmente se pavonean presumiendo de su singular santidad y, al exhibir su propia ostentosa religión y adoración de la voluntad, no lo hacen teniendo a Dios en cuenta, sino con miras a captar los elogios de la gente (Is 58:3; Zac 7:5,6). Es más, el espíritu de engaño y error ha encegecido de tal manera a algunos que se dejan quemar en defensa de pretensiones como las mencionadas. Con esto ellos esperan ser contados entre aquellos mártires que fueron muertos por causa de Cristo y el Evangelio; cuando lo que en realidad buscan no es a Cristo, sino a sí mismos, y no se levantan para defender la honra del Señor, sino sus propias opiniones erradas. Esto es lo que San Pablo denomina un poder *engañoso*, y *obra de Satanás* (2 Tes 2:9, 11). No es el suplicio, sino la causa, lo que hace al mártir.

8. Mártires como estos ha tenido el diablo incluso entre los propios paganos; muchos de ellos estaban tan ciegos en sus razonamientos como complacidos de morir en defensa de sus ídolos y de su falsa religión pagana. ¿Y no ocurre hoy lo mismo entre aquellos que se hacen llamar «cristianos»? Tal como los paganos, quienes, por hacerse un nombre inmortal, se convencían a sí mismos de que actuaban correctamente en las situaciones que soportaban; así también el amor propio y la arrogancia han embobado tanto a algunos monjes y a otras personas en nuestro propio tiempo que han asesinado a reyes y príncipes para dar un mayor apoyo a su iglesia, o a la *causa católica*, como ellos la llaman, la cual según ellos estaba en peligro. Si se les causara sufrimiento a ellos, sería evidente que tales hombres no sufren por causa de Cristo, ni deben ser tenidos por mártires *suyos*. Ellos son mártires para el papa en Roma, para su propia presunción y para el deseo de celebridad que los domina. Todo esto concierne al amor falso, al cual el ser humano es atraído por una luz ilusoria y engañosa.

9. En consecuencia, sin un sincero amor a Dios y al prójimo, unido además a una vida santa y cristiana, todas las artes, ciencias y logros no conllevan beneficio alguno. La sabiduría, por muy profunda que sea, aunque fuera igual o mayor que la de Salomón, si no va unida al amor, obligatoriamente acabará siendo una pobre y hueca especulación. Las obras de todo tipo y el mismísimo martirio —si así lo llaman— no tienen propósito alguno sin el carácter esencial del amor. Porque conocer la voluntad de Dios y su Palabra, y no hacer de ellos una norma de vida, solo aumenta nuestra condenación, como el Señor afirma claramente: «Si yo no hubiera venido, ni les hubiera hablado, no tendrían pecado; pero ahora no tienen excusa por su pecado» (Jn 15:22).

Capítulo XXXVI
El que no vive en Cristo, sino que entrega su corazón al mundo, solo tiene la letra exterior de la Escritura, pero no experimenta su poder, ni come del maná escondido

Al vencedor le daré de comer del maná escondido,
y le daré una piedrecita blanca y en la piedrecita un nombre nuevo escrito,
el cual nadie conoce sino el que lo recibe (Ap 2:17).

Este pasaje de la Escritura nos enseña que ningún hombre puede probar la dulzura interior del gozo y el consuelo celestiales escondidos en la Palabra si primero no vence a su propia carne y al mundo, con todas sus galas y placeres, y al diablo mismo. Pero aquellos que crucifican la carne diariamente, con todos sus deseos y pasiones, a través de una seria contrición y arrepentimiento, quienes diariamente mueren a sí mismos y al mundo, y para quienes esta vida es una cruz y una aflicción, a estos, Dios los alimenta con el maná celestial, y les da a beber del gozo del paraíso. Por su parte, aquellos que aman los placeres de este mundo en lugar de los celestiales se hacen a sí mismos incapaces de probar el maná escondido, el que está reservado solo para el vencedor. La razón de ello es que, como dice un refrán, el *semejante* busca su *semejante*; y las cosas de naturaleza opuesta no se unen entre sí. Por lo tanto, dado que la Palabra de Dios es espiritual, no debe extrañarnos que las mentes mundanas no se deleiten en ella. Pues así como el cuerpo no recibe energía del alimento que el estómago no ha digerido, así también el alma no recibe fuerza alguna de la palabra divina, mientras esta no se transforme completamente en ella misma, es decir, en la vida y naturaleza del alma.

2. Es más: así como un hombre que padece de fiebre experimenta un trastorno del apetito y encuentra más agradables los desperdicios más desabridos que la comida saludable, así también aquellos que padecen de una fiebre espiritual, es decir, de amor al mundo, de orgullo y codicia, aborrecen la buena Palabra de Dios por parecerles un amargo y desagradable alimento. En tanto que aquellos que poseen el Espíritu de Dios encuen-

tran en su Palabra un maná escondido, y una secreta dulzura que sobrepasa cualquier otro deleite; pero, una vez más, no probarán de este maná quienes son arrastrados por los placeres del mundo profano.

3. Muchos oyen reiteradamente la feliz noticia del Evangelio, y aun así poco les afecta lo que oyen. No experimentan ningún fervor del espíritu, ningún sentido de gozo espiritual. La razón es clara: no es el Espíritu de Dios lo que los guía, sino el corrupto espíritu del mundo; ellos no tienen una mente espiritual, sino terrenal, la cual no puede recibir las cosas de Dios. Por lo tanto, quien desee adquirir una correcta comprensión de los asuntos espirituales, sentir el poder de la Palabra de Dios, y comer del maná escondido, debe acomodar su vida, por todos los medios, a la palabra que lee y a la vida de Cristo que ante él ha sido puesta. Es entonces que el Señor alimenta con su gracia al humilde (1 Pe 5:5), satisface con su amor al manso y sostiene con su consuelo al paciente; les hace su yugo agradable, y liviana su carga. Porque la dulzura de este maná celestial no puede ser probado sino bajo el yugo de Cristo, según la promesa del Señor: «A los hambrientos colmó de bienes y a los ricos envió vacíos» (Lc 1:53).

4. «Las palabras que yo os he hablado» dijo el Señor, «son espíritu y son vida» (Jn 6:63). De lo cual se deduce que un hombre carnal y licencioso, que no tenga entendimiento o gusto espiritual, no puede percibir o disfrutar las palabras de Cristo. Ellas deben ser captadas en el espíritu, y en una quietud interior de la mente, junto con una gran humildad y un intenso deseo de Dios. Con esta disposición debe recibirse y asimilarse la Palabra de Dios, para que proporcione al alma una vital nutrición; si se descuida este proceder, entonces la Palabra realmente no es más que un ruido disonante y una letra externa. Así como la persona que escucha el sonido de un arpa sin comprender la melodía no obtiene ningún placer de su música, así también, ningún hombre o mujer puede percibir la virtud escondida en la Palabra mientras no se esfuerce por expresarla en su vida, y por conformarse completamente a ella en su espíritu.

5. Es por esto que el Señor nos dice acerca del vencedor: «Le daré una piedrecita blanca, y en la piedrecita un nombre nuevo escrito, el cual nadie conoce sino el que lo recibe».

6. Este es el testimonio del Espíritu escondido, quien da testimonio de la Palabra divina; asimismo, el Espíritu de la Palabra da testimonio a nuestro espíritu (Ro 8:16), cuando ambos se unen y se vuelven un solo espíritu (1 Co 6:17). Este es el nuevo nombre, que nadie conoce sino el que lo recibe. Así como nadie percibe la dulzura de la miel sino el que la prueba, así también ninguno conoce el nombre de este testimonio divino, escrito

en los corazones de las almas buenas, sino el hombre y la mujer que lo poseen. Solo comprende la naturaleza del consuelo celestial y de las visitaciones divinas aquel que realmente los prueba. A este nombre y a este testimonio se los llama *nuevos*, porque son el bendito efecto del *nuevo nacimiento*, y provienen *de lo alto*.

7. ¡Benditos sean el hombre y la mujer a quienes de esta manera Dios se entrega a sí mismo para ser probado! Del mismo modo fueron alimentados los profetas de antaño con este pan celestial, y sostenidos con la eterna Palabra procedente de Dios, y comunicada a ellos. Es por esto que sus lenguas estaban tan libres y dispuestas para la pronunciación de los oráculos divinos. Y de este sentido interior, el cual los impactó tan poderosamente, se ha originado la Sagrada Escritura, y ha sido traspasada hasta nosotros para nuestra edificación.

8. Aún en nuestros días, Dios no cesa de hablar a todo ser humano, y de alimentarlos interiormente con su Palabra; pero ¡qué lástima que la mayoría de los hombres y mujeres han tapado sus oídos para no escuchar su voz!; ellos prefieren oír al mundo antes que a Dios, y seguir sus propios deseos en lugar del impulso del buen Espíritu de Dios. Ellos no pueden comer del maná escondido, porque se aferran vorazmente a sus inclinaciones carnales y desprecian el árbol de vida con sus frutos.

9. Pero sin duda tales personas están terriblemente ciegas, pues no quieren entender que Dios puede conceder placeres infinitamente mayores de lo que este mundo es capaz de ofrecer. Quien alguna vez ha probado la bondad de Dios estimará que el mundo entero, junto con sus placeres más refinados, no es más que encono y amargura. Nuestros primeros padres fueron seducidos por el mundo; y al comer del árbol prohibido, atrajeron sobre sí mismos nada menos que el mal de la mismísima muerte. Y, con todo, nosotros estamos tan fascinados con los placeres de este mundo que de buena gana seguimos sus pasos, y obedecemos los deseos prohibidos de la carne, los cuales son causa de nuestra muerte (Ro 8:13).

10. Cristo nos dice: «Si alguien come de este pan», el verdadero pan y el verdadero árbol de vida, «vivirá para siempre» (Jn 6:51). ¿Y qué significa *comer de él*, si no es descansar y complacerse en nadie más que en Él? El mundo deja ganancias pobres e insignificantes, y aun así le sirven con arduo trabajo y abnegación; en tanto que Dios concede una recompensa eterna e inagotable; y, con todo, ¡con qué pereza, frialdad y renuencia se lleva a cabo su servicio! ¡Qué pocos son los que se unen a Dios con tanta dedicación y fe, devoción y obediencia, como hacen los profanos carnales respecto a las riquezas y al mundo! A menudo los vemos emprender largos y te-

diosos viajes por un poco de dinero; pero por la causa del cielo, les pesa mover tan solo un dedo.

11. Los hombres y mujeres de cualquier rango buscan y aman al mundo más de lo que consideran a Dios. Muchos eruditos estudian día y noche para conseguir altos puestos y honor, y con dificultad se dan el tiempo de decir el *Padrenuestro* por el bien se sus almas. Los hombres que no escatiman esfuerzos por ganarse el pan que perece no hacen ninguno por obtener el pan incorruptible. Hay muchos que no le temen a ningún contratiempo, no rehúyen peligro alguno, y, en la guerra terrenal, desafían a la misma muerte, guiados por ningún otro motivo que ganar un poco de fama pasajera o, cuando mucho, ser contados entre nobles y héroes; en tanto que se encontrará apenas uno que presente combate a las corruptas inclinaciones de su carnalidad, siendo que esta es la forma de ganar un reino en el cielo. Podemos ver a los vencedores de muchas naciones, y a los conquistadores de vastos reinos, quienes poco se preocupan por dominarse a sí mismos. Hay muchos a quienes no les importa la pérdida de sus almas, con tal de adquirir los bienes perecederos de este mundo. Ninguno de ellos, ciertamente, ha probado el maná escondido de la divina Palabra; porque ellos no vencen al mundo, sino que este los vence a ellos. Quien quiera probar la dulzura de este maná celestial debe despreciar al mundo y vencerlo, por causa del amor de Dios. Cuando la persona cumple con estos requerimientos, es renovada con el consuelo del Espíritu Santo, al cual nadie conoce sino el que lo recibe.

12. Por lo tanto, se debe proceder de la siguiente forma. Primero se debe plantar el árbol de vida en nosotros, para que luego podamos comer de sus frutos; y el corazón que desee ser revivido con el consuelo celestial primero debe convertirse genuinamente del mundo a Dios. Pero nosotros, por estar intoxicados con los placeres mundanos, no reparamos en que el gozo del cielo es mucho más excelente que todo lo que este mundo pueda ofrecer. Aquello que da Dios es infinitamente más verdadero y más sustancial que todo lo que la criatura pueda dar. Y la enseñanza que viene de lo alto, a través de la inspiración del Espíritu divino, es mucho más eminente y sólida que aquella que nos imparte el entendimiento humano, y graba en nuestro pensamiento con arduo trabajo y esfuerzo. Las flores y los frutos que produce la naturaleza son mejores y más nobles que aquellos que la mano del arte modela con el oro más puro; asimismo, una gota del consuelo divino es más satisfactoria e incomparablemente superior a todo un mar de pasiones y placeres mundanos.

13. Por lo tanto, si tú deseas probar algún consuelo celestial, aparta tu corazón de los deleites de este mundo. Como si el Señor hubiera dicho: «Si alguno quiere entenderme, que escuche atentamente lo que digo; si al-

guien quiere verme, ciertamente es preciso que fije su mirada solo en mí». ¿Quién podría dudar del hecho de que nuestro corazón y nuestros sentidos, y todas las facultades de nuestra alma, sencillamente deben convertirse a Dios y estar fijas solo en Él, si deseamos en algún momento ver, oír y comprender a Dios; más aún, si deseamos probarlo a Él y su bondad? Porque así se expresa Él a través del profeta: «Me buscaréis y me hallaréis, porque me buscaréis de todo vuestro corazón» (Jer 29:13).

14. Muchos en nuestro tiempo sienten una gran admiración por motivos muy banales. ¡Oh, un hombre letrado! —dicen—. ¡Un hombre adinerado! ¡Un hombre grandioso! ¡Un hombre sabio! Pero con dificultad hallamos a alguien que considere cuán humilde, cuán manso, cuán paciente o cuán piadoso es este hombre o aquel. Este perverso juicio no tiene otra causa que el hecho de que la gente de este mundo solo admira lo *exterior* de la persona, y pasa por alto lo que hay en el *interior* del corazón, que es lo único que merece ser estimado y valorado. Aquel que elogia a un hombre por ser un trotamundos, y porque ha visto muchas ciudades y países, que considere si no será mucho mejor haber visto a Dios. Aquel que admira a alguno porque ha servido a muchos gobernantes, y ha asistido a emperadores, reyes y príncipes, que nos diga si no será mucho más sublime estar al servicio de Dios, esperar en el Rey Celestial, oírle a Él hablar al corazón y servirle fielmente. Muchos de los que no disfrutan otra cosa que las cosas de este mundo podrán decir: «En estos tiempos contamos con abundantes hombres letrados y grandes eruditos; las artes y la ciencia están altamente desarrolladas en nuestra cultura». Pero personas así no conocen el arte de las artes, la ciencia de las ciencias, que es el Amor divino; un beneficio preferible a cualquier otro conocimiento y erudición, pero que pareciera estar prácticamente extinto en esta época decadente, al igual que la propia fe que lo produce. El número de hombres y mujeres que verdaderamente son «enseñados por Jehová» a la manera divina al parecer es muy ínfimo (Is 54:13); pocos son también los que se preocupan por instruirse acerca de la mansa y humilde vida de Cristo (Mt 11:29). Es más, siendo francos, entre los más eruditos de nuestro tiempo hay algunos que quizá sean completamente ajenos a la vida de Dios, y tengan un escaso conocimiento de la verdad que hay en Jesús. Esos son los que reducen el conocimiento a palabras y conceptos minuciosamente elaborados; siendo que la erudición y el conocimiento sólidos no consisten en *palabras*, sino en *hechos*, y en una sabiduría real y eterna. En definitiva, quienquiera que llame malvado a este mundo no se equivoca en su juicio.

15. Hay otros que alaban a alguna persona porque mantiene una mesa frugal y abundante, y ofrece espléndidos banquetes cada día; pero no consideran que aun las migajas que caen de la mesa de Dios son infini-

tamente mejores que los más refinados platos del adinerado y glotón; y que el maná escondido y el pan incorruptible que descienden del cielo, y el mismo Señor prepara, ofrecen el más sabroso y más exquisito alimento para nutrir las almas (Sal 23:5).

16. Quienquiera que goza a Dios y su Palabra no se disgusta por nada, y nada puede enfadarlo; porque goza a Dios en todas las cosas. Pero ¿qué puede deleitar a quien no prueba la dulzura de Dios y la bondad de su Palabra? Solo DIOS es el gozo del alma. Él supera infinitamente todo gozo terrenal y toda felicidad pasajera. Él es la Luz eterna, que sobrepasa incomparablemente toda luz creada. ¡Quiera Dios complacerse en inundar nuestros corazones con sus placeres escondidos! ¡Quiera Dios purificar nuestros espíritus y todas las facultades de nuestra alma! ¡Que Él ilumine y encienda, corrija y vivifique todo lo que hay en nuestro interior! Y ¡oh, cuándo llegará aquella hora gloriosa en que el Señor nos saciará con su presencia, y nos colmará de todo lo que Él mismo es! (Is 55:12).

17. Pero como aún no estamos preparados para un gozo tan excelente, no podemos participar de él mientras estemos confinados a este estado de imperfección. Por tanto, ¡conformémonos con las migajas de consuelo que caen de la mesa del Señor, y aguardemos pacientemente aquel día, cuando seremos renovados con su gozo por la eternidad!

18. Escuchemos las palabras de nuestro bendito Salvador: «Yo estoy a la puerta y llamo; si alguno oye mi voz y abre la puerta, entraré a Él y cenaré con Él y Él conmigo» (Ap 3:20). Entonces ¿no es una necedad menospreciar un favor tan grande, y tratar con desdén al Rey de reyes, quien, como un invitado celestial, viene a visitarnos? ¿No es deplorable dejar a un amigo esperando en la puerta y rehusarse a recibir a un hombre que no pretende otra cosa que nuestro bienestar? Qué inaceptable debe ser entonces vedar la entrada al corazón al gran Dios, quien no tiene necesidad de nuestros presentes, sino que, a la manera de un príncipe, ¡trae consigo sus propios manjares reales al acercarse a la casa de un pobre! Él te alimentará con pan celestial, y con el maná escondido reservado para los vencedores.

19. Cuando el Señor dice: «Oye mi voz, y abre la puerta», Él compara el corazón del hombre, por así decirlo, con una casa llena de ruido y alboroto, donde no se puede oír música, por más dulce y armoniosa que suene. Así también la voz del divino Visitante no puede entrar a un corazón profano mientras está inquieto por los afanes y deseos de este mundo. Un corazón así le cierra la puerta al visitante y, en consecuencia, no puede probar la dulzura del maná celestial. Pero cuando el bullicio y el tumulto cesan, es entonces que mejor se perciben estos secretos susurros al interior

del hombre y la mujer. ¡Y si tan solo respondieras, como Samuel: «Habla, Señor, que tu siervo escucha»! (1 Sm 3:10).

20. La verdad de esta cena interior, espiritual y celestial también se atestigua en otro lugar. El apóstol habla de algunos que «una vez fueron iluminados, gustaron del don celestial, fueron hechos partícipes del Espíritu Santo y asimismo gustaron de la buena palabra de Dios y los poderes del mundo venidero» (He 6:4). Con estas palabras se nos enseña que cualquier persona en quien resida libremente el Espíritu Santo prueba también las virtudes y los poderes del mundo venidero. Es entonces que el alma se alimenta de aquel maná que está escondido en la Palabra de gracia que procede de la boca de Dios, por la cual viven todos los santos.

21. También el profeta real probó la eficacia de esta Palabra viva, a través del Espíritu Santo, cuando exclamó estas palabras: «En tu presencia hay plenitud de gozo, delicias a tu diestra para siempre» (Sal 16:11). A partir de esta vívida experiencia, él también invita a otros a disfrutar la misma delicia, al decir: «Gustad y ved que es bueno Jehová... Nada falta a los que lo temen» (Sal 34:8, 9). Acerca de la plenitud y la excelencia de este banquete celestial, el Salmista se ha expresado de esta forma: «Aderezas mesa delante de mí en presencia de mis angustiadores; unges mi cabeza con aceite; mi copa está rebosando» (Sal 23:5). «Mejor es tu misericordia que la vida» (Sal 63:3). «Serán completamente saciados de la grosura de tu Casa, y tú les darás de beber del torrente de tus delicias» (Sal 36:8). Y finalmente: «¡Gócense y alégrense en ti todos los que te buscan! Y digan siempre los que aman tu salvación: "¡Engrandecido sea Dios!". Yo estoy afligido y menesteroso; apresúrate a mí, oh Dios. Ayuda mía y mi libertador eres tú; ¡Jehová, no te detengas!» (Sal 70:4, 5).

22. A partir de estos pasajes, y de muchos otros similares, podemos saber con gran certeza quiénes son los que se alimentan interiormente de la buena Palabra de Dios, y del maná escondido del mundo venidero; estos son los pobres en espíritu, quienes descansan únicamente en el consuelo divino. Solo ellos son dignos de gustar de este maná celestial, y del don divino, acerca del cual David habla extensamente: «¡Cuán amables son tus moradas, Jehová de los ejércitos!», dice el Salmista; «¡Anhela mi alma y aun ardientemente desea los atrios de Jehová! ¡Mi corazón y mi carne cantan al Dios vivo!» (Sal 84:1, 2). A partir de esta Escritura podemos entender que el menor gozo del mundo venidero excede infinitamente todos los goces de este mundo; y que un día allí vivido es mucho más excelente que mil años aquí pasados. Quienquiera que haya probado estas exquisitas delicias desechará las cosas de esta vida por ser ilusorias e insípidas. El mundo entero se vuelve una carga, una molestia y una exasperación del espíri-

tu para aquella persona. Es como alguien que se ha acostumbrado a la comida refinada, y en consecuencia ya no puede probar alimentos vulgares.

23. Esta es un hambre y una sed tan sagradas que nadie excepto Dios únicamente puede satisfacerlas, Él y solo Él, por su amor. Esta es la plenitud espiritual con que los santos son saciados, según estas palabras: «Comed, amados amigos; bebed en abundancia» (Cnt 5:1). Estos deleites espirituales concede el Señor a sus amigos, a fin de unirlos a Él más estrechamente, y hacerlos olvidar cuanto antes las cosas pasajeras de este mundo. Unas pocas migajas de este pan, unas cuantas gotas exprimidas de esta vid celestial, debe encender nuestro deseo de aquella fuente inagotable y abundante que fluirá para nosotros en la otra vida.

24. A fin de que el Señor pudiera estimular en nosotros una sed tan santa, y pudiera hacernos anhelar intensamente estas cosas celestiales, fue preciso que primero Él mismo tuviera sed sobre la cruz por causa nuestra (Jn 19:28). Así como Él satisface y aplaca nuestra hambre y sed, así también nosotros a la vez debemos saciar su sed y su ardiente deseo de amar. Su sed de nosotros es mucho más ferviente que nuestra sed de Él, según lo que Él mismo ha declarado: «Mi comida es que haga la voluntad del que me envió y que acabe su obra» (Jn 4:34): y la voluntad de Dios era salvar al ser humano de la destrucción eterna. Si tan solo tuviéramos sed de Él como la que Él siente por nosotros, entonces beberíamos de su Espíritu tan abundantemente que aun de nuestro interior «brotarían ríos de agua viva» (Jn 7:38); es decir, en nosotros no se vería otra cosa que aquello que es espiritual, amable y consolador. Más aún, Él nos haría desbordar, por así decirlo, con un torrente de bondad y consuelo divinos, de manera que alma y cuerpo, y todo lo que hay en nosotros, se regocijaría triunfante en el Dios viviente. Porque nada hay que posea una amplitud tan vasta y tan divina como el alma humana cuando ha obtenido la verdadera libertad. Semejante alma contiene a Dios, al cielo y la tierra. Y, una vez más, nada es más insignificante que un alma humana en su nadería y bajeza cuando se humilla ante Dios y todas sus criaturas.

Capítulo XXXVII
El que no sigue a Cristo con fe, en santidad y continuo arrepentimiento, no puede ser liberado de la ceguera de su corazón, sino que debe vivir en la oscuridad perpetua; y no puede tener un verdadero conocimiento de Cristo, ni comunión con Él

Dios es luz y no hay ningunas tinieblas en Él. Si decimos que tenemos comunión con Él y andamos en tinieblas, mentimos y no practicamos la verdad. Pero si andamos en luz, como Él está en luz, tenemos comunión unos con otros (1 Jn 1:5-7).

Para que podamos comprender mejor la naturaleza de la luz y la oscuridad, es necesario que primero prestemos atención a la descripción de la luz en su estado original.

2. «Dios es luz», dice San Juan. Pero ¿qué es Dios? Dios es un Ser espiritual, eterno e infinito; Dios es todopoderoso, compasivo, lleno de gracia, justo, santo, verdadero y el único sabio, Dios. Dios el Padre, el Hijo y el Espíritu Santo, es indecible amor y fidelidad; Él es uno en tres Personas; Él es el Bien Soberano, bueno en esencia. Y esto es la luz verdadera y eterna. Por lo cual, todo aquel que se aparta de Dios, de su amor, su misericordia, su justicia y su verdad, se aleja también de la luz misma y, en consecuencia, debe caer en la oscuridad; pues fuera de Dios no hay más que tinieblas perpetuas. ¡Oh, qué oscura es, entonces, el alma en la que Dios está ausente! Ahora bien, si Dios es luz, entonces sin duda el diablo debe ser tinieblas; y si Dios es amor, entonces el diablo no puede ser otra cosa que odio e ira, enemistad y envidia, malicia y crueldad, pecado y maldad. Por lo tanto, quienquiera que se vuelve al pecado se vuelve a las tinieblas y al diablo. Y no puede ser liberado mientras no se vuelva nuevamente de las tinieblas a la luz, del pecado a la justicia, del vicio a la virtud, del diablo a Dios (Hch 26:18). Y esta es la obra de una fe viva y verdadera que purifica el corazón (Hch 15:9). Porque el que cree en Cristo se arrepiente diariamente y se

vuelve del pecado y del diablo a Jesucristo. Pues de la manera que Adán se volvió de Dios al diablo a causa del pecado, así nosotros debemos retornar, mediante el arrepentimiento y la fe verdaderos, desde el diablo a Dios.

3. De lo anterior se deduce que, de no convertirse del pecado a Dios, el ser humano jamás puede ser verdaderamente iluminado. «¿Porque qué comunión tiene la luz con las tinieblas?» (2 Co 6:14). La maldad y la falta de arrepentimiento son una completa oscuridad y, en consecuencia, no pueden tener comunión con la luz del conocimiento de Cristo. De manera que es absolutamente imposible que el Espíritu y la luz de la verdad eterna iluminen a aquellos que viven en oscuridad y sin arrepentirse. Al respecto, San Pablo dice de los judíos: «Cuando se conviertan al Señor, el velo será quitado» (2 Co 3:16); es decir, su oscuridad, su ceguera e ignorancia serán removidos, y Cristo les dará su luz.

4. La peor ceguera, o la más densa oscuridad que cubre el pensamiento de hombres y mujeres, es el pecado de la incredulidad, con los frutos que ella produce; entre estos está el orgullo, la avaricia, la ira y toda la cadena de pasiones y placeres sensuales. Cuando estos vicios toman posesión de una persona, es imposible que ella conozca a Cristo, la verdadera Luz del mundo; mucho menos puede creer en Él para salvación, confiar en Él, y por Él obtener la vida eterna.

5. Porque, ¿cómo podría alguien conocer la humildad del corazón de Cristo, si su propio corazón está colmado de orgullo y altivez? ¿Cómo podría comprender la mansedumbre del corazón de Cristo quien está lleno de amarga ira y envidia? ¿Cómo podría entender su maravillosa paciencia quien se deleita en la venganza y es agitado por una multitud de pasiones desenfrenadas? El que no comprende la humildad, la mansedumbre y la paciencia de Cristo tampoco lo conoce a Él, ni cree en su santo nombre. Ciertamente, si tú deseas adquirir un sólido conocimiento de Cristo, debes obtener, por la fe, el mismo corazón que hay en Cristo; debes percibir en tu corazón, por experiencia, su mansedumbre, su paciencia y su humildad. Es entonces que tu conocimiento se vuelve consistente y sustancial. Así como un fruto se conoce por el sabor, así también Cristo, el árbol de la vida, se conoce probándolo. Cuando se prueba, por la fe, la humildad de Cristo, su mansedumbre y su paciencia, entonces se comen sus frutos, y se halla descanso para el alma; en Cristo se disfruta el favor y el consuelo de Dios. Esta es la única vía al verdadero descanso y quietud de la mente. Porque la gracia y el consuelo de Dios no pueden entrar a un corazón carente de fe y desprovisto de la mansedumbre y la humildad de Cristo. Es al *humilde* a quien Dios da gracia (1 P 5:5).

6. Pero ¿cómo podría Cristo resultar provechoso para un hombre que no desea en lo más mínimo tener comunión con Él? Pues, ciertamente, todos los que viven en la oscuridad del pecado no tienen comunión con Cristo, sean cuales fueren sus presunciones. Porque así dice San Juan: «Si decimos que tenemos comunión con Él y andamos en tinieblas, mentimos y no practicamos la verdad. Pero si andamos en luz, como Él está en luz, tenemos comunión unos con otros» (1 Jn 1:6, 7). Y en el capítulo siguiente, él lo explica en mayor detalle: «Y, sin embargo, os escribo un mandamiento nuevo, que es verdadero en Él y en vosotros, porque las tinieblas van pasando y la luz verdadera ya alumbra. El que dice que está en la luz y odia a su hermano está todavía en tinieblas. El que ama a su hermano permanece en la luz y en él no hay tropiezo. Pero el que odia a su hermano está en tinieblas y anda en tinieblas, y no sabe a dónde va, porque las tinieblas le han cegado los ojos» (1 Jn 2:8-11).

7. En tanto que la persona, entonces, permanece en aquella oscura y terrible nube del pecado, es imposible que Cristo, la verdadera Luz del mundo, la ilumine, y que alcance un conocimiento salvador acerca de Dios. Quien quiera adquirir un verdadero conocimiento de Dios y de Cristo debe creer firmemente que Dios no es otra cosa que gracia y amor. Ahora bien, nadie puede saber lo que es el amor, excepto el hombre o la mujer que posee —y practica— el conocimiento de algo que es el resultado de la experiencia de la persona, de sus sentimientos y de las obras de verdad que realiza. Por lo tanto, quien no ejercita el amor (sean cuales fueren las palabras con que a él se refiere) permanece completamente ajeno a la naturaleza de esta virtud; y lo que se precia de llamar amor no es más que simulación y alarde. Y pues el propio Cristo es únicamente amor y humildad, mansedumbre y paciencia, y cualquier virtud genuina, entonces la persona que no es constante en el ejercicio de estas virtudes y otras similares es completamente ignorante acerca de Cristo y de la verdad. Tal persona no es más que una aspirante superflua, una fingida usurpadora del santo nombre de Jesús, cualesquiera sean sus fanfarronadas. La Palabra de Dios es espíritu; por lo tanto, quienquiera que no viva ni camine en el Espíritu de ninguna manera comprende lo que es la Palabra de Dios, aun cuando pueda disputar y argumentar locuazmente acerca de ella. ¿Cómo podría decirnos lo que es el amor alguien que jamás ha realizado acto de amor alguno? ¿Cómo podría describir la naturaleza de la luz un hombre que, habiendo estado permanentemente confinado a un oscuro calabozo, nunca ha visto la luz por sí mismo? Ahora bien, la luz en el hombre y la mujer es la fe y la caridad, según las palabras de Cristo: «Así alumbre vuestra luz delante de los hombres, para que vean vuestras buenas obras y glorifiquen a vuestro Padre que está en los cielos» (Mt 5:16).

8. En suma, la santa vida de Cristo es puro amor y caridad. Tan pronto como aprendemos de Él, por la fe, el verdadero amor y la humildad, la mansedumbre y la paciencia, como Él mismo nos ha encargado que hagamos, somos transformados a su imagen e iluminados con la verdadera luz eterna que es Cristo mismo. Entonces ocurre según la exhortación de San Pablo: «Despiértate, tú que duermes (es decir, en pecados y en los deseos de la naturaleza carnal), y levántate de los muertos, y te alumbrará Cristo» (Ef 5:14).

9. De todo lo anterior se sigue que Cristo no puede iluminar las almas de ninguno de aquellos que no despiertan de su letargo espiritual, es decir, de los deseos de los ojos, los deseos de la carne, la vanagloria de la vida y otros placeres unidos a estos, pues ellos aman más las tinieblas que la luz, y de esa forma se incapacitan a sí mismos para recibir la luz divina.

10. Lo anterior, por otra parte, también pone de manifiesto que Cristo, por su gracia, ilumina a quienes verdaderamente abrazan su vida y lo siguen por fe, de acuerdo a su promesa: «Yo soy la luz del mundo; el que me sigue (en fe y en amor, en esperanza y paciencia, mansedumbre y humildad, en el temor de Dios y en oración) no andará en tinieblas, sino que tendrá la luz de la vida» (Jn 8:12). Por lo tanto, los verdaderos seguidores de Cristo, y solo ellos, disfrutan plenamente la luz de la vida, y a ellos únicamente se les confiere la verdadera iluminación y un sólido conocimiento de Cristo. Y es en virtud de esta fe y vida cristianas que San Pablo llama a los verdaderos creyentes *luz en el Señor*. «Porque en otro tiempo erais tinieblas» dice el apóstol, «pero ahora sois luz en el Señor» (Ef 5:8); con estas palabras él se refiere al principio de la fe y a las virtudes cristianas que la acompañan. Y nuevamente: «Todos vosotros sois hijos de luz e hijos del día; no somos de la noche ni de las tinieblas... habiéndonos vestido con la coraza de la fe y del amor, y con la esperanza de salvación como casco» (1 Ts 5:5, 8). Cristo niega que el mundo (es decir, la mente carnal no regenerada) pueda «recibir el Espíritu de verdad» (Jn 14:17).

11. Para que el ser humano pudiera tener un ejemplo perfecto y absoluto, y una acabada noción de la virtud y la bondad, el Hijo de Dios también se hizo Hombre, y con su vida santa e intachable fue hecho la Luz visible para el mundo, para que así todo hombre y mujer pudiera seguirlo, creer en Él, y recibir su luz. Sin embargo, dado que los falsos cristianos reconocen con sus labios que Cristo es el cierto y magnífico ejemplo de virtud, pero no lo siguen en sus vidas y actos, queda de manifiesto que los paganos que estimaron la virtud dejan a los cristianos en vergüenza. Los más célebres entre ellos, como Platón, Aristóteles, Cicerón o Séneca, han recomendado encarecidamente el ejercicio de la virtud, y han confesado abiertamente que «si la virtud pudiera verse con los ojos del cuerpo, se mostraría más hermosa, y

con esplendor aun más glorioso que el de la estrella matutina». Pero, ciertamente, nadie ha tenido una más plena visión de la belleza de la virtud que quienes han visto por la fe a JESUCRISTO, el inerrable modelo de justicia. Ellos son los que han «palpado al Verbo de vida», como nos dice San Juan (1 Jn 1:1). Y, por cierto, si los paganos se han desvivido por el amor a la virtud, ¿cuánto más no debiera amar el cristiano la superlativa belleza de Jesucristo, quien es la virtud misma, y no posee otra cosa que amor puro, y una intachable mansedumbre; más aún, quien es DIOS mismo?

12. No fue sin motivo, por lo tanto, que San Pablo prefirió el amor de Cristo a cualquier otro conocimiento o ciencia; y con él debemos orar nosotros para que, por experiencia, podamos «conocer el amor de Cristo, que excede a todo conocimiento», para que de esa forma podamos ser «llenos de toda la plenitud de Dios» (Ef 3:19). Ahora bien, quien posea en sí el amor de Cristo necesariamente debe amar también la humildad y la mansedumbre de Cristo, y con un sincero amor a Él estar presto a abrazar estas virtudes. De esta forma, esa persona es iluminada en forma creciente, y transformada día a día, «de gloria en gloria», a la imagen de Cristo (2 Co 3:18). Y la razón de ello es evidente; porque Dios se complace en dar gracia a los humildes (1 P 5:5), como nos dice la Escritura, y en consonancia con lo que escribe San Bernardo: «Los ríos de gracia fluyen hacia abajo, no hacia arriba». Ellos visitan y renuevan el valle, pero no reposarán sobre los montes, ni sobre nada que sea alto o elevado.

¿Cómo podría, entonces, llegar la gracia de la luz y el conocimiento de Dios a un hombre que no anda en la humilde y santa luz de Cristo, sino en el camino de Lucifer? Porque si hay alguna fe en nosotros, y si va acompañada de sus correspondientes frutos y práctica, no quedaremos «sin fruto en cuanto al conocimiento de nuestro Señor Jesucristo» (2 P 1:8). Cristo vive en el alma humilde, y así también su Espíritu reposa sobre ella (el espíritu de sabiduría y entendimiento, de consejo y poder, de conocimiento y del temor de Dios), tan cierto como reposó sobre el propio Cristo. Pues cuando la luz y la vida de Cristo habitan en una persona, en ella mora Cristo mismo, quien verdaderamente es la vida y la luz del cristiano. Y esta es además la razón por la que los dones y las gracias del Espíritu divino reposan sobre el verdadero cristiano, así como sobre el propio Cristo, de acuerdo a la profecía de Isaías (11:1-3).

13. Es por esto que San Pedro, dirigiéndose a los judíos, los exhorta a arrepentirse (o a ser renovados en sus mentes); «y recibiréis el don del Espíritu Santo», agrega el apóstol (Hch 2:38). Palabras que muestran claramente que los hombres y mujeres que se hallan en un estado de fe y arrepentimiento son las únicas personas debidamente preparadas para recibir el Espíritu divino, el verdadero iluminador de los corazones.

14. Por lo tanto, quienquiera que desee ser curado de la ceguera de su corazón y de la oscuridad eterna, y más aún, del mismísimo demonio, debe seguir fielmente a Cristo con verdadera fe, en una genuina conversión y en una vida verdaderamente renovada. Cuanto más cercanos a Cristo estamos, tanto más cerca de la luz eterna nos hallamos; cuanto más estrechamente nos aferramos a la incredulidad, tanto más nos adherimos a las tinieblas y al diablo mismo. Pues así como Cristo, la fe y todas las virtudes están estrechamente vinculados y se pertenecen mutuamente, del mismo modo, el diablo, la incredulidad, y todos los vicios y las obras de las tinieblas están tan estrechamente ligados que se hace imposible concebir a uno separado de los demás.

15. Consideremos a los apóstoles del Señor. Ellos siguieron a su Maestro en fe, en el menosprecio del mundo, negándose a sí mismos, renunciando a sus posesiones y viviendo juntos en unidad del Espíritu. De esta manera ellos fueron iluminados desde lo alto, y llenos del Espíritu Santo (Hch 2:1 y ss.). Al no estar dispuesto a cumplir con estos términos, el joven rico del Evangelio continuó prisionero de las tinieblas del mundo, y no fue iluminado para vida eterna (Lc 18:23). Porque «si alguno ama al mundo, el amor del Padre no está en él» (1 Jn 2 15). Y «el que odia a su hermano está en tinieblas y anda en tinieblas, y no sabe a dónde va, porque las tinieblas le han cegado los ojos» (1 Jn 2:11).

16. Todos los sermones de Tauler refieren a esta materia. Él deja en evidencia que sin el sincero ejercicio de la fe, sin un serio hábito de mortificación, sin negarse a sí mismo, sin un minucioso examen del propio corazón y sin el íntimo y quieto sábado del alma, ningún hombre y ninguna mujer puede obtener o disfrutar la luz divina.

17. En suma, en la medida en que el Espíritu de Dios destruye las obras de las tinieblas en la persona, en la misma proporción es ella iluminada; y asimismo, según el grado en que la naturaleza corrupta, la carne y el mundo, el orgullo y los deseos de la carne dominan al ser humano, en ese mismo grado permanece en él la oscuridad, y menor es la gracia, la luz, el Espíritu de Dios y de Cristo que posee. En definitiva, entonces, sin un arrepentimiento sincero, y un arrepentimiento *diario*, nadie puede ser verdaderamente iluminado desde lo alto.

18. Quien cede demasiado a un pecado sin duda abre la puerta a muchos otros. El pecado nunca viene solo, sino que, como las malas hierbas, se expande en todas direcciones, y cada día va ganado terreno. Y así como la oscuridad va aumentando a medida que el sol se esconde, así también, según la santa vida de Cristo se aleja de nosotros, las tinieblas y el pecado

se acrecientan, hasta que al final el ser humano es absorbido por la oscuridad eterna. Si un hombre o una mujer, por el contrario, se entrega a la práctica de una virtud, con ello encuentra la oportunidad de practicar todas las demás a la vez, y no puede sino avanzar diariamente de una virtud a otra. San Pedro ilustra esta admirable correspondencia como una cadena, en la que todos los eslabones están trabados entre sí, y ninguno puede ser separado del otro. Dice el apóstol: «Añadid a vuestra fe virtud; a la virtud, conocimiento; al conocimiento, dominio propio; al dominio propio, paciencia; a la paciencia, piedad; a la piedad, afecto fraternal, y al afecto fraternal, amor»; él superpone consecutivamente una virtud a otra, y, para coronarlo todo, concluye con la promesa: «Si tenéis estas cosas y abundan en vosotros, no os dejarán estar ociosos ni sin fruto en cuanto al conocimiento de nuestro Señor Jesucristo» (2 P 1:5-8). Para condensarlo todo en breves palabras, diremos que: quienquiera que no esté seriamente determinado a ejercitar estas virtudes celestiales ciertamente no conoce a Cristo, y carece de todo conocimiento salvador; en tanto que si la persona crece en la virtud por la fe, crece además en Cristo mismo. Por el contrario, el irascible, el codicioso, el orgulloso, el impaciente, no crecen en Cristo, sino en el demonio.

19. El mandamiento del apóstol es que crezcamos para llegar «al hombre perfecto» (Ef 4:13). Así como un niño crece gradualmente hasta la estatura de un hombre pleno, así también el cristiano debe crecer diariamente en la práctica de la fe y la virtud, hasta convertirse en un hombre perfecto en Cristo. Pero «el que no tiene estas cosas es muy corto de vista; está ciego, habiendo olvidado la purificación de sus antiguos pecados» (2 P 1:9). Es como si el apóstol hubiera dicho: «Con su muerte, Cristo en efecto ha quitado nuestros pecados, y los ha borrado; no para que nosotros continuemos sirviendo al pecado, sino para que, muriendo a este, y viviendo para Cristo, exhibamos el fructífero poder de la muerte de Cristo. Es evidente que, de no aplicarse este principio en forma práctica en el corazón, la limpieza de nuestros antiguos pecados y la expiación hecha por ellos en nada pueden beneficiarnos. Nuestro pecado jamás es perdonado mientras no lo abandonemos completamente, nos arrepintamos de él y abracemos a Cristo con una fe sincera. Si preserváramos tan solo un pecado, la mortificación de los restantes —si tal cosa fuera posible— no valdría de nada; sino que seríamos condenados a la muerte eterna, sin ninguna esperanza de expiación o perdón. Por tanto, un hombre puede ser condenado por el solo pecado de la ira; en tanto que, si lo corrigiera y lo abandonara seriamente, obtendría el perdón no solo por ese vicio, sino aun por otros pecados de los que fuese culpable. Pero al dejar de proceder de esa manera, tal hombre es uno de aquellos que están «ciegos», y han «olvidado la purificación de sus antiguos pecados» (2 P 1:9).

20. Con esto se nos da a entender la necesidad del arrepentimiento, y de un completo cambio de vida; pues aunque Cristo murió por nuestros pecados, y los abolió con el precio de su sangre, con todo, jamás podemos participar de sus méritos si no nos *arrepentimos*. Sin el arrepentimiento, su preciosa sangre no nos sirve de nada. Y aunque cada ser humano tiene una promesa de perdón por sus pecados, a través de los méritos de Cristo, con todo, esa promesa no le pertenece al incrédulo, ni al que no muestra arrepentimiento, sino únicamente a aquellos que en verdad se arrepienten y reforman sus vidas. No serán remitidos los pecados que el ser humano no quiera dejar; sino solo aquellos que esté dispuesto a abandonar, y por los cuales se aflija de corazón. Y en esto se verifica la palabra del Señor: «A los pobres es anunciado el evangelio»; es decir, la remisión del pecado, y la vida eterna que le sigue (Mt 11:5). Supongamos el caso de un hombre que por muchos años ha servido a la codicia, como ocurrió con Zaqueo; o a la sensualidad, como María Magdalena, o a la ira y a la venganza, como hizo Esaú. Supongamos además que esa persona, tan pronto como oye que o abandona completamente estos pecados, o bien la muerte y la sangre de Cristo no le serán de ningún provecho, comienza entonces a suplicar sinceramente a Dios, y le clama: «¡Oh Dios, cuánto me duele haber hecho lo que hice! ¡Oh Señor, ten compasión, ten piedad de mí!»; y entonces este hombre tiene un nuevo propósito, desiste de su pecado, implora el perdón y la gracia, y cree en Cristo. Entonces todas sus anteriores ofensas son gratuitamente remitidas por gracia. No se considera ningún mérito de su parte, sino únicamente la muerte y la sangre de Cristo por él vertida. Esta es la única vía por la que un pecador arrepentido puede obtener misericordia. En cambio, el que no resuelve abandonar completamente sus antiguos pecados, su codicia, ira, usura, orgullo, lujuria, entre otros vicios, en vano esperará eternamente el perdón del pecado y será condenado a confusión y angustia perpetuas. Se verá obligado a satisfacer por sí mismo la justicia de Dios, pero jamás será capaz de lograrlo. En la tierra, esa persona carecía de la fe que purifica el corazón (Hch 15:9); por tanto, su pecado y sus pasiones, no habiendo sido mortificados en este mundo, lo atormentarán para siempre en la otra vida. Es por esta razón que San Pablo inculca con tanto ahínco que «los que practican tales cosas no heredarán el reino de Dios» (Gl 5:21). En consecuencia, o se debe esperar con certeza la pérdida de este reino celestial, o bien se debe elegir de todo corazón el angosto camino de la *negación de sí mismo*.

21. Cuando esta sincera conversión a Dios, y la fe en Él se manifiestan en el alma, esta recibe gratuitamente el perdón y la gracia divina. Y donde están presentes estos dones, allí también está Cristo; sin Él, no se puede hallar gracia alguna. Donde Cristo está presente, allí también están sus precio-

sos méritos, y el completo rescate que Él ha pagado por nuestros pecados, el cual está reservado para el alma arrepentida. Debemos reiterarlo: donde se hallan estos dones, allí hay justicia; y junto con la justicia, hay paz, y con la paz, una dulce tranquilidad de la conciencia. Es entonces que la justicia y la paz se besan en el alma (Sal 85:10). Esta claridad de conciencia va unida al propio Espíritu de Dios, el cual, por ser un Espíritu de gozo, ciertamente derrama el «óleo de alegría» (He 1:9), y reaviva el alma con un anticipo de la mismísima vida eterna, la cual será gozo y gloria sin fin.

22. Esta vivencia es esa luz de la vida eterna, aquel gozo eternamente triunfante, que corona solo a aquellos que viven en Cristo y ejercitan un diario arrepentimiento. Este es el comienzo de una vida espiritual, así como la muerte de Cristo es la base y fundamento sobre el cual se erige. Donde no hay arrepentimiento, por el contrario, no hay perdón del pecado; donde no hay un remordimiento interior o tristeza espiritual, allí la gracia no puede hallar cabida. Cuando falta todo esto, falta Cristo mismo, con todo el alcance de sus méritos y su satisfacción, por muy hermosas y atractivas que sean las pretensiones del *falso* cristiano. Si esta satisfacción no se aplica totalmente al alma, esta no tiene justicia, y, en consecuencia, no tiene paz, ni buena conciencia, ni consuelo. Cuando el corazón no tiene consuelo, no tiene al Espíritu Santo, ni gozo, ni quietud mental, ni tiene vida eterna; sino más bien muerte, infierno, condenación y oscuridad perpetua.

23. ¡Oh hombre; oh mujer! ¡Contempla cuán cierto es que ninguno de aquellos que rehúsan seguir a Cristo en sus vidas, con un sincero arrepentimiento, puede liberarse de la ceguera de su corazón y de las tinieblas eternas!

Capítulo XXXVIII
Una vida mundana conduce a falsas doctrinas, dureza de corazón y ceguera. Además, algunas palabras acerca de la eterna elección de la gracia

Aún por un poco de tiempo la luz está entre vosotros;
andad entretanto que tenéis luz, para que no os sorprendan las tinieblas,
porque el que anda en tinieblas no sabe a dónde va (Jn 12:35).

Si se niega a Cristo y la fe en Él, y si, por llevar una vida profana, poco menos que se lo expulsa, ¿de qué nos servirá su doctrina? Porque su doctrina, junto con la Palabra y los Sacramentos, se nos entrega con el solo propósito de que en nuestro interior la asimilemos y la transformemos, por así decirlo, en nuestra verdadera vida y nuestro espíritu. Así como una buena semilla produce buenos frutos, así también la Palabra y los Sacramentos debieran producir en nosotros la magnífica vida de la regeneración, o el nuevo nacimiento; el hombre nuevo, santo y espiritual. O, para condensarlo todo en una palabra, deben producir un verdadero y auténtico cristiano. Porque el que es cristiano necesita nacer de nuevo del Espíritu, la Palabra y los Sacramentos, y creer y vivir en Cristo, como también en el principio fundamental de la vida de la gracia. Tan cierto como un niño es engendrado por su padre, así también el cristiano verdaderamente debe ser engendrado por Dios y por Cristo a través de la fe (Stg 1:18; 1 P 1:23; Jn 3:3, 5; Tit 3:5).

2. Por lo tanto, cuando nosotros no nos decidimos a combatir contra las depravadas inclinaciones de nuestra naturaleza carnal, y a asimilar la doctrina de Cristo en nuestra vida y naturaleza; más aún, cuando contravenimos la doctrina *cristiana* con una vida *anticristiana*, con impiedad y profanidad; cuando procedemos de esta manera, ¿no queda claro que no hemos sido engendrados por Dios, ni hemos nacido de Cristo? ¿Qué beneficio nos dará la doctrina de Cristo, cuando es un hecho que nuestra vida no se condice con ella en absoluto? ¿Resultará algún bien de nuestros vanos alardes de la luz del Evangelio, cuando es evidente que andamos en oscuridad? Es por esta razón que la luz se retira de nosotros merecidamen-

te, y el mundo comienza a cubrirse de tinieblas y falsas doctrinas, de errores y espíritus engañadores. Y para que tengamos cuidado con estos males, nuestro bendito Salvador nos ha dejado esta advertencia: «Andad entretanto que tenéis luz, para que no os sorprendan las tinieblas» (Jn 12:35); es decir, para que no se extravíen hacia diversos errores y engaños, hacia la ceguera y dureza de corazón, hacia las tinieblas y los prejuicios, todo lo cual pone trabas al entendimiento para la plena recepción de la luz del Evangelio. Este fue el caso del Faraón, los judíos y también de Juliano el Apóstata; este último, al ser convencido al fin por los reproches de su propia conciencia, exclamó abiertamente, y para su propia confusión, que Cristo vivía y reinaba, y era tanto Señor como Dios, diciendo: «Has vencido, oh galileo; has vencido». Hubiera sido mejor que dijera: «¡Señor, ten misericordia de mí!». Pero ¡qué lástima que ello estuviese completamente fuera de sus posibilidades! Esto era consecuencia de la dureza de su corazón, adquirida por una continua vida de pecado, y por haber rechazado y despreciado la misericordia de Cristo.

3. Esta dureza de corazón es esa horrenda oscuridad que al final sorprende a todos los que rehúsan caminar en la luz mientras la tienen. Es el justo castigo infligido a quienes blasfeman contra la verdad, como hizo el Faraón, cuando preguntó: «¿Quién es Jehová para que yo oiga su voz y deje ir a Israel? Yo no conozco a Jehová» (Ex 5:2). Por lo tanto, sencillamente era justo que él experimentara con gran pesadumbre el absoluto poder de Dios, cuando fue puesto por ejemplo para todo el mundo, y como un perdurable monumento de la indignación del Señor y de la debilidad de los hombres que inútilmente pretenden oponerse a Él.

4. De manera semejante, los judíos de la antigüedad fueron afectados por la ceguera y dureza del corazón cuando rehusaron atender a la voz del Señor, a pesar de que Moisés les había advertido mucho antes que tal cosa ciertamente ocurriría. Él había dicho: «Jehová te herirá con locura, ceguera y turbación de espíritu» (Dt 28:28). Y efectivamente así les aconteció, como puede verse en Isaías 6:9-12. Aquí se manifiesta que dicha dureza del corazón es el más justo castigo por la incredulidad, el desprecio de Dios y la verdad celestial que Él ha declarado; como lo expresa el apóstol Pablo: «Con todo engaño de iniquidad para los que se pierden, por cuanto no recibieron el amor de la verdad para ser salvos. Por esto Dios les envía un poder engañoso, para que crean en la mentira» (2 Tes 2:10, 11). Este pasaje expone claramente la razón por la que Dios suele enviar sobre el ser humano una ceguera y dureza de corazón tan terribles: porque ellos «no recibieron el amor de la verdad».

5. Y, en efecto, el hombre a quien Dios le quita su gracia ofrecida, ciertamente es el más desdichado y miserable; y jamás puede regresar por

sí mismo al buen camino. Prueba de ello son los casos del Faraón y de Juliano. El hombre o la mujer de quien el Señor retira su luz necesariamente deben vivir en tinieblas. Dios, no obstante, retira la luz solamente de aquellos que rehúsan caminar en ella; *Él no quita su gracia a nadie, excepto a aquellos que groseramente la rechazan.*

6. Es en este sentido que debemos tomar las palabras de San Pablo: «"Tendré misericordia del que yo tenga misericordia" (dice el Señor). De manera que de quien quiere, tiene misericordia, y al que quiere endurecer, endurece» (Ro 9:15, 18). Pero ciertamente el Señor tiene misericordia de todos aquellos que abiertamente reciben su misericordia; en tanto que, por el contrario, Él endurece a aquellos que rechazan y blasfeman del ofrecimiento de su gracia. Y es por esta voluntaria resistencia que San Pablo reprueba a los judíos, diciendo: «A vosotros, a la verdad, era necesario que se os hablara primero la palabra de Dios; pero puesto que la desecháis y no os juzgáis dignos de la vida eterna, nos volvemos a los gentiles». Y en seguida nos dice la Escritura: «Los gentiles, oyendo esto, se regocijaban y glorificaban la palabra del Señor, y creyeron todos los que estaban ordenados para vida eterna» (Hch 13:46, 48); es decir, todos aquellos que no resistieron y no desecharon obstinadamente la palabra de gracia, como medio de la fe. De esto eran culpables los judíos, y por eso no pudieron creer; porque el Señor no ha decretado para salvación eterna a ninguno que rechace con desdén su Palabra, y se muestre desobediente al ofrecimiento de su gracia.

7. La ordenación para vida eterna, o la elección de la gracia (Ro 11:5), se efectúa plenamente en Cristo, unida a esta promesa: que Dios ofrece su gracia a todos mediante el Evangelio; aquellos que la reciben son ordenados para vida eterna; y quienquiera que la rechace con ello «no se juzga digno de la vida eterna», como lo expresa San Pablo. Es decir, es culpa de ellos mismos el no ser dignos de esa bendición, y se privan de aquella gracia universal que el Evangelio da a conocer; y de ese modo borran sus propios nombres del libro de la vida, que es Cristo, resisten la buena obra de Dios con su propia contumacia, y, en consecuencia, no pueden obtener la verdadera fe salvadora que la Palabra origina.

8. Y en esto no nos engañemos suponiendo en vano que solo rechazan la palabra de Dios los que no abrazan exteriormente la fe y la doctrina de Cristo (como los musulmanes o los judíos); y que aquellos que profesan la fe cristiana y adoptan la doctrina del Evangelio no pueden ser contados entre los que desprecian abiertamente la compasión ofrecida. Pues es un hecho que todos los que no quieran seguir las huellas de Cristo, ni tomar para sí mismos su vida, ni andar en la luz, caen bajo la misma grave acusación. Y es este motivo lo que lleva a Dios a quitarles la luz de su palabra y

de la doctrina pura. «Yo soy la luz del mundo», dice Cristo; «el que me sigue no andará en tinieblas, sino que tendrá la luz de la vida» (Jn 8:12).

9. Esto nos enseña que quienquiera que siga el ejemplo de Cristo, y viva su vida, no estará en peligro de ser desviado por ningún engaño ni error. Escapará además de aquella ceguera y dureza de corazón que acarrea sobre sí misma la persona que profesa la fe cristiana solo de palabra. Considérese aquí, por una parte, los muchos hombres orgullosos, ilustres, letrados, ingeniosos y poderosos en este mundo; y, por otra parte, los errores, la ceguera y los engaños en los que se precipitan. Aquellos engaños verdaderamente no tienen otro origen más que el hecho de que el ser humano no vive en Cristo, sino que es reacio a imitar su santa vida; y, por lo tanto, no puede tener la luz de la vida.

10. El mismo origen tienen también aquellas «obras de Satanás» y aquellos «poderes engañosos», junto con todos los «falsos milagros» que menciona San Pablo (2 Tes 2:9-11), los cuales aumentan cada día entre nosotros, porque el mundo no quiere seguir a Cristo, y de esa forma ser librado del engaño y el error. Porque «¿qué comunión tiene la luz con las tinieblas? ¿Qué armonía puede haber (entonces) entre Cristo y Belial?» (2 Co 6:14, 15). Es decir, la pureza de doctrina y el conocimiento divino no pueden permanecer con aquellos que viven en el diablo, en las tinieblas, en el orgullo, en la codicia y los placeres impuros. ¿Cómo podría residir la doctrina pura en aquellos que muestran impureza de vida y costumbres? Ciertamente, no puede haber nada más irreconciliable que la pureza de doctrina y una vida impura.

11. Por lo tanto, si deseamos preservar la doctrina pura, nuestras mentes deben ser completamente transformadas, y no tener participación alguna en el mundo y en los actos anticristianos. Debemos «despertar» (Ef 5:14) del letargo del pecado, y desprendernos de las obras de las tinieblas, para que así Cristo pueda a su vez iluminarnos con la luz de la verdadera fe. Con esto queda claro que quien no sigue los pasos de Cristo, ni lo imita en su amor, humildad, mansedumbre, paciencia y obediencia, necesariamente debe estar engañado, y extraviado del conocimiento de Dios, pues no va por el camino que lleva a la verdad.

12. Por el contrario, si solo viviéramos en Cristo, si anduviéramos en su amor y humildad, y encamináramos todos nuestros esfuerzos y labores *únicamente* hacia el objetivo de mortificar la carne y hacer emerger en nuestro interior la vida de Cristo, para que a través de Él podamos vencernos a nosotros mismos, y triunfar sobre la carne, el mundo y el diablo; si de una vez hiciéramos todo esto, entonces quedaría muy poca disensión y polémica acerca de la doctrina, y las herejías se derrumbarían por sí mismas.

13. Tenemos un ejemplo del engaño más inusitado en Acab, quien, por causa de su malvada y tiránica vida, fue engañado por cuatrocientos profetas (1 R 22). Fue por incentivo de ellos que emprendió la fatal expedición contra los sirios, despreciando al verdadero profeta Micaías, quien efectivamente predijo la muerte del rey en la batalla. Pero, al ser guiado por una luz falsa, él rechazó la verdad y dio crédito a los profetas mentirosos, quienes no le profetizaban otra cosa que paz y prosperidad. Por lo cual, la justicia de Dios lo alcanzó, según las palabras del verdadero profeta, y, como bien merecía, los perros lamieron su sangre.

14. En esto se verifican las palabras de San Pablo: «El dios de este mundo les cegó el entendimiento, para que no les resplandezca la luz del evangelio de la gloria de Cristo» (2 Co 4:4). ¿Y no están amenazados con idéntico juicio todos los hipócritas que presumen de Cristo y su doctrina, pero lo niegan con su vida y sus hechos? Pues así habló el Señor a través del profeta: «Porque este pueblo se acerca a mí con su boca y con sus labios me honra, pero su corazón está lejos de mí...; por eso, perecerá la sabiduría de sus sabios y se desvanecerá la inteligencia de sus entendidos» (Is 29:13, 14). En cuanto a los profetas en particular, el Señor ha expresado claramente que Él «cerró los ojos de vuestros profetas y puso un velo sobre las cabezas de vuestros videntes»; por lo cual, la visión será como un «libro sellado» (vv. 10, 11). Y en cuanto a los propios judíos, el apóstol nos ha dicho que un «velo está puesto sobre el corazón de ellos», que impide que sus ojos contemplen al verdadero Mesías; no obstante, «cuando se conviertan al Señor, el velo será quitado» (2 Co 3:15, 16).

Capítulo XXXIX
La pureza de la doctrina de la palabra divina se preserva no solo a través de debates y publicaciones, sino también mediante el verdadero arrepentimiento y una vida santa

Retén la forma de las sanas palabras que de mí oíste, en la fe y amor que es en Cristo Jesús. Guarda el buen depósito por el Espíritu Santo que mora en nosotros (2 Tim 1:13, 14).

Es muy necesario que la pureza de la doctrina y la verdad de la santa fe cristiana sean preservadas y defendidas de todos los falsos maestros. De esto tenemos el ejemplo de los santos profetas, quienes con un gran celo predicaron contra los profetas falsos e idólatras bajo la antigua ley; el ejemplo del Hijo de Dios, quien disputó severamente contra los fariseos y los escribas en Jerusalén; también de San Juan, el Evangelista, quien escribió el Evangelio contra los herejes ebionitas y Cerinto, y el Apocalipsis (2:6, 15), contra la falsa iglesia de los nicolaítas y otros.

2. Asimismo, San Pablo defendió enérgicamente la doctrina de la justificación por la fe (por ejemplo, Ro 3:20), de las buenas obras (2 Co 9:8, etc.), de la resurrección de los muertos (1 Co 15:1, etc.), de la libertad cristiana (1 Co 9; 10; Gl 5:1, etc.), entre otras, contra ciertos falsos apóstoles que se habían entrometido en la Iglesia. Tenemos además el ejemplo de los santos obispos y padres de la iglesia primitiva, quienes, siguiendo el ejemplo dejado por los apóstoles, en sus escritos controversiales públicos se opusieron tenazmente a las supersticiones paganas y a las herejías de aquel entonces. Más aún, con la misma finalidad los emperadores cristianos concertaron concilios generales, y ellos condenaron a los principales herejes que contaminaban la iglesia en aquel tiempo; entre estos estaban los arrianos, los macedonios, los nestorianos y los eutiquianos; no hace falta mencionar el ejemplo de Martín Lutero, por cuyos libros y escritos el papado y otras sectas han sido exitosamente confrontados en este último tiempo.

3. Por lo tanto, aún debe continuar la predicación, las publicaciones y las disputas contra los herejes, para preservar la pureza de la doctrina y de la verdadera religión. Es por esta razón que el apóstol quiere un obispo que también «pueda exhortar con sana enseñanza y convencer a los que contradicen» (Tit 1:9). Si bien esto en sí mismo es a la vez legítimo y recomendable, con todo, el abuso de esta actividad la ha desvirtuado tanto, al punto de que las disputas y controversias han aumentado a tal extremo hoy en día, que la vida cristiana, el verdadero arrepentimiento, el amor y la piedad prácticamente han sido olvidados; como si la suma y la esencia de la religión cristiana consistiera más bien en debatir y escribir libros controversiales que en la genuina santidad de vida y pureza del comportamiento que el Evangelio exige.

4. Consideremos el ejemplo de los santos profetas y apóstoles, como también al propio Hijo de Dios. Ellos no solamente disputaron contra los falsos profetas y apóstoles, y las supersticiones que estos sostenían; sino que además, con gran celo y vigor, exhortaban al verdadero arrepentimiento y a una vida santa. Sus sermones iban acompañados de gran poder y fuerza; y ellos ponían de manifiesto que, a causa de la maldad y la falta de arrepentimiento, la religión y la adoración verdaderas eran destruidas, la Iglesia era devastada y los reinos y naciones eran asaltados por plagas, guerras y hambre. Y todo esto aconteció exactamente como ellos habían dicho. De este tenor es la declaración del profeta con que denuncia a los judíos: «¿Cómo, esperando yo que diera uvas buenas, ha dado uvas silvestres?». Por lo cual, el Señor «hará que quede desierta» (Is 5:4, 6). Este pasaje demuestra que la impiedad es la razón por la que Dios retira de nosotros su Palabra. Y las palabras del Señor registradas por San Juan apuntan al mismo fin: «Andad entretanto que tenéis luz, para que no os sorprendan las tinieblas» (Jn 12:35). Pero ¿qué significa andar en la luz, si no es imitar a Cristo en su vida y tener la misma mente suya? ¿Y qué sugiere el Señor cuando dice «que no os sorprendan las tinieblas», si no es la pérdida del Evangelio y de la pureza de la doctrina cristiana? Todo esto es bastante para convencernos de que sin arrepentimiento y santidad de vida, ningún alma puede ser iluminada con la luz salvadora del Evangelio. Porque el Espíritu Santo, quien es el verdadero iluminador de los corazones, huye de las almas profanas, y escoge solo las almas santas para hacerlas amigas de Dios. Y si el principio de la sabiduría es el temor de Dios (Sal 111:10), ¿quién puede dudar de que la impiedad y la humana seguridad sean el comienzo de la necedad, la ignorancia y la ceguera?

5. El verdadero conocimiento de Cristo, y la profesión de su doctrina, no consiste solo en palabras, sino en hechos y una vida santa, como dice San Pablo: «Profesan conocer a Dios, pero con los hechos lo niegan, siendo abo-

minables y rebeldes, reprobados en cuanto a toda buena obra» (Tit 1:16). Y en otro lugar: «Tendrán apariencia de piedad, pero negarán la eficacia de ella» (2 Tim 3:5). Estos pasajes nos enseñan que una vida malvada niega a Cristo y su Evangelio, tal como lo harían las palabras; y que no tiene un verdadero conocimiento de Cristo el que no lo pone en práctica. La persona que jamás ha probado en su corazón la humildad, la mansedumbre, la paciencia y el amor de Cristo no puede conocer a Cristo mismo; y, en consecuencia, en tiempos de dificultades, no puede confesarlo abiertamente. Quienquiera que confiesa la doctrina de Cristo, y lo rechaza en su vida, a medias lo confiesa; y quienquiera que predica la doctrina de Cristo pero no su vida, a medias predica a Cristo. El mundo está lleno de libros controversiales escritos en defensa de la *doctrina*, pero hay muy pocos libros vigentes disponibles acerca de la *vida* cristiana. Ahora bien, la doctrina sin la vida no es sino un árbol sin frutos. ¿Cómo podría seguir la doctrina de Cristo quien rehúsa seguirlo en su vida? Porque la suma y esencia de la doctrina de Jesucristo es «el amor nacido de corazón limpio, de buena conciencia y fe no fingida» (1 Tim 1:5). Pero vivimos en una era en la que hay tantos controversistas y argumentadores en asuntos de doctrina que uno podría pensar que no tienen otro objetivo en el corazón que promover la religión y la piedad; pero, al observar más atentamente, se descubre que interiormente están llenos de malicia y orgullo, envidia y avaricia. Por este motivo, el apóstol ha unido la *fe* y el *amor* cuando nos manda «retener la forma de las sanas palabras» (2 Tim 1:13). La *vida* y la *doctrina*, como él intenta mostrar, deben ir de la mano, y nunca ser separadas en la gran obra de la salvación.

6. Si bien no afirmamos en absoluto que la vida eterna se obtenga por nuestros propios esfuerzos y nuestra piedad (porque somos «guardados por el poder de Dios, mediante la fe, para alcanzar la salvación», 1 P 1:5); con todo, es cierto que, por llevar una vida profana, el Espíritu de Dios, con todos sus dones, es expulsado; especialmente los dones de la fe, el conocimiento y la sabiduría. En consecuencia, una vez más diremos que, sin una vida santa, no se puede preservar la doctrina pura; y que el malvado que no siga a Cristo en su vida no puede ser iluminado con la verdadera luz del Evangelio. En tanto que aquellos que caminan en la luz, es decir, quienes perseveran en las benditas huellas de Cristo, son iluminados con la verdadera luz (Jn 1:9), que es Cristo, y de esa forma son guardados del peligro de los engaños y errores. Al respecto, aquel santo e iluminador escritor, Tauler, ha dicho: «Tan pronto como un hombre se dedica y se entrega a Dios, y niega su propia voluntad y su carne, inmediatamente el buen Espíritu de Dios comienza a iluminarlo, y a conferirle un sólido y consistente conocimiento; porque este hombre realmente guarda en su corazón el verdadero sábado espiritual, y descansa de todas las pasiones pecaminosas, y de su propia voluntad y sus obras». Estas palabras deben entenderse en

relación al estado posterior a la conversión, y a la diaria iluminación y el crecimiento en los dones y favores divinos.

7. No sin motivo, entonces, dice el Señor: «Yo soy el camino, la verdad y la vida» (Jn 14:6). Él se llama a sí mismo «el camino» en tanto que nos muestra a nosotros el camino. ¿Y de qué manera nos lo mostró? Ciertamente, no solo en su doctrina, sino además en su santísima vida. La vida de nuestro bendito Redentor consistía en una verdadera y sincera dedicación a Dios, la cual nos guía en el camino a la verdad y la vida, que es la esencia de toda nuestra religión, y la suma de todos los mandamientos de Dios. Este libro de vida contiene muchas lecciones magníficas y laboriosas, que aprenderlas nos tomaría todo nuestro tiempo. En él se inculca el ejercicio del verdadero arrepentimiento, y de aquella fe viva y práctica que lo acompaña; en él se debe estudiar la práctica del amor, la esperanza, la humildad, la paciencia y la humildad; en él también se explica el deber de la oración y el temor de Dios; todo lo cual, tomado en conjunto, conforma la completa vida de Cristo, la cual se nos ha dejado como un modelo a seguir. Esta es la «puerta estrecha», y el «camino angosto» que pocos encuentran (Mt 7:14). Este es el libro de vida, que solo unos pocos leen, aun cuando encierra todas las cosas que un cristiano debe saber y practicar; de manera que no se necesita ningún otro libro para nuestra salvación eterna. Esta es la razón por la que la Santa Escritura está contenida en unos pocos libros, para demostrar que el cristianismo no consiste en una multitud de volúmenes, sino en un fe viva y en una seria imitación de Cristo. Porque así dice aquel sabio: «No tiene objeto escribir muchos libros; el mucho estudio es fatiga para el cuerpo». Por lo cual, escuchemos la conclusión de toda la cuestión: «Teme a Dios y guarda sus mandamientos» (Ecl 12:12, 13).

8. En la parábola se nos dice que mientras los hombres están dormidos, viene el diablo y siembra mala hierba entre el trigo, y luego se va (Mt 13:25). Esto nos enseña que cuando la persona deja de lado las obras de arrepentimiento, y se da licencia en el sueño del pecado, de la humana seguridad, del amor al mundo y de los afanes y preocupaciones mundanos, entonces el diablo esparce paulatinamente su semilla de falsa doctrina en el campo del orgullo (Gn 3:5), de lo cual emergen diversas sectas, divisiones y herejías. Pues a causa del pecado del orgullo tanto los ángeles como los seres humanos perdieron la verdadera luz que al principio les había sido conferida. El orgullo es la fuente original de todos los engaños y errores que tan trágicamente han sido traídos al mundo. Si Satanás, y Adán, el primer hombre, hubieran permanecido en un estado de humildad como hizo Cristo al vivir entre los hombres, entonces ningún error o tentación habría invadido jamás este mundo. Pero ahora no queda otro medio para nuestra restauración, excepto aquel que enseña San Pablo: «Despiértate, tú que duermes, y levántate

de los muertos, y te alumbrará Cristo» (Ef 5:14); con lo cual nos convence de que nadie puede ser iluminado por Dios mientras no se libere de su letargo de pecado; es decir, de su seguridad carnal, su profanidad y malicia. Lo mismo declara San Pedro: «Arrepentíos… y recibiréis el don del Espíritu Santo» (Hch 2:38); y también el propio Señor, cuando dice: «El mundo no puede recibir el Espíritu de verdad, porque no lo ve ni lo conoce» (Jn 14:17). ¿Y qué es el *mundo*, sino una vida vivida sin Dios?

9. Cuando el Señor dice: «Por sus frutos los conoceréis» (Mt 7:20), ¿no se refiere a los frutos de una vida buena y santa, los cuales son la señal precisa para distinguir a los cristianos verdaderos de los falsos? Una profesión árida y vacía de la fe cristiana no es una base segura en que apoyarse. Cualquier falso cristiano puede cubrirse con la *piel de oveja* de una profesión verbal de la fe cristiana, pero en su interior es cualquier cosa, menos un verdadero cristiano. No obstante, por muy vana y malvada que sea la vida de los que profesan la fe cristiana, ello no necesariamente significa que toda la doctrina sea también falsa y corrompida, como algunos pretenden insinuar, quienes condenan nuestra doctrina a causa de la maldad de algunos que dicen adherir a ella. Si esto fuera verdad, la doctrina de Cristo y de sus apóstoles no escaparía de la acusación de error y falsedad; pues aun en sus días hubo muchos personajes malvados que se infiltraron en la iglesia e hicieron una espléndida profesión de la fe cristiana. Una vida profana no es prueba suficiente de la falsa doctrina en general, aunque puede darnos una noción de la propia persona, si es un verdadero cristiano o falso. Ciertamente, no puede ser un correcto creyente quien lleva una vida contraria a la naturaleza y las cualidades de una fe divina. Tal persona no es un creyente o un cristiano más de lo que un cadáver es un hombre. Por lo tanto, todos aquellos que se cuentan entre estos árboles corruptos y estériles no sirven para otra cosa que para ser cortados y echados al fuego (Mt 7:19).

10. A fin de comprender mejor este punto, debemos indagar acerca de la naturaleza de una fe certera y salvadora, y las particulares cualidades que la acompañan. Y, en primer lugar, una fe verdadera y salvadora actúa por amor (Gl 5:6). Por la fe, la persona es hecha una «nueva criatura» (Gl 6:15); a través de ella, el hombre y la mujer nacen de nuevo y son unidos a Dios. Por la fe, «Cristo habita» y actúa «en sus corazones» (Ef 3:17). Por la fe, todo el reino de Dios se establece en el alma, y el Espíritu divino «purifica (e ilumina) el corazón» (Hch 15:9). Y, verdaderamente, la Escritura expone abundantemente estas y otras cualidades similares que van unidas a la fe. Es por esto que el apóstol dice: «El que se une al Señor (por la fe), un espíritu es con Él" (1 Co 6:17). ¿Y qué es ser un espíritu con Cristo, sino tener la misma mente, el mismo corazón y la misma voluntad que hay en Él? Y esta unidad del espíritu necesariamente implica aquella nueva, santa

y celestial vida de Cristo que debe brotar en nuestro interior. Con el mismo propósito se nos dice: «Si alguno está en Cristo, nueva criatura es» (2 Co 5:17); donde *estar en Cristo* no solo significa creer en Él, sino también vivir en Él. Recordemos estas palabras: «Te desposaré conmigo para siempre; te desposaré conmigo en fidelidad» (Os 2:19, 20). Esta declaración significa que el hombre y la mujer, por la fe, pueden nada menos que estar completamente unidos a Cristo; de manera que, donde hay fe, allí está Cristo; donde está Cristo, allí reside una santa vida en el ser humano; donde está la vida de Cristo, allí también está su amor; y donde hay amor, allí está Dios mismo, quien «es amor» (1 Jn 4:8), y también allí está el Espíritu Santo. Y en esta divina disposición se combinan todos estos enlaces celestiales, de la misma manera en que la cabeza está unida con los miembros, y así como la causa está ligada al efecto. Y este vínculo entre la fe y la vida es lo que San Pedro encarga admirablemente cuando nos ordena: «Poned toda diligencia en añadir a vuestra fe virtud; a la virtud, conocimiento; al conocimiento, dominio propio; al dominio propio, paciencia; a la paciencia, piedad; a la piedad, afecto fraternal, y al afecto fraternal, amor». Y agrega: «Si tenéis estas cosas y abundan en vosotros, no os dejarán estar ociosos ni sin fruto en cuanto al conocimiento de nuestro Señor Jesucristo. Pero el que no tiene estas cosas es muy corto de vista; está ciego, habiendo olvidado la purificación de sus antiguos pecados» (2 P 1:5-9). En este pasaje, el apóstol evidentemente declara que cualquier persona que no manifieste esta unión entre la fe y la vida carece de todo conocimiento salvador acerca de Cristo y camina en tinieblas. Porque el atributo de la verdadera fe consiste en cambiar al ser humano por entero, renovarlo y revivirlo en Cristo; de manera que en adelante él pueda vivir y habitar en Cristo, y Cristo, a su vez, pueda vivir y habitar en él.

Capítulo XL
Diversas normas para llevar una vida santa

Ejercítate para la piedad, porque el ejercicio corporal para poco es provechoso, pero la piedad para todo aprovecha, pues tiene promesa de esta vida presente y de la venidera (1 Tim 4:7, 8).

Este aserto apostólico contiene una breve descripción de la vida de un cristiano, y de la principal ocupación que le está encomendada, a saber, dedicarse a la piedad, o devoción cristiana, la cual comprende todo el conjunto de virtudes cristianas. El apóstol indica dos motivos para recomendar esta ocupación celestial y su continua práctica. *Primero*, dice él que «la piedad para todo aprovecha». En tanto que la piedad guíe nuestras palabras y nuestros hechos, ella realiza el más admirable servicio. Ella hace nuestra vida entera aceptable ante Dios, y útil para nuestro prójimo. El *segundo* motivo es que la piedad va unida a una recompensa de gracia tanto en esta vida —como puede verse en los ejemplos de José, o Daniel, entre otros— como en la que está por venir; en esta última, cosecharemos sin cesar, siempre que no desmayemos mientras vivimos en esta tierra (Gl 6:9). A fin de que tengamos un mayor aliciente para practicar la piedad, esforcémonos por guardar en la memoria las siguientes normas y consideraciones.

a) Si aún no puedes vivir a la medida de la santidad que la Palabra de Dios requiere, medida que tú mismo anhelas, con todo, no debes dejar de *desearlo ardientemente*; porque estos santos suspiros siempre son aceptables ante Dios. Él no tiene tanto en cuenta la acción exterior del hombre o la mujer como el corazón de donde la acción procede. Con todo, nunca dejes de crucificar la carne y jamás permitas que ella te gobierne.

b) En todo lo que pienses o hagas, ten cuidado de preservar la *pureza de tu corazón*. Mantenlo bajo vigilancia, para que no te contamines con pensamientos, palabras o actos soberbios; ni con ira u otras obras de la carne y del diablo similares. El pecado le abre la puerta al diablo, y le cierra el corazón a Dios.

c) Dedícate continuamente a mantener la libertad cristiana de tu alma, y no permitas que ningún excesivo amor por la criatura, o por las cosas del mundo, te esclavice, pues tú debes ser amo y señor sobre ellas. Considera el valor de tu alma, que ciertamente es de una naturaleza más excelente que el presente mundo pasajero. ¿Por qué vas a degradarla al punto de someterla a las cosas frágiles, ruines y frívolas de esta vida?

d) Ten cuidado con las preocupaciones y la *tristeza de este mundo*, porque esta produce muerte (2 Co 7:10). Así como la tristeza del *mundo* origina muerte, la tristeza *piadosa* engendra vida, ¡y acumula un tesoro eterno! La tristeza del mundo brota de la avaricia y la envidia; de las excesivas preocupaciones; de la incredulidad y la falta de arrepentimiento, y de otras fuentes temporales. La tristeza que es según Dios procede de un conocimiento de tus pecados y del castigo eterno que les corresponde. Esta tristeza produce muchos efectos salutíferos en el alma arrepentida y «produce arrepentimiento para salvación, de lo cual no hay que arrepentirse»; ella va acompañada de gozo espiritual y una sólida paz o quietud mental. Ninguna pérdida de cosas temporales debe afligirte tanto como lo hace el recuerdo de tus pecados, con los cuales has ofendido la infinita bondad de Dios.

e) Si no puedes soportar tu cruz con gozo y alegría, con todo, al menos llévala con *paciencia y humildad*, y acepta serenamente la voluntad y providencia divinas. Porque, verdaderamente, la voluntad de Dios es siempre buena; y no pretende otra cosa que tu provecho y salvación. Por lo tanto, cualquier cosa que a Dios le plazca enviarte en su sabiduría, acéptala con gratitud, y vive dichoso o desafortunado, en pobreza o en riqueza, en alto o bajo rango, en la ruina o en esplendor, según Él disponga tu suerte. Ten siempre este pensamiento: «Esto le ha parecido bien a Dios, así que debe ser algo necesario y provechoso para mí también. Que se haga su voluntad, no la mía». Por lo tanto, lo que a Dios le agrada que no te desagrade a ti; sino más bien regocíjate en que todas las cosas están dispuestas según su beneplácito y para tu salvación. Recuerda que «justo es Jehová en todos sus caminos y misericordioso en todas sus obras» (Sal 145:17). Por lo cual, no es sino justo que se haga la voluntad de Dios, porque siempre es buena y beneficiosa; y que tu propia voluntad se someta y no se realice, porque siempre es mala y nociva.

f) Cuando el Señor visite tu alma con el gozo celestial, recíbelo *con gratitud y humildad*. Pero cuando a Él le plazca retirar la apacible luz de su presencia, entonces considera que la mortificación de la carne debe ser de mayor beneficio para ti que un desbordante gozo del espíritu. Por experimentar demasiado gozo espiritual, muchos caen en el orgullo espiritual. Pero todo aquello que causa mortificación y tristeza es mucho más beneficioso para doblegar a la carne que las cosas placenteras y agradables a nuestra naturaleza. El Señor sabe mejor que nadie a quién llevar por un sendero plácido y confortable, y quién necesita ser guiado por una vía desagradable, pedregosa y áspera. Estima siempre mejor llegar al final de tu travesía por el camino que la divina Sabiduría te ha designado, aunque sea muy distinto a lo que tú escogerías o a lo que tu corazón desearía. Recuerda que «mejor es el pesar que la risa», y que «con la tristeza del rostro se enmienda el corazón». Y si quieres ser sabio, confía en la experiencia del hombre sabio, quien además te dice que «el corazón de los sabios está en la casa del luto, mas el corazón de los insensatos, en la casa donde reina la alegría» (Ecl 7:3, 4).

g) Preséntale a Dios una ofrenda de *todo lo que tienes y lo que haces*. Si no puedes presentarle ofrendas de una elevada y gozosa devoción, de oración, de acción de gracias y de otros actos de piedad similares, al menos ofrécele lo que tienes, de buena voluntad y con un intenso deseo. *Desea*, al menos, que lo que presentas resulte aceptable ante el Señor; porque tener un deseo tal, o estar dispuesto a tenerlo, es una ofrenda no despreciable, sino que le es muy grata al Dios bondadoso. Según la medida en que *desees* ofrecer al cielo tu devoción, tu oración y alabanza, en esa misma medida Dios la acepta. Él no exige más de ti que lo que Él mismo obra en ti por su gracia: no puedes devolverle a Dios más de lo que Él te ha conferido primero. Mientras tanto, ruégale al Señor Jesús, para que Él, por gracia, se complazca en enmendar lo que hay de defectuoso en ti, mediante su propia y más perfecta oblación y sacrificio; porque Él, y solo Él, es la perfección de nuestra imperfecta adoración y servicio. Dile, por lo tanto, con fe estas palabras: «Oh Dios mío, y mi Padre, te suplico que por gracia aceptes mi devoción, mi oración y mi gratitud, junto con todos los actos de mi fe y adoración, en el nombre de tu amado Hijo Jesucristo. No estimes estas cosas por lo que son en sí mismas, sino de acuerdo a lo que son a través de los méritos del sacrificio perfecto que tu Hijo ha ofrecido. Mira, Señor, su obra, y todo lo que Él ha hecho por mí estando en el cuerpo; y así como sus perfectísimas obras deben ser agradables ante ti, así también las mías sean aceptables ante ti por causa de Él. Cristo, oh Dios mío, reparará suficientemente todo lo que en mí es defectuoso»0. Por este medio, nuestra devoción, nuestra oración y nuestra gratitud, por imperfectas, débiles y oscuras que de suyo puedan ser, adquieren un fulgor, valor y dignidad que proceden de los méritos de Cristo, los cuales hacen nuestras obras aceptables ante el Señor. Así como un pequeño desnudo y mugroso es desagradable de ver, pero se vuelve tierno y encantador cuando lo bañan de arriba abajo y lo visten con ropa elegante, del mismo modo, todas las obras que hacemos en nuestro estado natural están contaminadas con el pecado, y Dios no las tiene en cuenta; pero tan pronto como nos cubre la perfección de Cristo (Is 61:10), nuestras obras son aceptables ante Dios. Así como la fruta que de suyo no es valiosa despierta el apetito del espectador cuando se sirve en bandejas de preciosa plata, así también nuestras oraciones y actos de devoción, aunque por sí mismos no tienen valor, en Jesucristo son perfeccionados; en Él, *en el Amado, nos hizo aceptables* ante Dios (Ef 1:6).

h) Si tus pecados y múltiples flaquezas te entristecen (como debiera ocurrir), con todo, *que no te hagan desesperar*. Si son muy numerosos, recuerde que en Cristo hay aun más misericordia, y «abundante redención con Él» (Sal 130:7). Si tus imperfecciones son muy enormes, recuerda que los méritos de Cristo son aún mayores, y di con el rey arrepentido: «Ten piedad de mí, Dios, conforme a la multitud de tus piedades» (Sal 51:1). Y cuando por la gracia de Dios te arrepientes de veras, y contemplas a Jesucristo, aquel gran sacrificio por el pecado, entonces Dios mismo se arrepiente del mal que debía venir sobre ti; y la absolución y la remisión del pecado sigue de inmediato a una tristeza tan benigna y saludable (Ez 18:23; 33:11). Así como el leproso fue librado inmediatamente de su mal cuando se lo pidió a Cristo, de igual modo ocurre con el pecador arrepentido. Tan pronto como dijo: «Señor, si quieres, puedes limpiarme», Cristo le respondió sin vacilar: «Quiero, sé limpio» (Mt 8:2, 3). Así también el Dios misericordioso, en tu interior y en el espíritu te limpia, te consuela y te dice: «Ten ánimo, hijo; tus pecados te son perdonados» (Mt 9:2). Esta asombrosa misericordia que el Señor te muestra al limpiar y absolver tus pecados, como se representa claramente en el ejemplo del leproso, por ningún motivo debe darte lugar para volver a pecar; sino para amar más aún a Dios, y para decir: «Bendice, alma mía, a Jehová, y bendiga todo mi ser su santo nombre» (Sal 103:1).

i) Jamás permitas que las injurias, los reproches y las críticas te provoquen ira, indignación o venganza; más bien *tómalos como distintos exámenes* de tu corazón y del estado interior de tu alma. El propósito de Dios en estas experiencias es *probarte*, para que pueda manifestarse lo que hay oculto dentro de ti, y si es la humildad y la mansedumbre, o bien la ira y el orgullo lo que gobierna tu mente. Porque lo que yace escondido en el interior del ser humano se remece y sale a la luz con los reproches y las provocaciones. Por tanto, si tu corazón está dotado de mansedumbre y humildad, podrás soportar serenamente el desprecio y los agravios; más aún, los aceptarás estimando que son distintos correctivos paternales que buscan el bien de tu alma. Además, debes considerar que el menosprecio y los reproches son parte de los castigos que el Todopoderoso envía, y debieras soportar pacientemente cualquier circunstancia que al Señor le plazca asignarte. «Salgamos, pues, a Él», dice el apóstol, «llevando su oprobio» (He 13:13). ¡Mira con qué humildad de corazón sufrió él las afrentas de un mundo profano! ¿No debiéramos nosotros someternos a estas situaciones con mansedumbre y con una imperturbable calma de nuestra mente? No digas, entonces, «¿debo soportar este trato de un individuo tan despreciable como este?», sino resígnate, por consideración a aquel paciente y manso espíritu que había en Cristo, el cual se reveló en toda su vida y conducta. Finalmente, ten en cuenta la bondad de Dios hacia quienes sufren por su causa. Él es tan fiel, y tan benigno con aquellos que soportan cualquier revés por su nombre, que les concede las mayores señales de honra y favor. De esta manera David, cuando Simei descargó contra él su malicia, lo tomó como una promesa de que Dios le otorgaría a él una muestra de gran honor; y así sucedió precisamente. «Acaso Jehová mire mi aflicción», dijo David, «y cambie en bien sus maldiciones de hoy» (2 S 16:12). Por lo tanto, no permitas que las insidiosas calumnias que gente malvada pueda levantar contra ti te perturben en absoluto; más bien alégrate, pues el Espíritu de gloria reposa sobre aquellos que son insultados por el nombre de Cristo (1 P 4:14).

j) Procura vencer y pacificar a tus enemigos brindándoles muestras de *amor y bondad*. Nadie se reconciliará jamás a través de la ira, la venganza o devolviendo mal por mal, porque la victoria consiste en la virtud, no en el vicio. Y así como un demonio no puede expulsar a otro demonio, así también no se puede esperar que un mal sea doblegado por otro; o que la enemistad en tu contra se pueda apaciguar con insultos y provocaciones de tu parte. No se podría curar a un hombre que esté cubierto de inflamaciones y hematomas dándole más golpes; y si esa persona estuviera tan loca como para golpearse y apuñalarse a sí misma, sería digna de lástima, y de ser tratada con mucha amabilidad y blandura. Del mismo modo, si una persona padece un trastorno *espiritual* total, y está llena de odio, debe ser tratada con el mayor amor y bondad; tal vez un trato amable logre ablandar y mejorar su temperamento. Considera el método que el propio Dios emplea para doblegar nuestra obstinación natural. ¿No conquista Él nuestra malignidad con su bondad, y nuestra ira con su amor? ¿Y no nos invita al arrepentimiento a través de distintas y cariñosas muestras de amor y benignidad? (Ro 2:4). Este es el método que prescribe San Pablo: «No seas vencido de lo malo», dice el apóstol, «sino vence con el bien el mal» (Ro 12:21). En efecto, esta es la verdadera victoria.

k) Cuando observes que Dios le ha concedido a tu prójimo dones superiores a los tuyos, ten mucho cuidado de *no sentir envidia de él*; sino más bien alégrate y da gracias a Dios por ello. Ten en cuenta que, dado que todos los verdaderos creyentes juntos conforman un solo cuerpo, necesariamente la belleza de cada miembro debe comunicarse a todo el cuerpo, y a cada uno de sus miembros. Por otra parte, cuando veas la miseria de tu prójimo, laméntalo como si fuera tu propia desgracia; considera que la condición de todo ser humano está igualmente sujeta al mal, y que la miseria y la aflicción son connaturales a la humanidad. También Cristo te ha dejado su ejemplo en este respecto. Y verdaderamente, quien no se compadezca ni solidarice con la miseria de su prójimo, por mucha dignidad que pueda arrogarse no es un miembro vivo del cuerpo de Cristo. Porque, ¿no miró Cristo nuestra miseria como si fuese suya, y al compadecerse de nuestra deplorable condición, nos liberó de todas nuestras penurias? San Pablo inculca este amor y solidaridad mutuos cuando dice: «Sobrellevad los unos las cargas de los otros, y cumplid así la ley de Cristo» (Gl 6:2).

l) En cuanto al *amor* y al *odio* en relación a tu prójimo, haz la siguiente distinción. Lo correcto es que tú aborrezcas sus vicios y delitos como las obras del mismísimo diablo que son; pero ten cuidado de no odiar a la *persona* al momento de aborrecer sus *pecados*. Por el contrario, tu deber es lamentar la situación de tu prójimo, quien, al ser arrastrado por tantas pasiones desordenadas, no disfruta de descanso genuino alguno en su alma. Deja su causa en manos de Dios, y ora por él, como hizo Cristo por sus enemigos estando clavado en la cruz (Lc 23:34). Por tanto, no odies a ningún *hombre* o *mujer*, sino aborrece únicamente sus *vicios*; porque quien odia a alguien, y busca su ruina, de ninguna manera puede agradar a Dios; pues la naturaleza intrínseca de Dios es ser bondadoso, y desear que «todos los hombres sean salvos y vengan al conocimiento de la verdad» (1 Tim 2:4). Este fue además el propósito con el que Cristo tomó en sí nuestra naturaleza. Él no vino al mundo «para perder las almas de los hombres, sino para salvarlas» (Lc 9:56).

m) Considera que todo ser humano es frágil e imperfecto, pero ninguno lo es más de lo que tú eres; porque ante Dios, todo hombre y mujer es culpable por igual, sin distinción. Todos hemos pecado, y con ello hemos perdido la imagen de Dios, y toda la gloria que a ella iba unida (Ro 3:23). Por lo tanto, no importa cuán grande pecador sea tu prójimo, jamás abrigues la peregrina idea de que tú eres mejor ante Dios. Recuerda esta advertencia del apóstol: «El que piensa estar firme mire que no caiga» (1 Co 10:12). El que se estima a sí mismo como el más ruin de todos va por el mejor camino a ser guardado, por la gracia de Dios, para salvación. Y es totalmente cierto que no tienes menor necesidad de la gracia y la misericordia divinas que el mayor de los pecadores. Donde hay una inmensa humildad, hay también una inmensa gracia. Es por esto que San Pablo se consideraba a sí mismo entre los pecadores «el primero» (1 Tim 1:15); y fue de esta manera que él alcanzó misericordia, y se le concedió mucha paciencia. Y en otro lugar él declara: «De buena gana me gloriaré más bien en mis debilidades, para que repose sobre mí el poder de Cristo» (2 Co 12:9).

n) La verdadera iluminación va siempre unida a un desprecio de las cosas del mundo. Así como los hijos del mundo tienen su herencia aquí en la tierra, así también los hijos de Dios tienen la suya atesorada en el cielo. Los principales tesoros que los hijos del mundo tienen en el corazón son los honores temporales, las riquezas pasajeras y esplendor y gloria terrenales. Pero los tesoros de los hijos de Dios son la pobreza y el menosprecio, la persecución y los insultos, la cruz y la muerte, adversidades y aflicciones. Fue así que Moisés estimó mejor «el oprobio de Cristo que los tesoros de los egipcios», y la aflicción del pueblo de Dios antes que los placeres del pecado (He 11:25, 26).

ñ) Recuerda que cuando se nos dice que el nombre de un cristiano está escrito en el cielo, con ello se alude al sólido y práctico *conocimiento de Cristo*, el cual está fundado *en la fe*, y por medio del cual somos trasplantados a Cristo. De este conocimiento emanan todas las vívidas virtudes que el Señor elogiará en el gran día de la retribución (Mt 25:34 y ss.). Él además sacará a la luz todos aquellos tesoros que hemos guardado en el cielo (1 Tim 6:19), junto con todas aquellas obras que se han hecho en Dios (Jn 3:21). Nunca ha vivido un santo sobre la tierra, salvo el que ha destacado singularmente en una virtud u otra; y esa virtud jamás será olvidada (Sal 112:6). Ya sea fe, amor, misericordia, paciencia o cualquier otra virtud en cuya práctica haya sobresalido, ella forjará aquel nombre eterno que está escrito en el cielo (Ap 2:17; 3:12). Este nombre será el distintivo y el carácter de los santos, y su memorial eterno ante Dios.

Capítulo XLI
Lo esencial del cristianismo consiste en restaurar la imagen de Dios en el ser humano, y destruir la imagen de Satanás

> *Por tanto, nosotros todos, mirando con el rostro descubierto y reflejando como en un espejo la gloria del Señor, somos transformados de gloria en gloria en su misma imagen, por la acción del Espíritu del Señor* (2 Co 3:18).

La *vida eterna* consiste en el *verdadero conocimiento* de Cristo, el cual comprende el conocimiento de su Persona, su obra, sus beneficios, y de sus dones celestiales y eternos (Jn 17:3). El Espíritu Divino enciende este conocimiento en nuestro corazón, y es una nueva luz que resplandece con un brillo creciente, y avanza de gloria en gloria. Es como un objeto metálico que, pulido constantemente, se vuelve cada día más brillante; o como un niño pequeño que, al recibir su alimento a diario, crece en vigor y fortaleza. Tan pronto como se confiere la justicia de Cristo, por la fe, al pecador que regresa, este además realmente nace de nuevo, y día a día se renueva en su interior la imagen de Dios. Su crecimiento espiritual, o la renovación de su mente, continúa, sin embargo, en forma progresiva, de un nivel a otro, porque aún no se ha transformado en un «hombre perfecto en Cristo» (Ef 4:13). Esta persona es un niño durante un tiempo; pero el Espíritu Divino lo alimenta continuamente, y cada día alcanza una mayor conformidad con el Señor Jesucristo.

2. Porque toda la vida de un cristiano sobre la tierra, en efecto, no es otra cosa que una continua *renovación* de la imagen de Dios en su alma, a fin de que pueda vivir constantemente en el nuevo nacimiento, y mortificar diariamente lo que es viejo y corrupto, hasta que el cuerpo de pecado sea finalmente destruido (Ro 6:4). Esta vida debe comenzar en este mundo, para que así pueda ser perfeccionada en aquella que está por venir. Por lo tanto, la persona en cuyo interior no comience la renovación de la vida divina antes de partir de este mundo, jamás la tendrá en plenitud. Por lo cual, he creído necesario reiterar brevemente a qué nos referimos con *la imagen de Dios*, la cual debe revivir; y *la imagen del diablo*, la cual debe ser

destruida y borrada del alma humana. Porque en el correcto conocimiento de ambos hechos radica la esencia de toda nuestra religión. Este es el punto principal hacia el cual apunta todo lo demás, y que arroja no poca luz sobre muchos otros asuntos (tales como el Pecado Original, el libre albedrío, el arrepentimiento, la conversión, la fe, la justificación y toda la práctica de la vida religiosa). Las siguientes observaciones describen lo que queda dicho.

3. El alma humana es un espíritu inmortal, al que Dios ha dotado de excelentes facultades, tales como el entendimiento, la voluntad, la memoria y otras capacidades y afectos.

4. Preocúpate por volver todas estas facultades hacia tu Dios, para que puedas contemplarlo a Él en ellas como en un espejo; y, contemplándolo, su imagen se imprima paulatinamente en tu alma. Es en este sentido que el apóstol habla de «la gloria del Señor», la cual hemos visto «con el rostro descubierto», sin velos ni sombras (2 Co 3:18).

5. Así como Dios es un Ser verdaderamente bueno y santo, así también la sustancia del alma y su verdadera naturaleza y esencia eran originalmente buenas y santas. Y así como en Dios no hay mal, también el alma humana en el principio estaba libre de cualquier clase de mal. Así como en Dios no hay otra cosa que lo justo, así también al comienzo en el alma no había otra cosa que lo que es justo. Porque Él es la roca, «cuya obra es perfecta»; y es «recto, y en Él no hay injusticia» (Dt 32:4; Sal 92:15). Así como Dios es sabio, también el alma humana estaba llena de conocimiento divino y espiritual, de sabiduría celestial y eterna. Y así como la sabiduría divina ordenaba todas las cosas por número, peso y medida, y conocía las facultades de todas las criaturas, tanto en el cielo como en la tierra, así también la mente del ser humano poseía la misma luz y el mismo conocimiento.

6. Y tal como con el entendimiento, así también sucedía con la voluntad: pues así como aquel era la imagen y reflejo del entendimiento divino, lo mismo era esta respecto de la divina voluntad en todas las cosas. Era santa así como su modelo lo era, y conforme a la voluntad de Dios. Por lo cual, tal como es Dios mismo, así era el alma humana: justa, bondadosa, compasiva, tolerante, paciente, humilde, amable, verdadera y pura (Ex 34:6; Sal 103:8; Jl 2:13). Es más, todas las pasiones o afectos, todos los deseos y emociones del corazón, por estar hechas en perfectísima conformidad con los deseos y afectos de la mente divina, participaban de esta conformidad de la voluntad humana con la de Dios. Por tanto, así como Dios es AMOR, así también todos los afectos y deseos del ser humano, en su estado primero, no exhalaban otra cosa que amor puro. Así como Dios, el Padre, el Hijo y el Espíritu Santo

son UNO, en un inexpresable y eterno vínculo de amor, así también todos los afectos y deseos humanos ardían con un amor de suma perfección y fervor, y el ser humano se unía plenamente a Dios con todas las facultades y capacidades que poseía; «de todo su corazón, de toda su alma y con todas sus fuerzas» (Dt 6:5). De manera que el hombre y la mujer verdaderamente amaban a Dios más que a sí mismos, y preferían a Dios y su honor en lugar de preferirse a sí mismos y su propia honra.

7. Pero así como la imagen de Dios resplandecía en el *alma*, así también la imagen del alma resplandecía a su vez en y desde el *cuerpo*. Este, por tanto, era completamente santo, casto y puro, y no estaba sujeto a ninguna inclinación o deseo impuro. No había en él corrupción ni mancha. Era en todo aspecto bello, bien proporcionado y agraciado; su salud era robusta, y su constitución era tal que aun la enfermedad no era para él un peligro. Tanto es así, que ni la mismísima muerte tenía poder sobre el cuerpo, y este era absolutamente libre del dolor, el desánimo, la pasión, la tristeza y la vejez, los cuales son hoy los compañeros y recordatorios característicos de la mortalidad del ser humano. En suma, el ser humano en su totalidad, tanto en alma como en cuerpo, era puro, santo, justo y plenamente aceptable ante Dios. Porque, a fin de que el hombre y la mujer pudieran ser la imagen de Dios, era necesario que sus cuerpos fueran santos, y en conformidad con Dios, así como sus almas. En consecuencia, San Pablo exhorta y ora para que el *cuerpo*, junto con el *espíritu* y el *alma* sean *enteramente santificados*, y sean guardados santos y sin mancha hasta la venida de nuestro Señor (1 Ts 5:23). Pues dado que el ser humano está compuesto de alma y cuerpo, y ejerce funciones tanto corporales como espirituales, era preciso que el instrumento por el cual el alma debía actuar fuese dócil y obediente, acomodado a la naturaleza del alma, y santo como el alma era santa; esto, con el fin de que el alma santa y justa pudiera completar su labor por medio del cuerpo sin ningún obstáculo ni resistencia. Por tanto, así como el alma ardía con el puro amor de Dios, así también todas las facultades del cuerpo manifestaban y se ocupaban en el amor a Dios y al hombre. Así como el alma estaba llena de compasión, también el cuerpo, con todo su poder, y todas sus facultades, estaba impulsado a la ternura y la misericordia. Así como la castidad resplandecía desde el alma, la cual era totalmente pura, de igual modo todo el cuerpo, con todos sus sentidos y facultades interiores y exteriores, exhibía visiblemente la más perfecta pureza y castidad. En conclusión, las virtudes brillaban en el cuerpo con no menor gloria que en el alma misma; de manera que el cuerpo era el santo instrumento del alma, adecuado en todo a ella, y trabajaba en conjunto con ella. Y por esto, en su estado de inocencia, el ser humano estaba capacitado para amar a Dios *con todo su corazón, con toda su alma, con todas sus fuerzas y con toda su mente, y para amar al prójimo como a sí mismo*; lo cual

es la mismísima esencia tanto de la antigua como de la nueva ley entregada a los hombres (Dt 6:5; Mt 22:37, 39; Lc 10:27). Por tanto, cada vez que Dios llama al corazón del hombre y la mujer, debemos entender la *totalidad de la persona*, tanto el cuerpo como el alma, y las facultades, capacidades y acciones de ambos. Es en este sentido que se utiliza frecuentemente la palabra *corazón* en toda la Escritura; de modo que este término implica todas las facultades del alma, como el entendimiento, la voluntad, la memoria, junto con todos los deseos y afectos que las acompañan. En consecuencia, cuando Dios exige el *alma* de una persona, con ese término Él pide no una parte, sino el todo de la persona. En todas sus facultades, esta debe conformarse a Dios, ser renovada en Cristo Jesús; y de esta forma el ser humano, habiéndose despojado de la vieja naturaleza, y siendo renovado en el espíritu de su mente, debe además *caminar* en una vida nueva, y en el espíritu por el cual nació de nuevo (Gl 5:16; Ef 4:23).

8. Además de lo anterior, había un *gozo perfecto en Dios*, el cual acompañaba la perfección de santidad, justicia y amor divino del ser humano. Dicho gozo afectaba muy poderosamente todas las facultades y fuentes, tanto del alma como del cuerpo; pues dondequiera que mora la santidad divina, también allí necesariamente reside el gozo divino. Ambos están entrelazados con un vínculo eterno, y conforman la imagen misma de Dios. Con todo, en esta vida, la justicia y la santidad divinas en nosotros son imperfectas, de manera que, mientras vivimos aquí, tan solo probamos las primicias de ese gozo que será revelado en plenitud en la eternidad. No obstante, dado que la justicia de Cristo realmente se *inicia* en el creyente sincero, en consecuencia, este también disfruta de un comienzo y un anticipo *real* del gozo y el consuelo divinos; de esto pueden dar abundante testimonio aquellos cristianos que han aprendido la religión por experiencia (Jn 16:22; 2 Co 1:5; Fil 4:4). Por lo tanto, según cuánto progrese una persona en el amor de Dios, sea mucho o poco, tanto gozo divino experimenta también en su alma. Y como este amor santo y divino alcanzará su plena perfección en la otra vida, en aquel día el *gozo* del cristiano —que surge del amor— también será *pleno*, como el propio Señor lo declara (Jn 15:11; 16:22). Porque el amor divino es la única vida verdadera, y el único gozo verdadero; pero allí donde falta el amor de Dios, no existe gozo ni vida, sino la mismísima muerte, y el eterno merecido de los malvados y los demonios. ¿Por qué se goza un padre? ¿No es por el amor de sus hijos? ¿Por qué se goza un novio? ¿No es por el amor de su novia? (Is 61:10; 62:5). Mas ¡cuán infinitamente más dulce debe ser aquel gozo que proviene del amor de nuestro creador! Él no solo nos abraza como un padre a sus hijos, sino que se goza por nosotros como un novio se goza por su novia; más aún, con suma ternura Él nos besa «con los besos de su boca» (Cnt 1:2) —es decir, en Cristo, quien es su boca y su palabra—, y al

venir a nosotros, por medio de Cristo, con el Espíritu Santo, hace su *habitación* entre nosotros (Jn 14:23). Pon atención, no obstante, a lo que concierne a esta imagen de Dios: ella consiste en una conformidad con Dios, pero no pienses por ello que el ser humano fue hecho *igual* a Dios en santidad. De ninguna manera. Pues Dios es infinito en su esencia, en sus virtudes y atributos; Él es incomprensible e ilimitado; de manera que nada en el mundo se le puede comparar. Por lo tanto, no se puede decir con propiedad que el ser humano, aun en su estado original, llevara a Dios en sí mismo, sino que su propósito era solamente llevar su *imagen*, como ya hemos explicado en el Capítulo I del presente libro.

9. Lo que queda dicho respecto de la imagen de Dios es palmario, verdadero y está fuera de toda duda. No se puede negar que Dios creó al ser humano para que fuese un claro espejo de Él mismo, de manera que si el hombre hubiera deseado conocer la naturaleza de Dios, podría haberlo contemplado mirando dentro de sí mismo, como en un espejo, y hubiese percibido claramente la imagen de la Deidad al interior de su propio pecho.

10. Esta imagen era la vida y la beatitud del ser humano. Pero el diablo, mirando con ojos envidiosos esta imagen de Dios en el hombre, desplegó todas sus artimañas y su astucia para erradicarla, para lo cual encendió en el hombre un espíritu de desobediencia y enemistad contra Dios (Gn 3:1 y ss.). Lo hizo con la necesaria sutileza y premura cuales jamás se han vuelto a ver. El diablo no ignoraba que si el ser humano hubiese continuado en aquel estado, Él habría sido el amo; pero si podía inducirlo a caer de dicha condición, entonces el diablo se convertiría en señor (o mejor dicho en tirano) del hombre caído. Por lo tanto, cuando Satanás, con todos los poderes de su astucia y malignidad, pudo maquinar nada más apropiado para conseguir su objetivo que aquello por lo cual él mismo había perdido su primer estado de primacía, entonces comenzó, de manera seductora, a insinuar en la imaginación de la mujer nada menos que una aspiración a la Majestad Divina. ¿Qué podría parecer más divino, o qué objeto de deseo más noble, que «ser como Dios»? (Gn 3:5). A través de este procedimiento sagazmente fraguado, el ser humano, al ser así engañado, perdió de inmediato la imagen divina, y se imprimió en él la imagen de Satanás, que consiste en una pretensión a la Divina Majestad.

11. Cuando en la mente humana emergió esta aspiración, con la cual el ser humano abandonó toda su dependencia de Dios, y una vez que esta altiva arrogancia capturó su imaginación, inmediatamente le siguieron la apostasía, la desobediencia a Dios y la transgresión del mandamiento respecto al árbol prohibido. Como consecuencia de esto, desapareció la imagen de Dios, el Espíritu Santo se alejó del ser humano y en lugar de la

imagen eliminada quedó impresa la imagen de Satanás. Es por esto que hoy hay tantos esclavos de Satanás como seres humanos existen. Habiendo sometido de este modo al ser humano bajo su dominio, Satanás se volvió su tirano, tal como se podría esperar que un gigante procediera con un niño. Es por esto que el entendimiento del hombre y la mujer está entenebrecido y ciego; la voluntad, en completa desobediencia, está opuesta a Dios; y todas las fuentes y facultades del corazón se han sublevado contra Dios con maldad suma. En definitiva, hoy la completa imagen de Dios yace inerte en el ser humano, y toda la humanidad, gobernada por la naturaleza satánica, guarda una semilla colmada de la malignidad más oscura. Es por esto que hombres y mujeres se volvieron hijos de Satanás, y su viva semejanza, y están envenenados con toda clase de pecado y enemistad con Dios. ¡Es así como murió el ser humano! ¡Es así como murió de la muerte eterna! Pues así como la imagen de Dios es la vida y la salvación del ser humano, así también el abandono de esta imagen significa su muerte, la muerte eterna, y su condenación, que también se denomina muerte «en delitos y pecados» (Ef 2:1; Col 2:13).

12. Quienes mejor comprenden esta muerte son los que, habiendo sido arrojados a las profundas tentaciones espirituales, experimentan en carne propia la ira y la tiranía del diablo. De esta manera, Satanás atormenta el alma con mayor fiereza de la que normalmente está en poder del pecado ejercer. Ahora bien, mientras el Espíritu Santo no brille sobre el alma que sufre esta terrible aflicción, ni la conforte con la irradiación de algunos rayos de su luz, el diablo mortifica al ser humano con esta muerte, y tortura el alma con las penas propias del mismísimo infierno. Es entonces que todas las fuerzas naturales del cuerpo decaen, el ánimo desfallece, el corazón languidece y se agita, y hasta la médula en los huesos se consume, de manera que nada sano queda en el cuerpo. Los Salmos 6 y 38 describen extensamente este estado. A quien se halla en esta condición, aun la propia Palabra de Dios le parece muerta e inerte; no encuentra en ella ninguna forma de devoción, ni prueba en ella la vida espiritual. Esta es la muerte *espiritual* donde ha caído el alma; y mientras ella permanezca así muerta espiritualmente, toda la santidad, la justicia, la excelencia, la fuerza, el poder, la gloria, el honor, las artes y la sabiduría humanos no tienen validez alguna. Y, verdaderamente, no cabe duda de que el ser humano perecería en esta triste condición si no lo sostuviera la gracia divina; pues solo la gracia puede socorrerlo.

13. Por lo tanto, ¡aprende, estimado lector, a mirar apropiadamente, y a considerar correctamente la execrable inmundicia del *Pecado Original*, como la ciénaga que acumula todas las abominaciones! Pues a causa de él se perdió la justicia hereditaria de Dios, y la injusticia hereditaria del dia-

blo se traspasó al ser humano. Por lo cual el pecador fue expulsado de la presencia de Dios, y condenado a una muerte eterna; y esto es lo que ciertamente debe sufrir, excepto el que obtiene el perdón de sus pecados por causa de Cristo mediante la fe.

14. Pero para exponer el estado de la humanidad caída, tanto del alma como del cuerpo, de la manera más clara que me sea posible, me parece conveniente dar aquí una más detallada descripción de dicha condición. Al hacerlo, ruego encarecidamente a cada lector, por causa de Dios y de su propia salvación eterna, que considere una y otra vez, y reflexione seriamente acerca de aquella depravación original que ha corrompido nuestra naturaleza. Como consecuencia de esto, el ser humano, así como cuando mira su rostro físico en un espejo, así también podrá contemplar en sí mismo su propia malignidad y el pecado original. Este ejercicio lo impulsará diariamente a lamentar su propia deplorable condición, y suspirar por Aquel que es el único que puede sanarnos.

15. Porque toda la vida cristiana, en efecto, no es otra cosa que una constante lucha contra el pecado original, y una continua erradicación del mismo con el auxilio del Espíritu Santo, y mediante un verdadero arrepentimiento. Pues en la medida en que la persona mortifica su natural inclinación al mal, en tal proporción es renovada día tras día a la imagen de Dios; y aquellos a quienes el Espíritu Santo no mortifica interiormente cuando mucho no son más que hipócritas, aun cuando hagan un magnífico espectáculo de una profesión externa de la fe cristiana. Tampoco pueden esperar entrar al reino de Dios, pues no se han renovado a su imagen; porque quienquiera que no muera a sí mismo, ni sea renovado a la imagen de Dios por su Espíritu, es absolutamente indigno de aquel glorioso estado.

16. A partir de lo anterior, evidentemente podemos inferir la absoluta necesidad de nacer de nuevo, y de la diaria renovación de nuestra mente a la imagen de Dios. Esta necesidad se mostrará más claramente aun si consideramos la imagen del diablo según como la ley la describe. Porque así como el diablo no solamente *no ama* a Dios, sino que más bien lo *odia* con todas sus fuerzas, así también él ha contagiado el alma humana con la misma infección, y le ha traspasado su malicia contra Dios. De manera que ahora el ser humano, por naturaleza, tampoco ama, ni honra, ni cree, ni invoca, ni confía en Dios; pues al estar lleno de enemistad contra Él, huye de Dios y lo evita. Así como el diablo es incitado por una ciega fiereza, y vive ajeno a Dios y a su voluntad, del mismo modo, el alma humana, al estar corrompida por el diablo, lleva una vida sin Dios, indiferente a Él y a su voluntad. Esta oscuridad interna, en la mente, va acompañada de una terrible destrucción de la luz y la imagen divinas; y origina aquel abomina-

ble pecado por el cual el ser humano, dejado a su arbitrio, dice: «No hay Dios» (Sal 14:1). Y a causa de esta ceguera del corazón, la humanidad entera se ha vuelto una abominación ante Dios en todo lo que hace.

17. Pero a pesar de esta tan horrenda noche de apostasía, aún queda un haz de luz natural en el entendimiento del ser humano, por medio de la cual él podría caer en la cuenta de que hay un Dios (Ro 1:20); y además, de que este Dios debe ser justo, según enseñan todos los filósofos paganos; pero en lo que respecta a la vida espiritual, la cual es según Dios y su justicia, esta se extinguió por completo en el ser humano. Porque la conciencia, que es la ley de Dios escrita en el corazón de cada hombre y mujer cuando Él los formó al principio, enseña a cada persona lo bueno y lo correcto. Así, por ejemplo, si miramos a una persona licenciosa, no hay ninguna que se revuelque tanto en la inmundicia de la carne, sino que de vez en cuando piensa para sus adentros: «Ciertamente hay un Dios, y este Dios es sumamente puro y sin contaminación; y, por lo tanto, de ninguna manera puede ser como yo». Y tal persona necesariamente continuará reflexionando: «Este Dios santo y puro debe aborrecer todo tipo de corrupción e inmundicia; y por lo tanto, si quiero ser aceptable ante Él, debo vivir sobriamente y abstenerme de toda impureza». Pero los viciados deseos que atestan la mente pronto apagan este destello de luz; estos deseos aplastan todos los buenos pensamientos, tal como un aluvión extingue una chispa de fuego. Los deseos de la carne permanecen en el corazón, y el razonamiento que empezaba a reprobarlos pronto es suprimido.

18. A partir de lo anterior, queda muy claro que la vida espiritual, la cual consiste en amor y verdad santos, está completamente anulada en la persona carnal o natural. Y de este modo, los paganos más sabios, aun cuando a veces pudieran sostener, gracias a la luz natural, tanto la existencia de Dios como su providencia sobre los asuntos humanos, pronto fueron arrastrados por la oscuridad de sus propios corazones, y una vez más pusieron en duda aquella providencia que antes habían aseverado; de manera que de muy poco nos sirve lo que ellos dicen sobre esta materia. Sus libros lo declaran suficientemente. De esta ceguera hereditaria del corazón, y esta oscuridad natural e innata, brotan la incredulidad y las dudas. Y dado que todos los seres humanos se hallan por naturaleza en este estado de degeneración, son una abominación a los ojos de Dios; pues no hay fe en ellos, ni confianza filial alguna en la paternal bondad de Dios. El hombre y la mujer naturales son completamente ajenos a la vida espiritual, y a las diversas obras que de ella proceden; en consecuencia, no invocan el nombre de Dios, sino que confían en su propia sabiduría, en su poder y fortaleza. Esta es la mayor ceguera y oscuridad de la mente que puede existir.

19. De esta ceguera del corazón surgen además tanto un desprecio de Dios como un estado de humana seguridad. Así como el diablo no se humilla ante Dios, sino que está endurecido por el orgullo; así él ha infectado también el alma humana con el mismo vicio, y la ha envenenado con el desprecio de Dios, la seguridad y la arrogancia. Por lo cual el ser humano, tal como su padre el diablo (Jn 8:44), no quiere humillarse ante Dios, sino que es testarudo e insolente, soberbio y obstinado, y quiere hacerlo todo a su arbitrio, sin el más mínimo temor del Señor que lo lleve a guardar reverencia. Así como el diablo se apoya en su propia fuerza y sabiduría, y con ello se gobierna absolutamente a sí mismo, así también el ser humano caído, infectado con el mal de Satanás, actúa en conformidad con él; y siempre será su propio consejero y señor. Además, así como el diablo busca su propio honor, lo mismo hacen el hombre y la mujer naturales, quienes llevan su imagen. Estos buscan el honor propio sin ninguna consideración por su Hacedor, cuya honra el ser humano tenía como finalidad promover. Así como el diablo blasfema del nombre de Dios, y es ingrato con su Creador, así también ocurre con el ser humano, quien ha sido transformado a la imagen del demonio. Así como el diablo es despiadado, furibundo y vengativo, así también es el alma humana, la cual Satanás ha viciado con la misma levadura de maldad. Así como el diablo se deleita en oprimir a hombres y mujeres, y en agradarse a sí mismo con arrogancia, así también el ser humano, contagiado con la misma ambición tiránica, se encumbra altivamente por sobre los demás. Se burla de su prójimo, y evade su compañía, como si fuera una persona indigna y lastimera, y demasiado pecadora como para juntarse con ella. Pero ¡escuchen, hombre y mujer!, deben considerar una y otra vez que en estos y en todos los demás casos el procedimiento de Dios no consiste en culpar o acusar los aspectos visibles de la persona, sino únicamente el *corazón*. El corazón es el homicida y el mentiroso, no la mano ni la boca. El alma es la culpable, y por lo tanto es contra ella que la Escritura, en todo lugar, presenta su querella. Por tanto, cuando Dios manda al ser humano que lo invoque en el día de la angustia (Sal 50:15), este mandato va dirigido al alma, no a los labios. Y ocurre exactamente lo mismo en todos los demás casos. La persona que no observa esta necesaria regla al leer las Escrituras, está realmente ciega. Jamás podrá tener una correcta comprensión del pecado original, el arrepentimiento o la regeneración; es más, no puede obtener un conocimiento cabal de ningún artículo de la fe cristiana.

20. Cada día somos testigos de la extrema maldad del ser humano, su horrible orgullo, su odio cruel, su irracional envidia y otras malvadas cualidades con que se devoran unos a otros, a la manera de las bestias salvajes. Muchos llegan a tal nivel de malicia que descuidan hasta sus propias vidas con tal de poder sencillamente dañar o destruir a otros. Su prójimo debe atenerse a lo que a ellos les plazca, o bien esperar encontrarse con trampas

que buscan su ruina. De esta manera, como el propio diablo es un «homicida desde el principio» (Jn 8:44), entonces él incita en el alma humana una sed por la sangre de los demás. Porque todas estas cualidades inhumanas del corazón, esta ira y envidia, esta amargura del pensamiento, este resentimiento y malicia, ¿qué son, sino la semilla que el diablo ha sembrado en el ser humano, y su expresa imagen grabada en el alma? ¡Qué lamentable cómo el diablo se ha retratado a sí mismo en el ser humano!

21. Dios había plantado en el ser humano un afecto conyugal puro y honroso, por el cual los hijos pudieran ser engendrados según la imagen divina. No podía haber existido un amor más santo y celestial que aquel por cuyo medio el hombre y la mujer, en su estado bendito, habrían propagado así la imagen de Dios y la humanidad al mismo tiempo. Todo hubiese sido para la gloria de su Creador, y para la salvación del ser humano. Es más, si el hombre y la mujer en su estado de inocencia hubiesen procreado una inmensa multitud de hijos, propagando así el honor y la imagen de Dios, ciertamente nada podría haber sido más agradable para ellos; nada más placentero, más pleno de santo gozo y satisfacción. Porque estos actos habrían procedido entonces del puro amor a Dios y a los seres humanos, tenidos por diversas imágenes del Supremo Bien. Así como Dios obtuvo un santo placer al crear al ser humano, y se gozó en él como en su propia imagen; de igual manera el ser humano habría experimentado un gozo sumamente puro y delicado en la procreación de sus semejantes, porque habría sido la propagación de la imagen de Dios. Mas ¡qué terrible!, Satanás ha contaminado esta pura llama de amor conyugal con toda clase de impurezas. Hombres y mujeres, impulsados por un ciego arrobamiento de lujuria, procrearon hijos *a su propia* semejanza, no la de Dios (Gn 5:3). ¡Cómo se ha menoscabado y profanado el santo vínculo del matrimonio! ¡Cuán profundamente degradado se encuentra por las manchas de la carne, y qué inmensa multitud de vicios e impurezas se amparan hoy bajo el sagrado nombre del matrimonio!

22. Así como Dios es justo, el diablo es injusto. El diablo, por tanto, es un ladrón, un saqueador; y al serlo en sí mismo le ha traspasado al alma humana idéntica disposición injusta, la misma naturaleza voraz. El diablo es un falso acusador (Ap 12:10), un elocuente embaucador (2 Co 11:3) y un informante engañoso (Job 1:9, 10), además de un desdeñoso burlón de Dios y del ser humano (Job 2:3-5). Él tergiversa tanto las palabras como las acciones, y las tuerce para darles un falso sentido. De esta industriosa maquinación él dio una sorprendente muestra cuando sedujo a nuestros primeros padres con su argucia y sutileza (Gn 3:5-7). De este modo el alma humana, corrompida por Satanás, ha recibido de él, como por herencia, una naturaleza perversa y mentirosa (Jn 8:44). Este veneno, depositado en

el alma, es tan terrible y variado que se hace totalmente imposible indicar exhaustivamente las ingeniosas intrigas, y los diversos tipos de artificios y sutilezas diabólicos que de él proceden (Ef 6:11). Al leer Salmos 5:9, Romanos 3:13, y Santiago 3:5, 6, encontramos allí la descripción, en los términos más vívidos, de aquel mundo de maldad que una lengua engañosa provoca a partir del diabólico veneno que acecha en el interior, el cual desde allí se difunde por todos los ámbitos de la persona. Pues Dios no inculpa solo la lengua, o las manos, sino que en su ley imputa el delito a la persona entera, más aún, al corazón, como la causa principal de todos los males que se cometen. (Cf. los Mandamientos, en Éxodo 20:16, 17). Este es un hecho que siempre debe tenerse en consideración en la vida religiosa.

23. Esta es la imagen del diablo, que hoy está profundamente grabada en el alma humana en lugar de la imagen de Dios. Por causa de ella, el ser humano se deleita en el pecado, y en difamar a otros, tal como indica el propio nombre del diablo (Ap 12:10). ¡Qué lástima que haya tantos que se consideran muy buenos cristianos, y, con todo, no dudan en difamar a su prójimo cada vez que se presenta la ocasión!; y después de que han descargado su veneno contra él, se congratulan por lo que han hecho. Estas personas dicen: «Esto es precisamente lo que hace tiempo estaba esperando; me he sacado un gran peso de encima. Siento que estoy vivo de nuevo, ahora que he tratado tan delicadamente a este fulano». ¡Pobre individuo; realmente das lástima! ¡Qué grande es tu ceguera, pues no te das cuenta de quién es el que te ha transformado en semejante demonio y difamador, ni sabes de quién es la imagen que llevas contigo! ¿No ves que esta es la naturaleza del mismísimo demonio, la funesta semilla de Satanás? ¿No adviertes que este es su verdadero carácter, el cual él ha implantado en el alma humana, para que allí pudiera manifestarse en toda clase de vicios, pero muy particularmente en el orgullo, la codicia, la lujuria y la difamación, tal como la experiencia diaria lo confirma sobradamente? ¿Será posible que este sea tu ingenio, tu sagacidad y tu sabiduría?

24. ¡Oh hombre, oh mujer! ¡Contemplen la repulsiva, horrible y profunda corrupción del Pecado Original! ¡Cuán inmunda es, cuán impenetrable! Considera este mal asiduamente; y, descendiendo dentro de ti mismo, aprende allí a reconocer la imagen y naturaleza de Satanás, la cual, como un cáncer, se esparce por toda tu alma, junto con todos los peligrosos síntomas que la acompañan. Y aprende de qué manera tu alma, por este motivo, se ha vuelto una abominación ante Dios, y ha sido devastada en forma tan terrible que no hay criatura que pueda sondear exhaustivamente la malignidad del corazón humano. Ni siquiera tú eres suficientemente capaz de explorar, o de explicar en palabras, aquel detestable veneno que es como podredumbre en tus rincones más íntimos. Por lo cual ruego y suplico encarecidamente a

todo hombre y mujer que reflexione, y medite seriamente acerca de lo que se ha dicho en relación a la *depravación y corrupción del corazón humano;* como si fuera algo que se ha inculcado miles de veces, una y otra vez. Porque este envenenamiento es tan potente, tan maligno y pestilente, que queda fuera del alcance de cualquier criatura —ángel u hombre— poder desarraigarlo, o limpiar nuestra naturaleza y librarla de él. Todas las fuerzas humanas son insuficientes para tan formidable empresa. ¿Pues cómo podría alguien efectuar su propia salvación mediante sus propias fuerzas naturales, cuando todas ellas, sin excepción, están completamente depravadas y muertas para las cosas espirituales? Por lo tanto, al ser humano no le queda más que ser perpetuamente miserable, y permanecer eternamente perdido en esta corrupción, a menos que venga en su ayuda alguien que sea capaz de socorrerlo, y de suministrar una medicina sanadora a una enfermedad tan horrenda. Este alguien debe ser señor sobre el pecado y la muerte, capaz de doblegar un mal tan pertinaz, y, por su divina virtud, capaz de renovar, transformar y purificar nuevamente la corrompida naturaleza del hombre y la mujer. Todo esto es una prueba convincente de que la *justificación* no puede ser una obra humana, sino que es solamente la obra de Dios; y asimismo la *regeneración,* o el nacer de nuevo por el Espíritu, es absolutamente imprescindible para la restauración de la naturaleza caída. Pues en conformidad con el principio de corrupción interior, ahora es forzoso, por así decirlo, que el alma viva una vida perversa y profana. Hoy el ser humano no vacila en transgredir abiertamente todos los mandamientos de Dios; y esto es enemistad contra Dios. El entendimiento y la voluntad ahora están tan muertos, y tan esclavizados por el pecado, que para sus capacidades naturales es imposible mostrar ningún amor, temor o reverencia por Dios. No pueden invocarlo, honrarlo, alabarlo o adorarlo; no pueden poner la menor confianza en Él, ni volverse a Él. Muchos de los paganos, en efecto, han sido célebres por sus buenos y virtuosos actos, y ganaron no poca estima por su moralidad. Pero es del todo imposible que la naturaleza *cambie el corazón,* que lo vuelva a Dios, y lo limpie de aquellos deseos pecaminosos que acechan en el interior. Solo un poder *divino* puede lograr esta obra. Porque a pesar de toda esta deslumbrante exhibición de moralidad que algunos hacen, aún permanece la raíz interior del árbol del mal, cuyas fibras se adhieren tan firmemente en el alma que ninguna fuerza humana es capaz de destruirlas. En una situación tan penosa, el ser humano, cuando mucho, puede prevenir que el fuego estalle en llamas y consuma todo aquello que se le acerque; pero a pesar del agua que se le arroja, el fuego del mal continúa allí, y arde secretamente con la fuerza de siempre.

25. Si la vida humana, y la administración de asuntos civiles y sociales no estuviesen bajo cierta vigilancia, toda la raza humana se destruiría

al instante, y sería raída de sobre la tierra. Pero a pesar de que el diablo ha ejercido una extremada crueldad sobre el ser humano, con todo, Dios no le ha permitido arrancar todas las facultades y afectos naturales del alma humana, ni extinguir el destello de libre albedrío que en ella permanece. Aún queda la ley natural, y el amor natural que subsiste entre esposo y esposa, o entre padres e hijos. De no ser por esto, habría sido imposible que la humanidad hubiese sobrevivido mucho tiempo sobre la tierra. Porque quien obedece los descontrolados deseos y apetitos de su naturaleza corrupta debe ser tenido por el verdadero cáncer de toda la sociedad. Esta persona arruina todas las negociaciones y tratos entre la gente en tanto dependan de ella. Por lo tanto, se debe tanto a la misericordia de Dios como a su sabiduría el que haya preservado en el humano caído esta pequeña llama de amor natural. El propósito de este amor es que, al sentirlo, podamos conocer en alguna medida la excelencia de aquel amor espiritual y divino que hemos perdido con la caída; y que, tras sentir el primero, podamos ser inducidos a considerar este último, y suspirar por su recuperación. Pero en lo que respecta a los asuntos espirituales, y aquellas cosas que conciernen más directamente a la felicidad del alma, y al reino de Dios, nada puede ser más cierto que lo que expresa el apóstol: «El hombre natural no percibe las cosas que son del Espíritu de Dios, porque para él son locura; y no las puede entender, porque se han de discernir espiritualmente» (1 Co 2:14). Es decir, en su estado natural, el ser humano no tiene ni siquiera una chispa de luz espiritual y divina; sino que es totalmente ciego en cuanto a las cosas que atañen a la vida celestial, y que constituyen la imagen de Dios en la nueva criatura. El ser humano, no obstante, fue creado para este único fin: que a través de su luz espiritual él pudiera contemplar, con la vista interior del alma, la presencia del Dios de gracia, y su sincero amor por Él; y que, caminando de continuo con el Señor y delante de Él, dependiera absolutamente de Él, y se sometiese para ser gobernado por la voluntad y el beneplácito divinos.

26. Al no quedarle ni siquiera un destello de su luz espiritual al ser humano natural, lo único que se puede esperar es que todos los hombres y mujeres tengan que vivir en su ceguera natural, a menos que Dios mismo los ilumine. Esta es esa ceguera espiritual hereditaria que nos incapacita absolutamente para el conocimiento de los asuntos concernientes al reino de Dios. Pero si ocurre, como sucede muy a menudo, que, además de esto, una persona se da licencia en las prácticas malignas, entonces aquella ceguera espiritual va seguida de otra más: la ceguera natural, la cual produce calamitosos efectos en el alma caída. Porque a causa de una maldad tan persistente, aquella débil, tenue luz que aún brilla en el ser humano, y que lo haría razonar para que llevase una vida *exteriormente* honesta, al final se extingue por completo; y una total ceguera y oscuridad del corazón asalta

el alma, la cual debe continuar perpetuamente en tal condición, a menos que Cristo la ilumine.

27. Por tanto, ¿qué eres tú, oh ser humano, si Cristo, por su Espíritu, no te regenera, te hace una nueva criatura y te transforma a la imagen de Dios? Esta tan imperiosa nueva creación, no obstante, solo *comienza* en esta vida, y debe batallar bajo el peso de muchas debilidades. Si tan solo miras en tu interior, aun después de haber sido hecho una nueva criatura mediante el Espíritu Santo, verás claramente que la imagen de Dios tan solo está tenuemente delineada en ti, y, por así decirlo, difusa. ¿No ves que la fe, la esperanza, el amor y el temor del Señor son todavía débiles, y con dificultad son capaces de avanzar más allá de los primeros principios de la vida cristiana? ¿No ves cuán escasa es tu humildad, y cuán profundamente arraigado en tu pecho está el pecado de desconfianza, orgullo e impaciencia? ¿No encuentras que tu devoción es débil y lánguida; y tu caridad hacia tu prójimo es bastante fría? ¡Cuán tímido es el destello de pureza que permanece en tu corazón; y qué abrazador fuego de deseo carnal arde en tu interior! ¡Uno es tan menguado, y tan feroz es el otro! ¡Qué inmensos son aún tu amor a ti mismo, tu honor propio y tu interés personal, pecados que acechan en el interior y no siempre se muestran exteriormente! ¡Y cuán impetuosa es la marejada de malvados apetitos que te acomete e interrumpe tu quietud interior! De esto se sigue que hasta el último instante de nuestras vidas debemos luchar asiduamente, por medio del Espíritu de Dios, contra el viejo Adán y contra la imagen de Satanás. Todo esto nos urge a orar, anhelar y buscar incesantemente hasta que se nos conceda el Espíritu Divino, a fin de destruir diariamente la imagen de Satanás, y restaurar la imagen de Dios en nosotros.

28. A partir de todo esto, querido lector, fácilmente puedes comprender que jamás debes confiar en tu propia fuerza, sino aferrarte con todo tu ser a la gracia de Dios, la única que puede efectuar en tu alma toda esta obra. Todas las cosas se deben buscar y obtener de y por Cristo mediante la fe. De Él debes recibir el divino conocimiento y la sabiduría, contra tu propia ceguera; su justicia contra tu injusticia; su santidad contra toda tu impureza; un completa redención, poder y victoria, contra la muerte, el infierno y el diablo. De Cristo debes obtener la remisión de todos tus pecados, en oposición al reino del pecado y de Satanás, y a todos sus poderes unidos. Y, por último, debes recibir la felicidad eterna, contra todas las adversidades y aflicciones del espíritu y del cuerpo. De este modo ha de adquirirse de Cristo la vida eterna.

Capítulo XLII
Conclusión: explicación de las razones para adoptar el método utilizado en este libro. Explicación del deber de cuidarse del orgullo espiritual. Exposición de la verdad de que no se pueden obtener los verdaderos dones espirituales sin oración

> *¿Qué tienes que no hayas recibido? Y si lo recibiste, ¿por qué te glorías como si no lo hubieras recibido?* (1 Co 4:7).

Antes de concluir este libro, me parece necesario llamar la atención del lector hacia varios puntos.

2. Por diversos motivos, en el presente libro hemos descrito extensamente, y de diferentes modos, el *arrepentimiento y sus frutos*. En consecuencia, la mayoría de los capítulos del libro tratan sobre los frutos del verdadero arrepentimiento; entre estos se mencionan nuestra renovación en Cristo, la diaria mortificación de la carne, la práctica de la negación de uno mismo, el desprecio del mundo, el ejercicio de la caridad, etc. Pues en esto encontramos el comienzo y el fundamento del verdadero cristianismo, de una vida santa y de la salvación misma, mediante la verdadera fe. Asimismo, jamás puede el corazón humano probar un genuino consuelo mientras no conozca a cabalidad la naturaleza del Pecado Original, aquel horrendo, mortal y diabólico mal que es como un veneno infernal (¡es que es imposible describirlo y reprobarlo exhaustivamente!) y ha resultado ser la semilla de una multitud de frutos fatídicos y perniciosos. Todos los libros de consolación, y todas las promesas en que el Evangelio abunda, no confieren alivio alguno al ser humano, a menos que este primero se humille por entero al reconocer su miseria y aquel terrible mal que es el Pecado Original. Antes de que haga un examen meticuloso en su condición pecaminosa, su degeneración, y su apostasía de Dios, el ser humano en este estado caído está demasiado propenso a adularse a sí mismo y a buscar la comodidad. La naturaleza está más preocupada por su bienestar que por encontrar una cura.

3. Pero esta actitud es muy absurda, y completamente contraria al carácter de la Escritura, y al método de salvación que ella enseña. Nuestro Señor nos dice: «Los sanos no tienen necesidad de médico, sino los enfermos» (Mt 9:12). No puede esperarse la cura, no puede prescribirse una medicina, no puede brindarse consuelo, ni Cristo mismo, el gran médico del alma, puede traer beneficio alguno, mientras la persona, creyendo que está bien, no tome conciencia de los graves trastornos que agitan su alma. Es por esto que la vida de un verdadero cristiano consiste en una *diaria crucifixión* de la carne, y de todas sus pecaminosas inclinaciones. ¡Espero que todos puedan guardar seriamente esta verdad en sus corazones! Nadie puede pertenecer a Cristo, ni tener parte en sus méritos, salvo el que ordena su vida conforme a esta norma. Ahora bien, el alma que proceda de este modo no quedará sin reposo al fin, sino que será confortada con el consuelo divino. Tan pronto como un alma se humilla por completo al percibir nítidamente su corrupción intrínseca, y la infecciosa influencia que esta ejerce sobre todos sus actos, la vuelven a levantar aquellos oportunos motivos de consuelo que el Evangelio garantiza. En todo este procedimiento concurren la acción del Espíritu Divino y la meditación de la persona en la palabra de la promesa, los cuales vuelven el alma a Cristo, quien quiere y puede sanarla, y tornar sus lágrimas en gozo permanente. Aquel que comience este proceso de genuino y sincero arrepentimiento debe a la vez tener cuidado de que no lo deslicen los insensatos juicios que este mundo malvado estará presto a pronunciar acerca de todo el propósito del verdadero cristianismo. Que el profano mundanal piense cuanto quiera acerca de sus propias capacidades y sabiduría; lo cierto es que está del todo ciego en relación a las cosas del Espíritu de Dios, y es totalmente ignorante. Y aunque pueda emplear su facultad de razonamiento en cuestiones que están muy por encima de su alcance y sus capacidades, con todo, mientras no tenga conocimiento de la maldad de su propia naturaleza, y de las enfermedades espirituales que de ella brotan, continuará estando totalmente ajeno a las cosas espirituales. Esta persona no entiende lo que son Adán y Cristo, o cómo es que Adán debe morir, y Cristo a su vez debe vivir en nosotros. Y puesto que desdeña aprender aquello que no sabe, deberá permanecer en tinieblas e ignorancia para siempre. Y en esa condición, jamás será capaz de alcanzar alguna noción sobre los fundamentos y atributos del verdadero arrepentimiento, la fe en Cristo, y el nuevo nacimiento, en lo cual consiste el verdadero cristianismo, y el medio por el cual el ser humano puede ser rescatado de la eterna perdición.

4. Otro punto que quisiera mencionar al cierre de este libro, y algo que debes evitar diligentemente, es el pecado del *orgullo espiritual*, después de que Dios, por su gracia, haya comenzado a implantar en ti dones espirituales, nuevas virtudes, nuevos hábitos del pensamiento y nuevo conoci-

miento. Ten cuidado de no atribuir estos logros a tu propia fuerza, sabiduría o inteligencia, sino a la gracia de Dios. Evita cuidadosamente comenzar a descansar en aquellas virtudes y buenas actitudes que se han formado en tu interior; y jamás te confíes de ellas como si fueran *medios* para justificarte ante Dios. Pues al estar aún manchadas por distintos defectos e imperfecciones, nunca podrían ser aceptables para la perfecta justicia de Dios. Jamás busques tu propio honor y gloria por medio de los dones que a Dios le ha placido concederte. Al contrario, úsalos con humildad y temor, rechazando cualquier intención egoísta, y devolviéndole a Dios todo lo que tienes, pues Él es su verdadero Autor y Dispensador. No digas en tu corazón: «Ahora tengo una fe firme, una caridad ferviente, mucho conocimiento, muchos dones»; pues estos pensamientos son la *cizaña* que el enemigo de tu alma siembra entre el trigo mientras tú duermes.

Porque, a) ninguno de estos dones es tuyo, sino de Dios solamente; sin su iluminación y su gran poder vivificante, tú no eres más que una masa de barro inerte. Estos dones no te pertenecen más de lo que la luz y el calor del sol le pertenecen a la tierra. Cuando mucho, tú no eres más que el cofre que contiene las joyas, y el esplendor de estas no te pertenece a ti más de lo que el resplandor de un diamante le pertenece a la caja donde se guarda. ¿No es, entonces, una tremenda tontería presumir de los bienes ajenos que han sido depositados en ti?

b) Debes considerar que, así como el dueño de un tesoro puede depositarlo donde a él le plazca, y retirarlo según estime necesario; de igual manera Dios puede encargarte a ti su tesoro celestial, y tomarlo cuando le parezca conveniente. Por lo tanto, es a Él a quien debes temer con santa reverencia, y al mismo tiempo vigilar atentamente contra el orgullo espiritual y la presunción; pues ello resultaría en la inevitable pérdida de la perla celestial que se te ha confiado. «Así que no te jactes, sino teme» (Ro 11:20).

c) Debes considerar, además, que el justo Dios te llamará a rendir una estrecha cuenta de todo lo que Él ha puesto a tu cuidado. Cuanto más hayas recibido, tanto más exigirá de ti.

d) En medio de todos tus dones, no pienses que has recibido todo lo que el Señor tiene guardado para sus hijos. ¡Escucha, querido hermano!, por muy grandiosos y excelentes que sean tus logros, ellos son apenas el comienzo; aún te falta mucho.

e) Considera seriamente el hecho de que no se puede obtener ningún don bueno y perfecto si no es mediante la oración; pues todo don bueno y perfecto desciende de Dios (Santiago 1:17). Cualquier cosa que creas poseer sin la oración no es más que una sombra inerte, una semilla que no da frutos, sino que se marchita. Pues sin oración, ningún don celestial puede descender al corazón del ser humano. Hay dos cosas fundamentales que debes tener en cuenta en tus oraciones y súplicas al Señor: *primero*, que la *imagen de Satanás sea destruida en ti*; tal como la incredulidad, el orgullo, la codicia, la sensualidad, la ira, etc.; *segundo*, que *la imagen de Dios sea restaurada en ti*; lo cual incluye la fe, el amor, la esperanza, la humildad, la paciencia, la mansedumbre y el temor del Señor. Ambos hechos, a saber, la destrucción de lo diabólico y la restauración de la imagen divina, se ilustran en el Padrenuestro. Esta oración actúa tanto en tu *contra* como a tu *favor*. Si solo el nombre de Dios ha de ser santificado, entonces tu nombre debe ser abatido y tu altivez derribada. Si va a venir el reino de Dios, entonces el reino del diablo ciertamente debe ser destronado en ti. Si deseas que se haga la voluntad de Dios, entonces en verdad debes renunciar a la tuya.

Estos son los dos aspectos en que cualquier libro o método de oración útil puede distribuirse adecuadamente; una disposición que se aprecia claramente en la oración de nuestro Señor, en lo que respecta a aquellos beneficios y dones celestiales y eternos que se nos induce a buscar. Es más, el Padrenuestro condensa todos los tesoros tanto para el alma como para el cuerpo, y todas las cosas que necesitamos tanto para esta vida como para la venidera. Y, sin lugar a dudas, el Padre en los cielos, conforme a su paternal compasión, nos concederá gustoso lo que su Hijo amado nos ha mandado tan encarecidamente que pidamos.

Biografía

Johann Arndt (1555-1621) teólogo luterano alemán. Cursó estudios en varias universidades y está considerado como uno de los precursores del pietismo, corriente dentro del luteranismo que ganó fuerza a finales del siglo XVII.

Su principal obra, *Wahres Christentum* (Verdadero Cristianismo, 1605-1610), fue traducida a la mayor parte de las lenguas europeas y sirvió como base para muchos libros sobre catolicismo romano y sobre protestantismo. En ella Arndt hace hincapié en la unión mística del creyente con Cristo y trata, centrando su atención en la *vida* de Cristo *en el interior* de su pueblo, de corregir la aproximación de la teología reformista, centrada casi exclusivamente en la *muerte* de Cristo *por* su pueblo.

www.ingramcontent.com/pod-product-compliance
Lightning Source LLC
Chambersburg PA
CBHW010044090426
42735CB00018B/3385